接見交通権の理論と実務

葛野尋之
石田倫識 編著

現代人文社

◎はじめに

　身体を拘束された被疑者・被告人にとって、自己の防御のために、憲法が保障する弁護人の効果的な援助を受けるうえで、最も重要な手段は、自由な接見交通であり、その前提たる接見交通の秘密保護である。弁護人の側からみれば、身体を拘束された被疑者・被告人に対して、その正当な権利・利益を擁護するために効果的な弁護を提供しようとするときに、最も重要な手段となるのは、自由で秘密の接見交通である。これを保障したのが、刑訴法39条1項の接見交通権であり、その理は、1999年の最高裁大法廷判決（最大判平11・3・24民集53巻3号514頁）も認めているところである。

　それにもかかわらず、接見交通権は、長きにわたり重大な制約を強いられてきた。現行刑訴法が被疑者の接見交通権を明文により規定すると、その施行後直ちに、捜査機関は、広汎かつ厳重な接見指定（同法39条3項）を通じて、接見交通の自由を著しく制限した。一般的指定方式のもとで、原則（同条1項）と例外（同条3項）とを逆転させるような運用が常態化した。広く捜査・取調べのため必要だとして接見指定がなされ、接見機会は著しく制限された。その後、接見指定の適法性を争う日弁連の組織的な準抗告申立および国家賠償請求訴訟の提起の結果、現在、捜査・取調べを理由とする接見指定の適法性が争われることはなくなった。

＊

　しかし、新たな問題が生じている。捜査・取調べ権限、あるいは訴追権限との関係では、捜査機関の取調べにおいて被疑者に接見内容を質問し、それを聴取する例、検察官が弁護人との接見内容や防御方針を記録した文書を押収する例などが続いている。収容施設の管理・運営権限との関係では、接見状況を記録するための弁護人の写真撮影が禁止され、それを理由にして接見が制限される例、より効果的な相談・助言のための弁護人による電子通信機器の使用が禁止され、それを理由とした接見制限がなされる例がみられる。旧監獄法が全面改正された後も、被疑者・被告人と弁護人との信書の発受には、なお重大な制限が残っている。これら接見交通権の制限の違法を訴えて、近年、数々の国家賠償請求訴訟が提起されている。本書第2部のケース研究は、それらの訴訟を通じて明らかになったアクチュアルな問題を、活き活き

と描いている。なお、国家賠償請求訴訟の判決要旨、関連法令・通達などを含む有用な資料として、日本弁護士連合会接見交通権確立実行委員会編『接見交通権マニュアル』（日本弁護士連合会刊行）が毎年刊行されているので、参照されたい。

＊

　弁護人の援助を受ける権利の憲法的保障にとって接見交通権が本質的重要性を有することから、これらアクチュアルな問題は、解決を迫られる重要な理論的課題をも内包している。本書第1部の諸論攷は、それらに精緻な検討を加えている。「接見」の意味内容はなにか、接見交通権を捜査・取調べ権限、あるいは収容施設の管理・運営権限と比較衡量して、これらによって相対化することが許されるのか、その限界はどうかなど、種々の問題に通底する理論的課題にも対峙している。

　本書は、共通の目的において一致した実務と理論のコラボレーションである。その目的とは、接見交通の自由と秘密性の確保であり、それを通じて達成される被疑者・被告人の効果的な弁護を受ける権利の実質化である。

2018年5月

編者を代表して
葛野尋之

はじめに 2

第1部
接見交通権の現状と理論状況

第1章 接見交通権と被疑者取調べ
弁護人による被疑者の黙秘権の確保
葛野尋之　14

1. 本章の課題　14
2. 接見交通権の生成・発展と被疑者の黙秘権　16
3. 捜査・取調べ権限による接見交通権の制限　20
4. 接見交通権と被疑者の黙秘権の確保　25
5. おわりに──黙秘権確保のための取調べに先立つ接見の保障　35

第2章 捜査機関による接見内容の聴取
石田倫識　39

1. はじめに──本稿の課題　39
2. 秘密交通権と合理的調整論（平成11年大法廷判決）　41
3. 秘密交通権の絶対的保障の確立に向けた道程　44
4. 捜査権（取調べ）と秘密交通権とが衝突する諸局面　45
5. 被疑者による自発的な秘密性の放棄　50
6. おわりに　54

第3章 接見時における電子機器の使用と弁護活動の自由　　田淵浩二　56

1. はじめに　　56
2. 法務省の見解　　58
3. 接見時における弁護活動の自由と限界　　68
4. おわりに　　74

第4章 接見交通権と文書等の押収　　渕野貴生　76

1. 問題提起　　76
2. 秘密交通権の憲法的基礎　　79
3. 秘密交通権の絶対性　　83
4. 証拠隠滅解明類型における例外可能性の検討　　87
5. 新証拠収集類型における例外可能性の検討　　89
6. 放棄　　92

第5章 接見禁止と弁護人との接見交通権　　中川孝博　96

1. 本稿の視角と構成　　96
2. 一律接見等禁止処分について　　97
3. 訴訟法と施設法の関係　　103
4. 弁護人に対する信書の発信　　108

第6章 接見交通権と弁護士懲戒　　村岡啓一　114

1. はじめに　　114

2．「接見交通権の濫用」が問題となる背景事情　　　　115
3．具体的な懲戒請求事例の検討　　　　　　　　　　　119
4．「弁護の目的」という基準　　　　　　　　　　　　131
5．おわりに　　　　　　　　　　　　　　　　　　　133

第7章　再審請求人と弁護人との接見
秘密交通権の理論的基礎　　　　豊崎七絵　135

1．問題意識と本稿の課題　　　　　　　　　　　　　135
2．刑事訴訟法の解釈枠組み　　　　　　　　　　　　137
3．憲法との関係　　　　　　　　　　　　　　　　　145
4．再審の構造と弁護権・秘密交通権保障との関係　　149
5．秘密交通権と確定力問題　　　　　　　　　　　　150
6．結びにかえて　　　　　　　　　　　　　　　　　152

第8章　接見妨害国賠を実践する　　金岡繁裕　154

1．はじめに　　　　　　　　　　　　　　　　　　　154
2．なぜ国賠訴訟を起こすのか　　　　　　　　　　　155
3．接見秘密侵害に遭遇した場合の心構え　　　　　　157
4．国賠訴訟　　　　　　　　　　　　　　　　　　　161
5．「接見」の定義と国賠訴訟を支える理論について　162
6．おわりに　　　　　　　　　　　　　　　　　　　164

第2部
接見妨害ケース研究
（国賠訴訟の争点と実務）

総論 接見妨害を争う国賠訴訟の到達点　　赤松範夫　166

1. 接見交通権の重要性と接見妨害　　166
2. 接見の自由（機会）をめぐる闘い　　167
3. 日弁連接見委員会の活動　　169
4. 新たな接見国賠の諸相　　171
5. まとめ　　176

ケース1 富永国賠訴訟　　富永洋一・半田望　177

取調官による接見内容の聴取

1. 事案の概要　　177
2. 争点　　179
3. 弁護活動のポイント（弁護側の主張）　　180
4. 判決の概要　　182
5. 今後の課題　　185

ケース2 志布志国賠訴訟　　野平康博　188

取調官による接見内容の聴取

1. 事案の概要　　188
2. 4つの国賠訴訟　　191
3. 秘密交通権侵害の取調べ　　193
4. おわりに　　201

ケース3 竹内国賠訴訟　　前田裕司　203

接見時における電子機器等の利用の可否、それに伴う接見の一時停止・終了措置

1. 事案の概要　　203
2. 接見室での写真撮影をめぐる争点　　203
3. 争点に対する裁判所の判断　　204
4. 写真撮影は接見交通権の保障の範囲であるか否か　　205
5. 正当な弁護活動に対する規制ができるか　　210
6. 今後の展望　　212

ケース4 稲村・半田国賠訴訟　　半田望　213

接見時における電子機器等の利用の可否、それに伴う接見の一時停止・終了措置

1. 事案の概要　　213
2. 争点及び訴訟における当事者の主張　　213
3. 判決の概要　　215
4. 上告審における原告の主張と今後の課題　　218

ケース5 倉吉松本国賠訴訟　　松本邦剛　224

刑務所による裁判所構内の秘密接見（刑訴規則30条）の拒否

1. 事案の概要　　224
2. 争点（現段階で予想されるもの）　　225
3. 被告国側の主張　　225
4. 弁護活動のポイント　　226

ケース6 村岡国賠訴訟　　村岡美奈　233

第三者へのメッセージを含む弁護人宛信書授受の制限

1. 事案の概要　　233
2. 争点　　235
3. 弁護活動のポイント　　235
4. 判決の概要と問題点　　236
5. 今後の課題　　240

ケース7 南川・岩永国賠訴訟　　南川学　241

検察官より、弁護人との接見内容等が記載されたノートや弁護人宛ての信書の草稿等の任意提出

1. 事案の概要　　241
2. 本件訴訟の争点　　242
3. 弁護活動のポイント　　243
4. 判決の概要　　244
5. 今後の課題　　246

ケース8 宮下国賠訴訟　　　宮下泰彦・長部研太郎　249

勾留中の被告人の拘置所居室等が捜索され、弁護人宛の手紙等が差し押さえられた事例

1. はじめに　　　　　　　　　　　　　　　　　　249
2. 事案の概要　　　　　　　　　　　　　　　　　250
3. 争点　　　　　　　　　　　　　　　　　　　　251
4. 第一審における弁護活動のポイント　　　　　　251
5. 第一審判決の概要　　　　　　　　　　　　　　259
6. 控訴審における弁護活動のポイント　　　　　　265
7. 控訴審判決の概要　　　　　　　　　　　　　　265
8. 今後の課題　　　　　　　　　　　　　　　　　266

ケース9 黒原・畝原国賠訴訟　　　黒原智宏　267

依頼人との接見内容に言及した第三者（依頼者妻）宛のメールの押収

1. 事案の概要　　　　　　　　　　　　　　　　　267
2. 争点　　　　　　　　　　　　　　　　　　　　267
3. 各争点に対する弁護人の主張　　　　　　　　　268
4. 争点に対する国の主張　　　　　　　　　　　　274
5. 判決の内容　　　　　　　　　　　　　　　　　274
6. 判決に対する評価と今後の課題　　　　　　　　275

ケース10 石口・武井国賠訴訟　　　石口俊一　277

再審請求弁護人が依頼者（死刑確定者）との面会をする際に拘置所職員の立ち会い

1.	事案の概要	277
2.	再審請求の元になるAの被告事件について	278
3.	再審請求に向けての活動	279
4.	弁護人らとAとの再審請求にかかる秘密接見交通権の侵害	279
5.	本件訴訟の争点と審理の経過について	282
6.	本件の到達点と今後の課題	286

ケース11 高野国賠訴訟　　川目武彦　288

再審請求弁護人が依頼者（死刑確定者）との面会する際に拘置所職員の立ち会い。面会時間30分の制限

1.	事案の概要（裁判の経過を含む）	288
2.	争点	290
3.	弁護活動のポイント（弁護側の主張）	293
4.	判決の概要	295
5.	今後の課題	299

ケース12 上田国賠訴訟　　花田浩昭　301

再審請求弁護人が依頼者（死刑確定者）に、再審請求のための資料として死刑執行場の写真が掲載された印刷物を差し入れようとしたところ、拘置所長が当該写真を含む印刷物全体の閲覧を不許とした

1.	はじめに	301
2.	事案の概要	302
3.	弁護団の活動のポイント	303
4.	双方の主張・立証活動および裁判所の判断	305
5.	おわりに	309

◎編者・執筆者一覧

●編著者

葛野　尋之	くずの・ひろゆき	一橋大学教授
石田　倫識	いしだ・とものぶ	愛知学院大学教授

●執筆者（執筆順）

田淵　浩二	たぶち・こうじ	九州大学教授
渕野　貴生	ふちの・たかお	立命館大学教授
中川　孝博	なかがわ・たかひろ	國學院大學教授
村岡　啓一	むらおか・けいいち	白鷗大学教授
豊崎　七絵	とよさき・ななえ	九州大学教授
金岡　繁裕	かなおか・しげひろ	弁護士／愛知県弁護士会
赤松　範夫	あかまつ・のりお	弁護士／兵庫県弁護士会
富永　洋一	とみなが・よういち	弁護士／佐賀県弁護士会
半田　望	はんだ・のぞむ	弁護士／佐賀県弁護士会
野平　康博	のひら・やすひろ	弁護士／鹿児島県弁護士会
前田　裕司	まえだ・ゆうじ	弁護士／宮崎県弁護士会
松本　邦剛	まつもと・くにたか	弁護士／鳥取県弁護士会
村岡　美奈	むらおか・みな	弁護士／大阪弁護士会
南川　学	なんかわ・まなぶ	弁護士／千葉県弁護士会
宮下　泰彦	みやした・やすひこ	弁護士／大阪弁護士会
長部研太郎	おさべ・けんたろう	弁護士／大阪弁護士会
黒原　智宏	くろはら・ともひろ	弁護士／福岡県弁護士会
石口　俊一	いしぐち・しゅんいち	弁護士／広島弁護士会
川目　武彦	かわめ・たけひこ	弁護士／埼玉弁護士会
花田　浩昭	はなだ・ひろあき	弁護士／福岡県弁護士会

第1部 接見交通権の現状と理論状況

■第1章

接見交通権と被疑者取調べ
弁護人による被疑者の黙秘権の確保

葛野　尋之
一橋大学教授

1．本章の課題

　刑事事件の被疑者・被告人にとって最も重要な手続的権利は、弁護人の援助を受ける権利（以下、「弁護権」という）である（憲法34条・37条3項）。刑事手続において、被疑者・被告人がたんなる糾問の客体ではなく、手続の当事者として主体性を確保するためには、弁護人の効果的援助が不可欠である。[*1]弁護人の効果的援助のもとで、被疑者・被告人の主体性が確保され、手続の当事者としての地位が実質化したときにこそ、当事者主義の刑事手続は有効に機能する。このときはじめて、当事者主義手続は、真実発見の目的に寄与しうる。このことは、起訴後の公判手続についてだけでなく、その前段階たる捜査手続についても妥当する。

　身体を拘束された被疑者・被告人が弁護人から効果的援助を具体的に受けようとするとき、最も重要な手段となるのは、弁護人との自由なコミュニケーションである。秘密性の保障が、自由なコミュニケーションの不可欠の前提となる。これらを保障したのが、刑訴法39条1項の接見交通権である。この理は、1999年の最高裁大法廷判決も認めるところである。[*2]

　接見指定（刑訴法39条3項）の適法性をめぐる争いが後景に退いた現在もなお、接見交通権をめぐっては、さまざまな問題が生じ、激しい対立が生じて

＊1　田鎖麻衣子「弁護人の効果的な援助を受ける権利」一橋法学37巻3号（2017年）参照。
＊2　最大判平11・3・25民集53巻3号514頁。

いる*3。これらの問題に通底するのは、自由な接見交通、そしてその前提となる接見交通の秘密性の保障と、捜査・取調べ権限、あるいは収容施設の管理運営権限とのあいだの厳しい衝突である。そうであるがゆえに、これらの問題は、接見交通権、さらには弁護権の保障の根幹に関わる理論的課題を内包している。弁護権の保障における接見交通権の本質的重要性からすれば、これらの実践的・理論的問題をどのように解決するかが、弁護権の保障がどれほど実質化しているか、ひいては刑事手続における被疑者・被告人の主体性がどれほど具体化しているかを決めることになる。

　以下、本章は、そのような問題意識に立ちつつ、接見交通権の保障のあり方が、とりわけ捜査機関の被疑者取調べ権限との関係において規定されてきたこと、さらに取調べにおいて被疑者の黙秘権を確保するために、弁護人の援助が重要な役割を担うべきことに着目して、第1に、現行刑訴法制定時、接見交通権が被疑者・被告人の弁護権の保障において本質的重要性を有するものであり、被疑者取調べとの関係においては、接見交通権が被疑者の黙秘権を確保する機能を担うべきことを期待されていたことを確認する。第2に、そのような期待にもかかわらず、現行法の運用をみたとき、捜査機関の接見指定を通じて、接見交通権と捜査・取調べ権限とが現実的に拮抗する場面においては、接見交通権が捜査・取調べ権限に対して劣位におかれてきたことを示す。第3に、欧州人権条約に関する人権裁判所の判例、欧州連合の動向、イギリス法の状況などを参照しながら、被疑者の黙秘権の確保というその本来的機能を十全に発揮するために、接見交通権は、捜査・取調べの必要を理由にして制限されてはならず、取調べに先立ち保障されなければならないこと、さらに被疑者が取調べに弁護人を立ち会わせ、取調中にその援助を受ける権利（以下、「弁護人立会権」という）が保障される必要があることを明らかにする。

---

*3　近年、接見交通権をめぐり、さまざまな形で問題が顕在化していることの背景には、情報通信機器の発達・普及、情報通信技術の進歩などとともに、被疑者弁護の量的拡大と質的活性化があるといえよう。この点について、葛野尋之『刑事司法改革と刑事弁護』（現代人文社、2016年）329頁参照。2016年、被疑者国選弁護人制度の対象事件79,369に対し、国選弁護人の選任数は65,789であり、選任率は82.9％であった。選任数は勾留状発付数の64.5％に相当する（『法テラス白書・平成28年度版』による）。同年、当番弁護士受付件数は51,370、受任件数は25,382、刑事被疑者弁護援助件数は12,455であった（『弁護士白書・2017年度版』による）。刑事弁護の活性化について、大出良知「刑事弁護の質的向上の到達点と課題」『美奈川成章先生・上田國廣先生古稀祝賀記念論文集　刑事弁護の原理と実践』（現代人文社、2016年）参照。

2. 接見交通権の生成・発展と被疑者の黙秘権

(1) 治罪法から旧刑訴法

　接見交通権の生成と発展は、弁護権の保障の拡充とともにあった。[*4]

　1808年の治罪法は、公判段階の被告人について、はじめて刑事弁護を制度化した。同法140条は、「代言人」についても、親族などと同様、「密室監禁」の場合を除き、官吏の立会のもとでの接見が認められたに過ぎず、また、書類の授受については、予審判事の検閲がなされ、差押も認められていた。

　1890年の旧旧刑訴法は、公判段階の被告人弁護の制度を継承した。同法85条は、「弁護士」の接見交通について、治罪法と同旨規定した。ただし、予審判事に加え、検事による書類の検閲・差押も認められた。密室監禁制度は廃止されたものの、その後の法改正により、予審判事は、勾留中の被告人の居室を別にしたうえで、接見および書類・物件の授受を禁止し、その書類・物件を差し押さえることができるとされた。

　1922年の旧刑訴法は、被告人が、公判段階のみならず予審段階を含め、起訴後いつでも弁護人を選任できることとした（39条1項）。同法45条は、公判段階において、勾留された被告人と弁護人との接見・信書発受を禁止することができない旨定めた。また、予審段階の被告人は、逃亡・罪証隠滅のおそれを理由とする接見禁止処分がなされない限り、弁護人と接見することを認められた（111条・112条。弁護人以外の者との接見と同じ扱いであった）。もっとも、公判段階においても、接見は官吏の立会を付され、信書は検閲された（監獄法46条・50条、同規則127条1項）。

　このように、被告人の弁護人との接見交通権は、弁護権の保障の拡充にともない、漸次、発展を遂げてきたが、なお限られたものでしかなかった。

(2) 現行刑訴法

　接見交通権の保障が飛躍的発展を遂げたのは、日本国憲法の制定（1946年）と現行刑訴法への全面改正（1948年）によってである。[*5]

---

　*4　三井誠「接見交通問題の展開（1）」法律時報54巻3号（1982年）8頁による。
　*5　三井・前掲注4論文9頁、三井誠「接見交通権の成立過程」『平野龍一先生古稀祝賀論文集（下）』（有斐閣、1991年）参照。

憲法は、34条において、抑留・拘禁された者は弁護権を保障される旨定め、37条1項において、刑事被告人についての弁護権、さらには国選弁護人の選任の保障について規定した。憲法34条にいう抑留・拘禁は、刑訴法における逮捕・勾留を意味するものと理解された。憲法の保障を受けて、刑訴法30条は、「被告人又は被疑者は、何時でも弁護人を選任することができる」と規定し、捜査段階も含め、起訴の前後を通じて、被疑者・被告人の弁護権を保障した。起訴後の被告人については、国選弁護人の選任についても規定した（同法36条・37条）。

　日本国憲法制定後、憲法を実施するための必要最小限度の大綱を定めたものとして、応急措置法が制定された（1947年）。同法は、身体を拘束された被疑者についても弁護権を認めたが、被疑者の接見交通に関する明文規定を有していなかった。司法省による立法趣旨の説明によれば、逮捕留置中の被疑者は、捜査官の許可がなければ弁護人との接見を認められず、勾留中の被疑者は、弁護人との接見交通権を保障されたものの、裁判官は接見禁止処分を付すことができるとされた。ただし、逮捕留置中または接見禁止処分が付されている場合でも、弁護人選任のために必要な接見・書類授受は常に認められるとされた。運用も、施行当初は、この規定のとおり旧法をわずかに前進させたものにとどまったが、半年余り経つと、被疑者と弁護人との接見には立会人をおかず、また、接見禁止処分も付さないという運用がとられるようになり、接見交通の自由が広く認められるようになった。

　1948年、現行刑訴法が制定された。制定過程において、弁護士会は、捜査段階での被疑者の接見交通権の明文化を主張したのに対して、検察庁は、弁護人の権限拡大に消極的な姿勢をとり、捜査段階での接見交通を認めるとしても、捜査官の許可を要するとすべきなどと主張した。自由な接見交通は、捜査・取調べの重大な妨げになると考えたのである。

　日本政府と連合軍総司令部との折衝の結果、現行刑訴法39条1項において、身体を拘束された被疑者・被告人の権利として、接見交通権が規定されるに至った。接見の秘密性も保障された。ただし、同条2項において、法令により、被疑者・被告人の「逃亡、罪証の隠滅又は戒護に支障のある物の授受を防ぐため必要な措置」をとることができると定められ、さらに同条3項においては、捜査機関は、「被疑者が防禦の準備をする権利を不当に制限」することがない限りにおいて、「捜査のため必要があるときは、公訴の提起前に限り」、被疑者と弁護人との接見交通について、「日時、場所及び時間を指定

することができる」ものと定められた。被疑者と弁護人とのあいだの自由な接見交通を保障する一方で、それが捜査・取調べの重大な妨げになるとする消極的意見を反映する形で、接見指定制度が設けられたのである。

⑶ 接見交通権と被疑者の黙秘権

　日本国憲法は、弁護権と並んで、自己負罪拒否特権を規定し（38条1項）、それを受けて、刑訴法は、被疑者・被告人の包括的な黙秘権を保障した（189条2項・291条2項・311条1項）。

　注目すべきは、現行刑訴法における接見交通権の保障が、黙秘権と強く結びつけられていたことである。[*6]第2回国会における刑訴法全面改正案に関する検務長官の提案説明によれば、「弁護人の被疑者又は被告人との交通権」について、「被疑者又は被告人が供述を拒む権利があり、又は終始沈黙する権利があることを考えると、被疑者又は被告人と弁護人との接見に官憲が立ち会い、その内容を聴取することは建前として許されないところであるので、身体の拘束を受けている被疑者又は被告人は、何人の立会もなく弁護人又は弁護人となろうとする者と接見し防御の準備をすることができるものとし、又書類若しくは物の授受をすることができるものとした」とされている。[*7]また、現行法立案の直接の関与者らによれば、「かく強力な交通権を保障したのは、新法の人権尊重のあらわれであって、被告人又は被疑者とその弁護人とは、いやしくも正当な利益を擁護するためには、一体不可分の緊密生を保持すべきであると共に、新法は被告人又は被疑者に終始沈黙する権利又は供述を拒む権利を認めている（311, 198）ことに照応し、その接見に官憲が立ち会い、会談の内容を聴取するようなことは建前として許されないところといわねばならないであろう。これらの制度は、密接な関連をもつものである」とされている。[*8]接見交通権と被疑者・被告人の黙秘権との密接な結びつきが指摘されていたのである。

　問題は、接見交通権が、どのような意味において、被疑者の黙秘権と結びつけられていたのかである。三井誠は、「立法関係者は接見交通権の問題を、……憲法38条1項の黙秘権との関連でも捉えていた。それはことに『立会人

---

　*6　三井・前掲注5論文264頁。
　*7　法務庁検務局総務課編『改正刑事訴訟法提案理由書』（有隣出版、1948年）17頁。
　*8　野木新一＝宮下明義＝横井大三『新刑事訴訟法概説（追補版）』（立花書房、1949年）40頁。

なき』接見、すなわち秘密交通権という面においてである」と指摘する。すなわち、三井誠は、憲法38条は被疑者に包括的黙秘権を認めた趣旨であるとの理解を示したうえで、「これを接見交通に当てはめれば、被疑者と弁護人との接見に『官憲』が立ち会ってその会話内容を聴取することは供述の自由を侵害するものとして許されないことになる」とするのである。たしかに、弁護人との接見という、被疑者にとって自己の防御のための十分な援助を受けるべく、弁護人とのあいだで会話による意思疎通・情報交換を行わざるをえないような場面において、立会人としての「官憲」が両者の会話を聴取したとすれば、被疑者は立会人の面前で供述することを余儀なくされるに等しい。被疑者は沈黙の自由を奪われた状態におかれるといってよい。被疑者に対し包括的黙秘権を保障したことの帰結として、接見の秘密性の保障が要請されることになろう。

　しかし、接見交通権と被疑者の黙秘権との結びつきは、これにとどまるものではなかろう。被疑者の黙秘権が最も危険にさらされるのは、捜査機関の取調べの場面である。両者のあいだには、弁護人との自由な接見交通を保障することによって、捜査機関の取調べの場面において被疑者の黙秘権を確保するという、より積極的な関係性があったというべきである。

　検務長官の上記提案説明によれば、「被疑者の取調」について、捜査機関が被疑者を取り調べる場合、「検察官等は取調べに対し、あらかじめ、供述を拒むことができる旨を告げなければならないものとした。これは従来稍もすれば行われがちであった自白の追及を防止し、憲法第38条第1項の趣旨に従い、被疑者の人権を保障するため、とくに規定を設けたものである」とされている。このように、憲法38条1項、さらに刑訴法189条2項が保障する被疑者の黙秘権は、捜査機関の取調べにおける被疑者に対する自白強要の防止にこそ主眼があったとされ、このことは広く承認されていた。また、上記のように、現行法の制定過程においては、自由な接見交通が捜査・取調べの重大な妨げになるとして、それを制限すべきとする意見も有力であった。接見指定制度は、そのような意見を反映して設けられた。ここにおいて、接見交通権と被疑者からの供述獲得との有意な関連性が、たしかに認識されて

＊9　三井・前掲注5論文271頁。
＊10　法務庁検務局総務課・注7書35頁。
＊11　三井・前掲注4論文10頁。

いた。

これらのことからすれば、接見交通権は、「立会人」のない接見の保障という点において黙秘権との関連性を有するにとどまらず、黙秘権の主眼たる捜査機関の取調べにおける被疑者の供述の自由の確保とも結びつけられていたというべきであろう。自由な接見交通の保障は、被疑者の黙秘権が最も危険にさらされる捜査機関の取調べの場面において、被疑者の黙秘権の侵害を許されず、それを確保するために機能することを期待されていたのである。三井誠は、国会の法案審議過程において、ある議員による「被疑者取調べにおける弁護人立会権」の新設提案をめぐり、政府委員が「今の日本に段階におきましては、そこまでさせることは、捜査の敏活に差し支えると考えまして、この案ではそこまでは至っていない」と答弁したことを指摘し、「立会権に準ずるような位置づけを接見交通権に与えていたと読みとることさえできる」としている[*12]。まさしく、弁護人立会権に準じる形で、接見交通権が被疑者の黙秘権の確保のために機能することが期待され、両者はそのような関係において結びつけられていたというべきなのである。

3．捜査・取調べ権限による接見交通権の制限

⑴ 接見交通権に対する捜査・取調べ権限の優越

接見交通権は、捜査機関の取調べにおいて被疑者の黙秘権を確保するために機能することを期待されていた。しかし、現実には、捜査機関の接見指定を通じて、接見交通権は捜査・取調べ権限に対して劣位におかれ、その機能を十全に果たすことができなかった[*13]。

現行法の施行間もなく、捜査機関からは、すでに自白していた被疑者が接見後に否認し、供述を変更し、あるいは黙秘に転じることについて、捜査・取調べに支障が生じていることが指摘され、そのための対応策として、接見前の取調べ完了、弁護人の同意を得たうえでの捜査官の立会などとともに、接見指定の活用が提起されていた。他方、弁護人の側からは、捜査機関による接見交通の過剰な制限が指摘された。

---

*12　三井・前掲注5論文281頁。
*13　三井誠「接見交通問題の展開 ⑵・⑸」法律時報54巻5号（1982年）・55巻3号（1983年）による。一般的指定方式の形成過程、運用、それに対する批判などについて、若松芳也『接見交通の研究』（日本評論社、1987年）7頁参照。

接見指定制度の運用においては、現行法施行当初より、一般的指定方式がとられた。同制度は、その後、法務大臣訓令「事件事務規程」（当初1954年施行、改めて1963年施行）により、実務上の制度として確立した。一般的指定方式とは、検察官が接見指定の必要を認めた事件については、被疑者および収容施設の長に対して、接見指定の一般的な意思を表示したうえで（一般的指定）、弁護人から接見要求があったときに、弁護人と協議のうえで具体的な日時・場所・時間を指定し、その内容を記載した「指定書」を発する（具体的指定）というものである。具体的指定書が発せられない限り接見が許されないこととされたのである。

　捜査機関の接見指定において、その要件たる「捜査のため（の）必要」については、広く、捜査全般の必要がある場合をいうものとされた。すなわち、弁護人との接見を認めると、共犯者との通謀などによる罪証隠滅の可能性が生じること、被疑者の取調べないし供述採取が困難になり、あるいは被疑者が自白を覆す可能性があることなど、弁護人との接見交通により事後の捜査・取調べに広く支障が生じる場合をいうとされたのである。このような理解に立って、捜査機関は、広範囲にわたり接見指定の権限を発動した。さらに、具体的指定にあたっても、勾留期間10日中に２回程度（勾留延長がなされればさらに１回）、接見要求から相当な時間を経過した後に、短時間（10～20分）の指定をするという運用が広がった。接見指定制度の運用において、接見交通権は、捜査機関の捜査・取調べ権限に対して圧倒的な劣位におかれていたのである。

　このような運用に対し、弁護人の側からは、一般的指定方式は、原則（１項）と例外（３項）とを逆転させるものにほかならず、接見指定の要件の解釈が広汎に過ぎ、また、被疑者と弁護人の接見機会が不当に制限されているとの強い批判がなされた。

　1960年代半ば頃からは、弁護人が準抗告（刑訴430条）によって接見指定の適法性を争う例も広がっていった。従前の裁判例は、一般的指定はたんなる事務連絡に過ぎないとして、その処分性を否定したうえで、具体的指定について、接見機会の過剰な制限になるものを違法とするという傾向にあった。[*14]

[*14] 後に、最判平３・５・31総務月報38巻２号298頁は、「本件の一般的指定の適否に関して、原審が捜査機関の内部的な事務連絡文書であると解して、それ自体は弁護人である上告人又は被疑者に対し何ら法的な効力を与えるものでなく、違法ではないとした判断は、正当として是認することができる」とした。

しかし、この時期からは、一般的指定の処分性を否定する裁判例が存続する一方で、一般的指定書の発付が実質的に接見交通を禁止・制限する効果を発生させることを理由にして、その処分性を肯定したうえで、それを違法とする裁判例が広がった。

その後、一般的指定を違法とする裁判例は広がっていった。また、接見指定の適法性をを争う国家賠償請求訴訟の提起も続いた。1982年からは、弁護人の要望があるときは、検察官が具体的指定書をファクシミリで送信する運用も始まった。1988年、法務大臣訓令「事件事務規程」は改訂され、一般的指定方式が廃止され、新たに、収容施設長宛に接見交通の指定をすることがある旨記載された通知書が用いられることとなった。同年より開始された法務省と日弁連の協議会を経て、通知事件は刑訴法81条による接見禁止が付された事件の20％程度にとどまることとなり、具体的指定においても、接見機会の制限が従前に比べて顕著に緩和された。[*15] 接見交通権が捜査・取調べ権限との均衡を回復する方向に実務が動いたのである。

(2) 判例法理の限界

接見指定の要件たる「捜査のため（の）必要」（刑訴39条3項）については、長く、罪証隠滅、取調べ・供述獲得の困難などを含む捜査全般の必要を意味するとの理解が実務を支配していた。また、具体的な指定措置も、接見機会を大きく制限する、しかも弁護人との十分な協議もなく、一方的になされることが多かった。しかし、最判昭53・7・10に始まる一連の最高裁判例は、[*16] このような実務を大きく変革した。

指定要件・指定措置に関する一連の最高裁判例を総括する形で、最大判平11・3・24は、接見指定制度が「接見交通権の行使と捜査権の行使との間に合理的な調整を図る」ためのものとして、弁護権の保障に関する憲法34条に違反しないとしたうえで、刑訴法39条3項にいう「『捜査のため必要があるとき』とは、……（弁護人から申出のあった）接見等を認めると取調べの中断等により捜査に顕著な支障が生ずる場合に限られ、右要件が具備され、接

＊15　三井誠「接見交通権問題の現状と今後」法律時報65巻3号（1993年）16頁。
＊16　最判昭53・7・10民集32巻5号820頁、最判平3・5・10民集45巻5号919頁など。これらは、日弁連が接見指定に対する国家賠償請求訴訟の提起に組織的に取り組んだことの成果である。この経緯について、赤松範夫「接見交通権確立実行委員会と接見国賠訴訟の切り拓いた地平」季刊刑事弁護57号（2011年）参照。

見等の日時等の指定をする場合には、捜査機関は、弁護人等と協議してできる限り速やかな接見等のための日時等を指定し、被疑者が弁護人等と防御の準備をすることができるような措置を採らなければならないものと解すべきである。そして、弁護人等から接見等の申出を受けた時に、捜査機関が現に被疑者を取調べ中である場合や実況見分、検証等に立ち会わせている場合、また、間近い時に右取調べ等をする確実な予定があって、弁護人等の申出に沿った接見等を認めたのでは、右取調べ等が予定どおり開始できなくなるおそれがある場合などは、原則として右にいう取調べの中断等により捜査に顕著な支障が生ずる場合に当たると解すべきである」と判示した。かつて捜査機関が依拠していた捜査全般の広汎な必要をもって指定要件とする見解を否定して、接見指定制度を、接見交通権の行使と捜査・取調べ権限の発動とが、ひとつしかない被疑者の身体利用をめぐって競合する場合における時間的・場所的調整の手段として性格づけたのである。これは、刑訴法39条1項についての立法者意思にも沿うものであった[17]。

たしかに、大法廷判決は、接見指定の要件たる「捜査のため（の）必要があるとき」を、捜査全般の広汎な必要がある場合をいうとする従前の実務が依拠してきた理解に比べ、大きく限定して解釈した。接見交通権が捜査・取調べ権限に対して圧倒的な劣位におかれてきた従前の運用を否定したといってよい。しかし、接見交通権が、捜査・取調べ権限との均衡を完全に回復したというわけではない。すなわち、大法廷判決は、捜査機関が被疑者を取調べ中であるときに弁護人が接見要求をした場合など、接見交通権と捜査・取調べ権限とが現実的に拮抗する場面では、「原則として……取調べの中断等により捜査に顕著な支障が生ずる場合に当たる」として、接見指定を認めている。大法廷判決は「原則として」という限定を付しているものの、それ以降、捜査機関が現に被疑者を取調べ中である場合などについて、「捜査に顕著な支障が生ずる」ことを否定した最高裁判例はない[18]。結局、大法廷判決において、接見交通権の行使と捜査・取調べ権限とが現実に拮抗する場面に

---

*17　三井・前掲注5論文282頁。
*18　最判平12・6・23民集54巻5号1635頁は、逮捕後警察署への引致から約25分後になされた選任権者の依頼により弁護人となろうとする者の初回の接見要求を拒否し、接見日時を17時間以上後の翌朝10時以降と指定した捜査官の措置を違法としたが、この判決も、接見要求のときに現に取調べ中であり、また、確実で間近な取調べ予定もあったことから、接見を認めると「捜査中断による支障が顕著な場合に当たる」と認めている。

おいては、なおも前者は後者に対して劣位におかれているのである。

　後藤昭は、これら両者について「実際に調整が必要な場面で、原則として捜査の利益が優越することを意味する」ものであって、大法廷判決が自ら提示した「接見自由の原則と矛盾している」と指摘する。そして、大法廷判決のいう「合理的な調整」が、捜査・取調べ権限を接見交通権に対して優位におくものだとすれば、捜査の中断による顕著な支障が認められる場合とはなにかを明確にしようとしたとき、「接見によって被疑者の供述が得られなくなるおそれがあるとき」などという基準にならざるをえず、したがって「取調べ目的の接見指定を認めることは、接見指定を供述獲得の手段とすること」を意味するとする。被疑者の供述を得るために必要であれば、捜査中断による顕著な支障があるとして、接見指定が可能だということになるが、「不本意な供述をしてしまう事態を弁護人の助言によって避けることは、弁護人依頼権の重要な内容である。もし自白させるために接見指定権が使えるのであれば、接見指定権は弁護人依頼権や黙秘権を実質的に制限する効果をもつことになる」とするのである。[19]

　後藤昭が指摘することからすれば、最高裁判例の法理のもとでもなお、接見交通権は、捜査機関の取調べという場面において被疑者の黙秘権を確保するための機能を十全に果たしてはいないということになる。むしろ、接見交通権は、捜査・取調べ権限と現実的に拮抗する場面においては、それに対して劣位におかれている。かくして、被疑者の黙秘権の確保という接見交通権に期待されていた機能は、限定されることになるのである。

　現在、接見指定の実務においては、2008年の最高検察庁および警察庁の各依命通達のもと、弁護人の接見申出があった時点で「現に取調べ中でない[20]

---

[19] 後藤昭「接見指定権の原理的問題」『福井厚先生古稀祝賀論文集 改革期の刑事法理論』（法律文化社、2013年）144頁。石田倫識「接見交通権と被疑者取調べ」季刊刑事弁護85号（2016年）115頁も参照。平川宗信＝後藤昭編著『刑事法演習（第２版）』（有斐閣、2008年）108頁〔川出敏裕〕は、「取調べが接見指定の根拠となり、そう解しても憲法34条には違反しないとする判例の見解は、暗黙のうちに、取調べによる自白の獲得が、接見交通権、ひいては弁護人の援助を受ける権利に優先することを前提としているというほかはないであろう」と指摘したうえで、このような判例の見解を前提とするならば、弁護人の初回接見の要求について、防御上の必要性が認められる場合でも、現に被疑者を取調中であって、接見をさせずにそのまま取調べを続ければ、黙秘している被疑者から自白が得られそうだというときには、「捜査の必要性が非常に高い」として、接見指定をなしうることを示唆している。

[20] 「取調べの適正を確保するための逮捕・勾留中の被疑者と弁護人等との間の接見に対する一層の配慮について（依命通達）」（最高検企第206号、平成20年５月１日）、「取調べの適

場合には、直ちに接見……の機会を与えるよう配慮」すべきとされ、「現に取調べの場合であっても、できる限り早期に接見の機会を与えるようにし、遅くとも、直近の食事又は休憩の際に接見の機会を与えるよう配慮」すべきこととされている。捜査機関が現に被疑者を取調べ中であって、接見指定を行う場合でも、具体的な指定措置における接見機会の制限をより小さくする方向が目指されている。このようななかで、接見指定をめぐる弁護人と捜査機関との衝突は顕著に減少したという。しかし、捜査機関が現に被疑者を取調べ中であるときに、接見指定が可能とされることには変わりがない。取調べ中に被疑者が弁護人との接見を求めた場合でも、取調べが中断されることはなく、続行される。接見交通権が捜査・取調べ権限と現実的に拮抗する場面において、それに対して劣位におかれている限り、被疑者の黙秘権の確保という機能は、やはり限定されたものとならざるをえないのである。

4．接見交通権と被疑者の黙秘権の確保

(1) 欧州人権裁判所の判例

　欧州人権条約に関する人権裁判所の判例は、身体拘束下において捜査機関の取調べを受ける被疑者に対して弁護人の援助を保障することにより、その黙秘権を確保するという方向へと発展を遂げた。

　2008年のサルダズ判決[*21]は、欧州人権条約6条1項の公正な裁判を受ける権利の保障のもと、逮捕後、弁護人へのアクセスを制限したまま、刑事告発を受けた者（以下、被告発者〔the accused〕）を取り調べること、あるいはそれによって採取した自白を有罪証拠とすることは、弁護権（同条3項(c)）とともに、黙秘権（同条1項）の侵害にあたるとした。同判決は、逮捕後取調べを受けた被疑者が、弁護人へのアクセスを拒否されたまま取調べを受け自

　　正を確保するための逮捕・勾留中の被疑者と弁護人等との間の接見に対する一層の配慮について（依命通達）」（警察庁丙刑企発第18号、平成20年5月8日）。
*21　Salduz v Turkey, (2008) 49 EHRR 421. なお、欧州人権裁判所は、法執行機関・司法機関から正式に被疑事実が告知されたとき、被疑者が逮捕されたとき、警察により正式告発がなされたときなどには、人権条約上の「被告発者」の地位が認められるべきとしている（D. J. Harris et al., Law of the European Convention on Human Rights 208-210 [2009]）。サルダズ判決およびその後の欧州人権裁判所の概要、影響、意義などについて、葛野尋之『未決拘禁法と人権』（現代人文社、2013年）173頁・187頁、北村泰三「警察取調べをめぐる弁護人立会権をめぐる人権条約の解釈・適用問題」法学新報120巻9＝10号（2014年）参照。

白したという事案について、このような被疑者に対する弁護人の主要な任務がその黙秘権の確保にこそあると認めたうえで、公正な裁判を受ける権利を実効的に保障するためには、「弁護人へのアクセスは、具体的事情からみて、その権利を制約すべきやむにやまれぬ理由が立証された場合を除き、原則として警察による最初の被疑者取調べの時点から保障されなければならない。さらに、やむにやまれぬ理由により、弁護士へのアクセスの制限が例外的に正当化される場合でも、その制限は、人権条約6条により保障される被疑者の権利を不当に害してはならない。取調べが弁護人へのアクセスなくして行われ、それによって採取された自己負罪供述が有罪認定に用いられるときは、防御の権利は、原則として回復不可能なまでに害されることになる」と判示し、本件において、「警察による身体拘束中に弁護人へのアクセスが認められなかったことは、申立人の防御権を回復不可能なまでに害することになる」として、人権条約6条1項・3項(c)の違反があるとした。

このように、サルダズ判決は、弁護人へのアクセスを制限しつつ取調べがなされた場合、その結果採取された自白は、個別具体的事情のいかんによらず、直ちに排除されるべきとする予防的ルールを、あらゆる制度的制限も排除されるという絶対的要求に近い意味において原則化した。翌2009年、ダヤナン対トルコ事件の人権裁判所判決[*22]は、たとえ申立人が取調べにおいて黙秘していたとしても、身体を拘束された被疑者が取調べに先立ち弁護人にアクセスする権利を制限することは、それ自体直ちに人権条約6条1項・3項(c)に違反するとの判断を示し、予防的ルールをいっそう明確化した。

これらの判決にいう弁護人へのアクセスとは、身体を拘束された被疑者が弁護人に連絡し、相談し、助言の機会を得ることを意味する。被疑者が要求したときには、このような意味における弁護人の援助の機会が、取調べに先立ち被疑者に対して与えられなければならず、それなくして取調べがなされた場合には、直ちに欧州人権条約の保障する弁護権（6条3項(c)）とともに、黙秘権（6条1項）の侵害があったと認められるのである。ここにおいて、弁護人の援助は、被疑者の黙秘権を確保するために、捜査・取調べ権限に対して優越するものとして保障されている。このようなサルダズ判決は、ヨーロッパ全域において、同判決の要請を充足するための法の変化を現実に生み

＊22 Dayanan v Turkey, application no. 7377/03, ECtHR Judgment of 13 October 2009.

出したとされている。[23]

　ところで、サルダズ判決が取調べ中の弁護人立会権の保障をも含意しているのかをめぐっては、意見が対立した。[24]これを肯定する見解もあった。しかし、取調べに先立ち弁護人と接見する機会が保障されることを判示したにとどまるとの理解も有力であった。[25]

　そのようななか、パノビッツ、ビシャリニコフ両判決は、弁護人立会権について、人権裁判所がその立場を明らかにしたものとして受け止められた。もっとも、これらはともに、サルダズ判決と同じく、取調べに先立つ弁護人の選任が許されず、そのいかなる援助も欠けるなかで取調べが行われたという事案に関するものであり、弁護人立会の要求が拒否された事案についてのものではない。また、中心的争点は、弁護人の援助がないまま行われた取調べへの被疑者の応答をもって、有効な権利放棄が認められるのかということであった。これら両判決が、取調べ中の弁護人立会権の保障について、肯定、否定、いずれかの判断を明示したわけではない。

　しかし、パノビッツ判決が、「申立人の取調べ中に弁護人の援助が欠けていたことは、やむにやまれぬ、しかしなお手続全体の公正さを損なうことのないような理由がない限り、その防御権を侵害することになる」[26]とし、ビシャリニコフ判決も、権利放棄の有効性を検討するなかで、「被告発者が、取調べ中に弁護人の援助を受ける権利を実際に行使しようとした場合には、その者が自己の権利を教示されたにもかかわらず、その後の警察主導の取調べに応答したことを示すだけでは、その権利の有効な放棄を立証したことにはならない」[27]と述べたことから（傍点はいずれも引用者）、サルダズ判決が弁

---

* [23] Jackson, Response to Salduz: Procedual Tradition, Change and the Need for Effective Defense, 79 Modern Law Review 987, 987-988 (2016). ジョン・ジャクソンによれば、サルダズ判決後、欧州諸国は取調べ前および取調べ中の弁護人へのアクセスを保障し、それを黙秘権と強く結びつけたものの、弁護人に捜査・取調べの過程においてどのように積極的役割を担わせるかという点においては、大きな違いを見せているという。
* [24] Beijer, False Confession during Police Interrogations and Measures to Prevent Them, (2010) 18 European Journal of Crime, Criminal Law and Criminal Justice 311, 312-314.
* [25] オランダ最高裁の2009年判決も、このような立場をとった（HR 30 June 2009, LJN: BH 3079）。
* [26] Panovits v Cyprus, application no. 4268/04, ECtHR Judgment of 11 December 2008, para 67.
* [27] Pishchalnikov v Russia, application no. 7025/04, ECtHR Judgment of 24 September 2008, para 79.

護人立会権を保障していたことを前提にして、これら両判決はそれに依拠したのだとの理解が広がった。実際、サルダズ判決自体、申立人の取調べについて、それが弁護人の立会を欠くなかで行われたものであることを明示しており、また、二人の裁判官の同調を得て示されたザグレベルスキー裁判官の補足意見は、全員一致の大法廷判決が、少なくとも「裁判所により証拠として取り調べられる正式の記録が作成される取調べ中の」、または「取調べ中および取調べ開始時点から」の弁護人の援助を保障することを含意していたと指摘していた（傍点はいずれも引用者）。

たしかに、判決の射程を厳密に考えるならば、いずれの判決も被疑者による取調べ中の弁護人立会いの要求が拒絶されたという事案についてのものではないから、これらの判決が取調べ中の弁護人立会権を保障したと断言することは難しいかもしれない。しかし、人権裁判所の判決が弁護人立会権を否定していると理解すべきでもない。実際、2009年に公表された調査研究によれば、欧州人権条約締約国とは一致しないが、EU加盟国27か国中、未回答のマルタを除く26か国のうち22か国において、警察取調べに先立つ弁護人との接見の機会が保障され、同じく22か国において、警察取調べ中の弁護人立会権が認められていた。判断対象とした事案が取調べ前の弁護人の選任自体を許さなかったものであったことから、欧州人権裁判所の判例は、アクセス拒否の点において人権条約違反との判断を示したのであって、取調べ中の弁護人立会権までは必要ないとしたわけではないのである。むしろ、パノビッツ、ビシャリニコフ両判決が用いた表現からしても、また、サルダズ判決を始めとする欧州人権裁判所の判例が、弁護人の援助による黙秘権の確保を本旨としていたことからも、弁護人立会権を保障することは、人権裁判所

---

*28 Beijer, False Confession during Police Interrogations and Measures to Prevent Them, (2010) 18 European Journal of Crime, Criminal Law and Criminal Justice 311, 336; Hodgson, The French Prosecutor in Question, 67 Washington and Lee University Law Review 1361, 1398-1400 (2010). 北村・注21論文187頁も、サルダズ判決は弁護人にアクセスする権利が取調中の弁護人立会権をも包含するものと考えていたとする。たしかに、一般的にはそのようにいえるであろうものの、判例の射程という観点からしたとき、弁護人立会権の保障が同判決の判示事項であるとするのは難しいであろう。
*29 Salduz v Turkey, (2008) 49 EHRR 421, para 14.
*30 Salduz v Turkey, (2008) 49 EHRR 421, concurring opinion of Judge Zagrebelsky, joined by Judges Casadeval and Türmen.
*31 Taru Spronken et al., EU Procedual Rights in Criminal Proceedings 36-37, 44-45 (2009), http://arno.unimaas.nl/show.cgi?fid=16315.

の判例の趣旨に沿っているということができよう。

(2) 弁護人にアクセスする権利に関するEU指令

　EUにおいても、2009年の「刑事手続における被疑者・被告人の手続的権利の強化のためのロードマップ」に関するEU理事会決議[*32]に基づき、2013年10月22日、欧州議会およびEU理事会において採択された「EU指令2013年48号[*33]」が、刑事手続における弁護人へのアクセスについて規定している。指令3条は、構成国に対して、1項において、被疑者・被告人が現実的かつ効果的に防御権を行使することができるような時期と方法により弁護人にアクセスする権利を確保するよう求め、2項において、被疑者・被告人は、①捜査機関または司法機関の取調べを受ける前、②捜査機関の捜査ないし証拠収集活動の開始時点、③自由の剥奪後不当な遅滞のない時点、④召喚状が発せられているときは裁判所出頭前、のうち最も早い時期より、不当な遅滞なく弁護人にアクセスする権利を保障されるべきものとしている。さらに、3項において、弁護人にアクセスする権利は、①捜査機関または司法機関の取調べ前も含め、弁護人と秘密裏に接見し、コミュニケーションを行う権利、②取調べへの弁護人の立会および効果的参加を受ける権利、③同一性確認手続（identity parade）、対質および犯罪場面の再現への弁護人の立会を受ける権利、を含むものとしている。指令3条3項にいう効果的参加について、その手続は国内法の規定に従うものとされながらも、その国内法は、立会・参加を受ける被疑者の権利の実効的行使とその本旨を損なわないようなものでなければならないとされ、また、取調べに立ち会った弁護人は、質問をし、説明を求め、意見を陳述することができるものとされている（前文25）。指令5条は、弁護人にアクセスする権利の行使としてなされる被疑者・被告人と弁護人とのコミュニケーションの秘密性を尊重すべきことを要求し、そのようなコミュニケーションは、接見、信書発受および電話による会話に加え、国内法により許される他のコミュニケーション手段を含むとしている。

　[*32] RESOLUTION OF THE COUNCIL of 30 November 2009 on a Roadmap for strengthening procedural rights of suspected or accused persons in criminal proceedings (2009/C 295/01).
　[*33] DIRECTIVE 2013/48/EU OF THE EUROPEAN PARLIAMENT AND OF THE COUNCIL of 22 October 2013. この翻訳および解説として、久岡康成「EU指令2013年48号における弁護人に対するアクセス権と第三者及び領事との連絡権」香川法学34巻3・4号（2015年）参照。

弁護人にアクセスする権利と捜査機関の取調べ権限との関係について、2013年EU指令3条2項は、被疑者に対し、身体拘束のいかんにかかわらず、捜査機関の取調べに先立ち弁護人と秘密裏に相談する権利を保障しているものと理解されている。[*34] 弁護人にアクセスする権利は、捜査機関の取調べ権限に対して優位におかれているのである。弁護人にアクセスする権利に関する同指令の規定は、サルダズ判決、ダナヤン判決など一連の欧州人権裁判所判決の要請を踏まえたものであり（前文6）[*35]、また、EU構成国はすべて欧州人権条約の締約国であって、欧州人権裁判所サルダズ判決の要請は、すべてのEU構成国に遵守が義務づけられることからすれば、同指令においても、取調べの必要を理由として弁護人へのアクセスの要求を拒否・延期することは許されていないというべきだからである。

　ところで、2013年EU指令は、同指令が要請する弁護人へのアクセス権の保障からの一時的離脱（temporary derogation）を認めている。すなわち、例外的状況下において、公判前段階に限って、指令3条5項は、被疑者・被告人の地理的遠隔性から、自由剥奪の後に不当な遅滞なく弁護人にアクセスする権利を確保することが困難である場合について、同条6項は、人の生命・自由・身体に対する重大な侵害を回避するために緊急の必要がある場合および刑事手続に対する実質的な危険を防止するために捜査機関の即時の行動が緊急に必要とされる場合について、一時的離脱を認めているのである。同条5項による一時的離脱の場合には、その間、捜査機関による被疑者の取調べおよび証拠収集活動は停止されなければならない（前文30）。同条6項による場合には、一時的離脱は、事案の個別具体的状況に照らして正当化される範囲内に限られ、さらに、この場合には捜査機関の取調べが認められているものの、それは、被疑者・被告人が黙秘権を告知され、その権利を行使可能であり、また、実施される取調べが黙秘権を含む防御権を侵害しないときに限ってのことである。しかも、この場合の取調べは、人の生命・自由・身体に対する重大な危険を回避するために、または刑事手続に対する実質的な危

[*34] Cape and Hodgson, The Right to Access to a Lawyer at Police Stations, 5 New Journal of European Criminal Law 450, 467 (2014).

[*35] Hodgson, EU Criminal Justice: The Challenge of Due Process within a Framework of Mutual Recognition, 37 North Carolina Journal of International Law and Commercial Regulation 307, 307 (2011-12); Pia Janning, The EU Directive on the Right of Access to a Lawyer; A Guide for Practitioners, Irish Council for Civil Liberties 10 (2015).

険を防止するために必要不可欠な情報の獲得を唯一の目的とし、かつその範囲内のものに限られる（前文31・32）。このように、一時的離脱によって、弁護人へのアクセスを停止した状態での取調べが許される可能性があるが、それは限定された例外的な場合と範囲においてでしかない。広く一般的状況下において、被疑者・被告人の弁護人にアクセスする権利が、捜査機関の捜査・取調べ権限に対して劣位におかれているわけではない。

(3) イギリス法の概要

　捜査機関の取調べを受ける被疑者の黙秘権を確保するために、捜査・取調べ権限に対して優越する形で弁護人へのアクセスないし弁護人の援助を保障した実例として、イギリス（イングランド・ウェールズ）法をあげることができる。[36]

　イギリス法の基本枠組みを定めているのは、1984年警察刑事証拠法である。
　イギリスにおいても、かつて弁護権は、告発を受け、裁判所の司法手続に付された被告人に対してのみ保障されていた。歴史的にみれば、警察は被疑者を逮捕し、留置する権限を与えられていたものの、その目的は証拠の収集・確保のための捜査ではなく、たんに被逮捕者を裁判所に引致することとされていたから、捜査手続において弁護権を保障する必要はないとされたのである。しかし、20世紀に入り、警察による犯罪捜査の権限が拡大し、ついに1984年には、警察の捜査権限について詳細な規定を有する警察刑事証拠法が制定された。虚偽自白とそれに基づく誤判の原因に関する徹底した調査研究を踏まえて、同法は、警察による身体拘束中の被疑者の取調べを捜査手段として積極的に承認する一方で、虚偽自白を防止し、被疑者の黙秘権を始めとする手続的権利を確保するために、厳格な捜査と留置業務の分離、取調べの録音の義務化、取調べ時間・方法の規制など、手厚い手続保障を用意した。そのなかで最も重要なものが、弁護人にアクセスする権利の保障であった。[37]

　警察刑事証拠法のもと、逮捕され、警察署その他の場所に留置された者は、

---

*36　葛野尋之『刑事拘禁と刑事手続』（現代人文社、2007年）87頁、同・前掲注3書297頁参照。また、石田・前掲注19論文116頁参照。
*37　捜査弁護および公判弁護の現況に関する記述は、Anthony Hooper and David Ormerod (eds.), Blackstone's Criminal Practice 1209-1212, 1334-1336 (2013); Cape, England and Wales, in Ed Cape et al., Effective Criminal Defence in Europe122-129 (2000)による。

要求するときはいつでも、弁護人と秘密裏に相談する権利を認められている（58条1項）。判例上、正式に警察留置が決定される前でも、さらには正式の逮捕前であっても、被疑者が行動の自由を重大に制約されているという意味において拘束状態におかれていれば、この権利は保障される。また、同法運用規程により、逮捕されることなく警察の取調べを受ける被疑者（任意出頭者）も、同様に、法的助言を受ける権利を保障される（運用規程C・指針1A）。

被疑者が逮捕後警察署に引致されたとき、または任意に警察署に出頭した初回には（運用規程C・3.1・6.1）、無料の法的助言を受ける権利を告知されなければならない。この告知は、取調べを開始または再開する直前（同11.2）、留置審査または留置期間の延長決定の前（同15.4）、告発がなされたとき（同16.4）などにもなされる。告知は、捜査官ではなく、留置管理官によって行われる。法的助言を受ける権利について告知されたさい、被疑者が弁護人との相談を要求しなかった場合には、留置管理官は、電話により相談することもできる旨告知し、電話相談をするかどうか尋ねなければならない。それでもなお被疑者が要求しなかったときは、留置管理官は、被疑者に理由を尋ね、被疑者の回答を記録しなければならない。被疑者が弁護人との相談を望まないことが明白に確認されたときに、留置管理官は理由を尋ねるのをやめることができる（同6.5）。被疑者に相談をしないよう説得するためのいかなる試みをすることも許されない（同6.4）。

被疑者が弁護人との相談を要求した場合には、弁護人へのアクセスの遅延が例外的に許容されている場合を除いて、実際上可能な限り速やかに相談の機会を与えなければならない（警察刑事証拠法58条4項）。実際にアクセスが延期されることは稀である。被疑者の相談要求があったときは、列挙された特別事由がある場合を除いて、被疑者が弁護人と相談するまで、取調べをしてはならず、または取調べを中止しなければならない（同運用規程C・6.6）。この特別事由は、裁判所により非常に厳格に解釈されている。被疑者と弁護人との相談については、秘密性が保障されなければならず、それは電話相談の場合も同様である（同・指針6）。同法58条1項が、被疑者は要求により「いつでも」弁護人と秘密の相談をすることができると規定していることから、被疑者は、取調べに弁護人を立ち会わせ、取調中もその援助を受けることができると理解されている。

弁護人の基本的役割について、同法運用規程Cの付属解説によれば、「警察署における弁護士の唯一の役割は、自己の依頼者の法的権利を擁護し、増

進することである。そのために弁護士は、ときには、依頼者が訴追側立証を強化するような証拠の提供をしなくなるであろう効果をともなう助言をする必要もある。弁護士は、質問の意味を明確化するために介入し、自己の依頼者にとって不適切な内容の質問もしくは質問方法に異議を申し立て、個別の質問に応答しないよう自己の依頼者に助言し、または必要と認めるときは、自己の依頼者に対してさらに法的助言を提供することができる」とされている（6D）。実務上、弁護人が被疑者の要求に応えて警察署に到着したときは、まず留置記録を閲覧し、留置管理官および捜査官から被疑者、被疑事実、すでに収集されている証拠などについて説明を受けたうえで、被疑者と接見し、被疑者による説明の聴取、被疑者の法的立場および黙秘の法的効果の説明、取調べ官のどのような質問に答えるかどうか、どのように答えるかの助言などを行い、さらに取調べに立ち会い、取調中の援助を行うことが一般化している。同法運用規程C11.1Aによれば、被疑者および弁護人は、取調べに先立ち、捜査妨害にならない範囲において、「防御権を効果的に行使することを可能にするために」、被疑事実の内容および被疑者が嫌疑を受けることになった理由を理解するために十分な情報を開示されなければならないとされている。また、同規程C6.9は、「弁護士が立ち会った取調べの場から離れるよう要求されるのは、その行為により、取調官が被疑者に対して適切な質問を行うことが不可能になる場合に限られる」としており、その付属解説によれば、同規定「が適用されるのは、立会弁護士の働きかけまたは行為により、被疑者に対して適切な質問を実施し、またはその対応を記録することが不可能になり、または不合理に妨げられる場合に限られる。容認されない行為の例としては、被疑者に代わり質問に応答すること、被疑者が引用するために書面の応答を提示することなどがある」とされている。このように、取調べ前の接見および取調中の立会・援助において、弁護人は、被疑者の黙秘権その他防御権を確保するために、積極的役割を果たすべきことが求められている。

　被疑者が弁護人との相談を要求した場合でも、被疑者が釈放される、考えを変える、弁護人の到着が遅れるなどの理由から、実際に相談の機会をもたずに終わることも稀ではない。逮捕された被疑者のうち相談要求をした割合、

---

*38　Ed Cape, Defending Suspects at Police Stations (7th ed., 2017) 123-228, 278-307.

実際に相談した割合は、それぞれ、1988年に25％、19％、1991年に32％、25％、1995会計年度に40％、34％、2007年に60％、40％と報告されている。いずれについても、増加が顕著である。

　警察の態度としては、警察刑事証拠法の禁止規定にもかかわらず、実際には、警察がインフォーマルな「策略」をさまざまに用いて、被疑者に相談要求を思いとどまらせようとすることが指摘されている。弁護人の側についてみると、法的助言の利用し易さを高めるために、当番弁護士制度が設けられているが、相談要求から実際の接見までに遅れが生じることも少なくない。また、被疑者は弁護人と電話により相談することができ、相談要求を受けた弁護人から警察署にいる被疑者に電話することもできる。電話相談については、即時の相談が可能となることから、直接の接見の遅れがもたらす問題をカバーしうるとされている。もっとも、電話相談だけでは、法的助言の質の面で問題が残るので、電話相談を接見に代替させるのではなく、あくまでも接見までの応急的措置として電話相談を活用すべきとの意見が有力である。

　弁護人ではない有資格者が、弁護人の代行者として、その監督のもとで、被疑者と接見し法的助言を提供することが認められている。代行者の法的助言については、1980年代から90年代前半にかけて、その質に深刻な問題があることが指摘された。そのため、質の確保を目的として、1995年、法律扶助の適用を受ける場合には、代行者について特別な資格認定が必要だとされた。現在、有資格の代行者による法的助言については、確実で迅速な相談機会の提供という点において有益である反面、とくに警察官出身の有資格者の場合などに、質の面ではなお問題があるとも指摘されている。[*39]

　このように、イギリス法においては、限られた例外的な場合を除いて、被疑者が弁護人にアクセスし、その援助を受ける権利が、捜査・取調べ権限に対して優越するものとして保障されている。被疑者が弁護人へのアクセスを要求した場合、警察は、取調べを理由にしてそれを拒否ないし延期することはできない。取調べ前であれば、接見が終了するまで取調べを開始すること

---

*39　Andrew Sanders et al., Criminal Justice 235-245 (2010). 当番弁護士制度、法律扶助制度を含め、現在の実務とその問題点について、日本弁護士連合会『可視化への道、可視化からの道（イギリス取調べの可視化事情視察報告書）』（2011年）および同『第12回国選弁護シンポジウム基調報告書』（2012年）147～176頁は、ソリシタ協会（The Law Society）、刑事弁護に精通した独立開業弁護人、研究者などを含む関係者へのインタビューをもとに鮮やかに描写している。後者の調査には、私も参加した。

はできず、取調べ中であれば、取調べを打ち切って、弁護人と接見し相談する機会を与えなければならない。さらに、弁護人に「いつでも」アクセスする権利は、取調中に弁護人の立会を受ける権利をも包含している。

5．おわりに——黙秘権確保のための取調べに先立つ接見の保障

　以上論じてきたように、現行刑訴法制定過程において、同法39条1項による接見交通権は、身体を拘束されて捜査機関の取調べを受ける被疑者の黙秘権（憲法38条1項、刑訴198条2項）を確保するという機能を期待されていた。しかし、接見交通権は、その運用において長きにわたり、捜査機関の接見指定を通じて、捜査・取調べ権限に対して圧倒的な劣位におかれてきた。罪証隠滅の防止および供述獲得の困難化の排除を含む捜査全般の必要があるときに、「捜査のため（の）必要」（刑訴39条3項）があるとして接見指定の要件が認められ、そのうえでなされる具体的指定も、接見機会を大きく制限するものであった。

　その後、一連の最高裁判決を通じて、従前に比べ、接見指定の要件は限定的に解釈され、指定措置による接見機会の制限も緩和された。しかし、最高裁判例においても、被疑者が取調べを受けている最中に接見要求がなされたときなど、接見交通権と捜査・取調べ権限とのあいだに現実的な拮抗が生じる場面においては、捜査中断による顕著な支障が生じるとして、接見指定が認められている。この点において、接見交通権は、捜査・取調べ権限に対してなおも劣位におかれている。

　接見交通権が、本来期待されていた黙秘権確保の機能を十全に果たすことができるようにするためには、どのように保障されるべきか。欧州人権裁判所の判例および弁護人にアクセスする権利に関するEU指令の展開、さらにはイギリス法の例からするならば、接見交通権が、捜査・取調べ権限に対して劣位におかれてはならない。両者が現実的に拮抗する場面において、捜査・取調べ権限に対して優位におかれることによってこそ、接見交通権は、被疑者の黙秘権の確保という機能を十全に発揮することができるというべきである。

　接見交通権は、より具体的には、どのように保障されるべきか。ジョン・

ジャクソンが説くように、被疑者の黙秘権は、被疑者の供述の強要を排除し、その供述の自由を保護するという側面（保護権的側面）だけでなく、防御権的側面を有しており、この防御権的側面からは、被疑者が取調べの場面において効果的防御をなしうるように、なにを、どのように供述するか、それともしないかを自由に決定できなければならない。そして、保護権的側面とともに、防御権的側面をも有する被疑者の黙秘権を確保するためには、これら両側面に対応した弁護人の援助が保障される必要がある。黙秘権の防御権的側面からすれば、弁護人は、取調べにおける被疑者の対応のいかんがその後の手続の進み方に大きな影響を与えうることから、手続全体にわたる防御の観点から、被疑者がなにを、どのように供述するか、それともしないかを判断するにあたり効果的な援助を提供することになる。このような弁護人の援助として、被疑者は、第1に、取調べに先立ち、弁護人と接見し、十分に相談する機会を与えられなければならず、取調中に接見を要求をした場合には、取調べを中断して接見機会を与えられる必要がある。第2に、取調中にも、弁護人から必要な援助を受けることができるように、取調べへの弁護人立会権を保障されるべきことになる。取調べ中の弁護人の立会・援助は、とくに黙秘権の防御権的側面を確保するための手続保障として、事前の接見、取調べの録音・録画などの他の手段によっては代替されえないものであり、このとき、弁護人は、より積極的な参加的役割を果たすことを期待される[40]。現行刑訴法の制定過程において、被疑者の黙秘権を確保するために、接見交通権が取調べ中の弁護人立会権に代替する手段となりうると考えられたとされるが、黙秘権の防御権的側面からすれば、そのような代替手段とはなりえないというべきである。

　現在、日本においても、被疑者弁護が拡大し活性化するなかで、被疑者の黙秘権との関係において弁護人の役割を問題にする被疑者弁護の実践論がみられる。そこにおいては、被疑者がなにを、どのように供述するか、それともしないか（黙秘するか）についての判断が、その後の起訴・不起訴決定や公判手続をも見通した被疑者の防御にとって重要であることが認識され、そのような被疑者の判断について、弁護人がどのような役割を果たすべきかが問われている。

　黙秘権が防御権的側面を有することからすれば、このような形で被疑者の

---

[40] 葛野・前掲注21書193頁。

黙秘権の確保における弁護人の役割を考えることは、正当な問題設定だといえよう。このとき、弁護人がその役割を果たすためには、どのような手段が必要とされるかが、引き続き問われることになる。たしかに、「被疑者取調べ適正化のための監督に関する規則」（平成20年国家公安委員会規則第4号）の策定、取調べの録音・録画の顕著な広がりなど、取調べ環境の変化のなかで、従前に比べ、弁護人がより積極的役割を果たしうるようになっている。しかし、弁護人がこの役割をより十全に果たすことができるようにするためには、取調べに先立つ接見機会の保障が必要とされよう。とりわけ、近時、捜査機関が逮捕直後の弁護人が接見する前の取調べと供述採取を積極化し、また、取調べの録音・録画記録の実質証拠請求も広がりをみせるなかで、被疑者が取調べを受ける前に、どのように取調べに臨むかについて弁護人と相談し、その助言を得ることの重要性はいっそう高まっている。さらに、弁護人が、被疑者の黙秘権の確保におけるその役割をさらに積極的に果たすためには、被疑者の取調べに立ち会い、取調中に被疑者に対して援助を提供できるようにすることが必要とされる。弁護人立会権の保障である。このとき、被疑者は、保護権的側面のみならず、防御権的側面をも有する黙秘権を、弁護人の援助によって確保しうるのである。

被疑者の黙秘権を確保するための弁護人の援助として、取調べに先立つ接

---

*41 坂根真也「取調べにどう対処するか」後藤昭＝高野隆＝岡慎一『実務体系・現代の刑事弁護（2）――刑事弁護の現代的課題』（第一法規、2013年）、後藤貞人「黙秘権行使の戦略」季刊刑事弁護79号（2014年）、秋田真志＝森直也「可視化時代の捜査弁護実践」季刊刑事弁護82号（2015年）、岡慎一＝神山啓史『刑事弁護の基礎知識』（有斐閣、2015年）44頁、小坂井久「可視化時代の刑事弁護」佐藤博史編『刑事司法を考える（2）――捜査と弁護』（岩波書店、2017年）、鈴木一郎＝森直也「取調べ可視化法制時代の弁護活動」浦功編著『新時代の刑事弁護』（成文堂、2017年）171頁など。

*42 「取調べの録音・録画を行った場合の供述証拠による立証の在り方について（依命通達）」（最高検判第22号、平成27年2月12日）。なお、東京高判平28・8・10判タ1429号132頁は、否認事件における録音・録画媒体の実質証拠としての利用に対し厳格な姿勢を示した。

*43 この点は、取調べに立ち会った弁護人が、取調中、被疑者に対してどのような援助をすることができるか、取調べにどの程度介入することを認められるかという問題に繋がる。この点については、葛野・前掲注21書200頁参照。この問題を、被疑者の黙秘権確保における弁護人の役割論として論じるものとして、Jackson, supra note 23, at 1005; Jackson, Cultural Barriers on the Road to Providing Suspect with Access to a Lawyer, in Renaud Colson and Stewart, EU Criminal Justice and the Challenges of Diversity 192 (2016)参照。他に、Cape and Hodgson, supra note 34, at 467; Leverick, The Right to Legal Assistance during Detention, 15 Edinburgh Kaw Review 352, 361 (2011)参照。弁護士によるものとして、小坂井久『取調べ可視化論の展開』（現代人文社、2013年）18頁、秋田真志「弁護人立会権の実践と展望」佐藤・前掲注41書など参照。

見を保障すべきとしたとき、現実的課題として現れるのは、逮捕直後からの弁護人の選任をどのように可能とするかである。そのためには、公的選任を保障するための制度として、逮捕段階の被疑者国選弁護人制度、逮捕直後の無料接見・援助のための当番弁護士制度、被疑者の選任した弁護人に対する法律扶助など、逮捕段階、あるいは被疑者が逮捕前に任意取調べを受ける段階からの公的弁護の保障を構築する必要がある。[*44]

（くずの・ひろゆき）

---

*44 この点について、葛野・注21書209頁。法律扶助に関する2016年EU指令（DIRECTIVE (EU) 2016/1919 OF THE EUROPEAN PARLIAMENT AND OF THE COUNCIL of 26 October 2016）は、弁護人にアクセスする権利に関する2013年EU指令と連動する形で、2013年指令により被疑者・被告人が弁護人へのアクセスを保障されるすべての場合を含め、自由を剥奪された者、EU法または国内法により弁護人の援助が保障されている者および捜査機関による同一性確認手続・対質・犯行状況の再現に臨む者などに対して、公費による無料の弁護を保障している（2条）。また、2012年に国連総会において決議された「刑事司法制度における法律扶助へのアクセスに関する国連原則・指針」（United Nations Principles and Guidelines on Access to Legal Aid in Criminal Justice Systems [A/RES/67/187]）は、被拘禁者、被逮捕者または死刑・自由刑相当犯罪について嫌疑を受けもしくは告発された者に対して、刑事司法過程のすべての段階において法律扶助を受ける権利を保障するとしている（原則3・段落20）。これらの翻訳および解説として、久岡康成「法律扶助EU指令と2012年国連総会決議及び法律援助国連原則・指針」香川法学37巻1・2号（2017年）参照。イギリスは、最も先進的な法律扶助制度を有するとされてきたが、刑事事件の被疑者に対しては、当番弁護士制度と連携させつつ、被疑者が逮捕されまたは警察署などに拘束された場合のみならず、逮捕されていない被疑者が取調べを受ける場合にも、資力審査を受けることなく、無料の弁護人の援助を保障している。これについて、選任手続、弁護士側の対応態勢などを含め、葛野・前掲注3書297頁参照。

■第2章 ||||||||||||||||||||||||||||||||||||||||||||||||||||||||||||||||||||||||||

捜査機関による接見内容の聴取

石田　倫識
愛知学院大学教授

1．はじめに——本稿の課題

(1) 秘密交通権の理論的根拠

　刑訴法39条1項は、被疑者に「立会人なくして」弁護人と接見する権利（秘密交通権）を保障する。接見内容聴取の適法性が問題とされた一連の裁判例はいずれも、秘密交通権の理論的根拠について、概要、次のように説示している。

　すなわち、被疑者が弁護人から有効かつ適切な援助を受けるためには、被疑者が弁護人に必要かつ充分な情報を提供し、弁護人から被疑者に適切な助言をするなど、被疑者と弁護人の間の自由な意思疎通を確保することが必要不可欠であるところ、両者の意思疎通の過程が捜査機関等に知られることになれば、これを慮って、被疑者と弁護人の自由な意思疎通・情報伝達が差し控えられるという萎縮的効果が生じ、被疑者が弁護人から有効かつ適切な援助を受けられなくなるおそれがあることから、被疑者と弁護人との接見内容の秘密性が保障されなければならない[*1]、というのである。

　以上の理解に基づけば、接見に立会人をおくことで同時的に接見内容を覚知することはもちろん、捜査機関が事後的に被疑者から接見内容を聴取する

[*1]　鹿児島地判平成20・3・24判例時報2008号3頁（志布志国賠訴訟⇒本書第2部〔ケース2〕）、京都地判平成22・3・24判例時報2078号77頁、佐賀地判平成22・12・17訟務月報57巻11号2425頁（第一審・富永国賠訴訟⇒本書第2部〔ケース1〕）、福岡高判平成23・7・1判例時報2127号9頁（控訴審・富永国賠訴訟⇒本書第2部〔ケース1〕）。

ことで接見内容を探知することも、上述した秘密交通権の趣旨を没却するものに変わりないことから、原則的に禁止されなければならず、その反面、捜査機関には、刑訴法39条1項の趣旨を尊重し、被疑者が弁護人から有効かつ適切な援助を受ける機会を確保するという同項の趣旨を損なうような接見内容の聴取を控えるべき注意義務が課されるべきこととなる。この点についても、下級審の裁判例上、既に見解の一致が見られるところである。[*2]

(2) 裁判例の状況——秘密交通権の相対化

　もっとも、一連の裁判例はいずれも、(接見交通権と刑罰権・捜査権との間で合理的な調整を行うことを是認した) 最大判平成11・3・24[*3] (以下、平成11年大法廷判決とする) の論理 (合理的調整論) を捜査・取調べ権限と秘密交通権とが衝突する場面にも適用させることで、接見内容の聴取が許される場合があることを認めている。例えば、佐賀地判平成22・12・17 (第一審・富永国賠訴訟)[*4] は、捜査機関に上記注意義務違反があるか否かの判断は「聴取の目的の正当性、聴取の必要性、聴取した接見内容の範囲、聴取態様等諸般の事情を考慮して決す〔る〕」として、諸般の事情の総合衡量の結果、接見内容の聴取が許容される場合があることを認めている。その控訴審である福岡高判平成23・7・1 (控訴審・富永国賠訴訟)[*5] も、(両者の調整に際しては秘密交通権の保障が最大限尊重されなければならないとしつつも) 捜査権の行使と秘密交通権との調整それ自体は否定していない。同様に、鹿児島地判平成20・3・24 (志布志国賠訴訟)[*6] も、「捜査妨害的行為等接見交通権の保護に値しない事情等特段の事情」がある場合について、例外的に接見内容の聴取が許容される余地を残している。このように一連の裁判例は、接見内容聴取の適法性を判断する基準については相違が見られるものの、捜査権 (取調べ) が秘密交通権の保障に優位する余地を残している点では共通している。

[*2]　前掲注1に掲げた裁判例を参照。なお、これらの裁判例を比較検討するものとして、徳永光「秘密交通権をめぐる議論状況」川﨑英明＝白取祐司編著『刑事訴訟法理論の探求』(日本評論社、2015年) 77頁、川出敏裕『判例講座 刑事訴訟法〔捜査・証拠篇〕』(立花書房、2016年) 233頁以下。
[*3]　民集53巻3号514頁。
[*4]　訟務月報57巻11号2425頁。
[*5]　判例時報2127号9頁。
[*6]　判例時報2008号3頁。

(3) 本稿の課題

しかしながら、捜査権（取調べ）と秘密交通権との間に調整の余地を認める限り、接見内容の聴取が許容される可能性を危惧して自由な意思疎通を差し控えるという萎縮的効果が生じることは避け難いであろう。被疑者・弁護人にとって、後に行われる調整の結果（諸事情の総合衡量の結果）をあらかじめ正確に予測することは著しく困難だからである[*7]。当該接見内容の秘密性が保障されるのかどうかを正確に確認しえない以上、接見内容が聴取される可能性があることを慮って、自由な意思疎通を差し控えるという萎縮的効果が生じることになるが、このような萎縮的効果が生じる危険性を完全に排斥するためには、秘密交通権の絶対的保障を承認するほかない。

もっとも他方で、秘密交通権を絶対的に保障するということは、接見内容の聴取を一律に禁止することを意味するところ、あらゆる場面を想定した上でなお国家の権能たる捜査権の一律的放棄を要求しうるのかどうかについては、さらに立ち入った検討を行う必要もあろう。

以上の問題意識に基づき、本稿においては、まず第1に、秘密交通権と捜査権（取調べ）とが衝突する場面にまで平成11年大法廷判決の射程を及ぼすことが、そもそも理論上正当といえるのかを検討する。

第2に、平成11年大法廷判決の射程が及ばないとしても、そのことから直ちに秘密交通権の絶対的保障が導き出されるわけではないことを踏まえて、接見内容の聴取が問題となりうる局面を改めて整理し、それぞれの局面ごとに、いかなる理由から接見内容の聴取が必要とされているのかを確認しつつ、捜査・取調べ権限と秘密交通権との間の調整を行うことの当否ないしその在り方について考察する。

2．秘密交通権と合理的調整論（平成11年大法廷判決）

秘密交通権に関する一連の裁判例は、秘密交通権（刑訴法39条1項）が憲法の保障に由来する権利であることを承認するものの、秘密交通権が憲法上の保障に由来するからといって、国家の権能である捜査権に絶対的に優先する

---

*7　緑大輔「弁護人との接見内容を取調担当官が被疑者・被告人から聴取・録取した行為の適法性」法律時報81巻11号（2009年）130頁、同『刑事訴訟法入門（第2版）』（日本評論社、2017年）159頁。

ような性質を有するものとはいえないとして、秘密交通権と捜査権（取調べ）との間の調整を許容している（合理的調整論）。これが平成11年大法廷判決を踏襲したものであることは明らかであろう。しかし、以下に見るように、少なくとも、秘密交通権の制約を正当化するものとして、平成11年大法廷判決を援用することには疑問が残る。

(1) 平成11年大法廷判決の射程[*8]

第1に、平成11年大法廷判決は、「身体の拘束を受けている被疑者に対して弁護人から援助を受ける機会を持つことを保障するという趣旨が実質的に損なわれない限りにおいて、法律に右の調整の規定を設けることを否定するものではない」（傍点筆者）としており、同判例も、法律の規定なくして、接見交通権と捜査権との調整を許容するものではない。接見指定については、法律の規定（刑訴法39条3項）があるのに対して、現行法上、秘密交通権の制約を許容する規定は存しないのであるから、平成11年大法廷判決を前提にするとしても、秘密交通権と捜査権との合理的調整は許されないというべきである[*9]。

第2に、平成11年大法廷判決は、「弁護人から援助を受ける機会を持つことを保障するという趣旨が実質的に損なわれない限りにおいて」（傍点筆者）、接見交通権と捜査権との調整規定を設けることを許容しているのであって、無限定に調整規定を設けることを認めるものではない（法律に調整規定を設けさえすれば、接見交通権と捜査権との調整が許容されるという趣旨ではない）。この点、刑訴法39条3項の規定（接見指定制度）については、捜査に顕著な支障が生ずる場合に限り、「〔接見の〕日時、場所及び時間を指定することができる」にとどまるのであって、弁護人との接見を全面的に制約するものではないことなどに照らすと、「憲法34条前段の弁護人依頼権の保障の趣旨を実質的に

[*8] 以下の記述につき、葛野尋之『刑事司法改革と刑事弁護』（現代人文社、2016年）198頁、渕野貴生「防御の秘密と捜索・差押えの限界」浅田和茂ほか（編）『生田勝義先生古稀祝賀論文集 自由と安全の刑事法学』（法律文化社、2014年）542頁、村岡啓一「被疑者と弁護人の接見交通」法学教室389号（2013年）13頁、同「最近の判例から『秘密の保護』を考える」季刊刑事弁護85号（2016年）126頁、徳永・前掲注2論文84頁、緑・前掲注7書159頁、石田倫識「接見交通権と被疑者取調べ」季刊刑事弁護85号（2016年）119頁等参照。

[*9] これに対して、関正晴「秘密交通権と被疑者の取調べ」政経研究49巻3号（2013年）750頁は、法律上の根拠として刑訴法198条を挙げるが、同条は捜査機関に取調べ権限があることを確認した規定にすぎず、これを「調整」規定と解するのは困難であろう。

損なうものではない」と評価する余地も残されている。これに対して、接見内容の聴取（取調べ）を許容すれば、被疑者と弁護人との間における自由な意思疎通に不可避的に萎縮的効果をもたらすこととなり、弁護人依頼権を保障する趣旨を実質的に損なうものとなる。この点に鑑みれば、秘密交通権と捜査・取調べ権限との間に調整規定を設けることはそもそも許されないというべきであろう。

第3に、平成11年大法廷判決が、刑訴法39条3項の規定（接見指定制度）について、「被疑者の取調べ等の捜査の必要と接見交通権の行使との調整を図る趣旨で置かれたもの」と解する論拠として、被疑者の身体拘束に「厳格な時間的制約があること」を挙げていることからも窺えるように、同判例が念頭に置いているのは、1つしかない被疑者の身体利用をめぐって捜査権（取調べ）の行使と接見交通権の行使とが競合している局面であるから、同判例の射程が及ぶ範囲も厳密にはそのような局面に限定されていると解するべきであって、捜査権（取調べ）の行使と接見内容の秘密性保障とが衝突している局面にまで不用意に同判例の射程を及ぼすべきではない。[*10]

(2) 合理的調整論を採用するための前提

以上に対して、平成11年大法廷判決は、憲法に由来する接見交通権といえども、内在的制約があることを前提に、刑訴法39条3項が憲法に抵触しないと判断したものであって、法律による調整以外の制約を受けないことを明示したものではない（刑訴法39条3項による接見指定の局面以外において捜査権と接見交通権との調整を一切許容しないという趣旨を含むものではない）とする理解もありうる。このような理解に立つ場合、（法律の規定はなくとも）接見交通権の内在的制約として、接見内容聴取の必要性との間で調整が行われる余地はなお残されている、ということになろう。

しかし、仮にそのような理解に立つ場合であっても、接見内容の聴取と秘密交通権とが衝突する局面に、両者の調整の合理性を担保するための措置を

[*10] なお、関・前掲注9論文751頁は、「両者の制約内容は異なるが、その点は秘密交通権に対して制約を絶対的に認めないことではなく、被疑者の身柄の利用を基準にした時間的調整にとどまる接見の自由に対する接見指定の場合よりも、秘密交通権に対する制約の方が防御方針の決定等の情報に関わることから大きな制約効果が生じるので、その権利の内容・性質に配慮した厳しい基準で捜査権等との合理的調整をはかる必要があるという次元で理解すべきである」とする。

何ら講じることなく、無限定に平成11年大法廷判決の射程を及ぼすことは許されないように思われる。なぜなら、同判例は、接見指定の要件を「捜査に顕著な支障が生ずる場合」に限定し、かつ、接見指定の要件が具備される場合においても、捜査機関に接見の日時等について弁護人等と協議する義務を課すことなどによって、捜査権（取調べ）と接見交通権との間の調整の合理性を担保するための措置を講じているところ、仮に接見内容の聴取と秘密交通権とが衝突する場面にも同判例の射程を及ぼそうというのであれば、同様に、接見内容の聴取と秘密交通権との間の調整に関しても、その合理性を担保するための代替措置を講じる必要があるからである。仮にそのような代替措置の考案が困難であるとすれば、合理的調整論を適用させる前提を欠くのであるから、捜査権（取調べ）と秘密交通権とが衝突する局面に平成11年大法廷判決の射程を及ぼすべきではないであろう。[*11]

3．秘密交通権の絶対的保障の確立に向けた道程

　前述2．の通り、平成11年大法廷判決をもって、捜査権と秘密交通権との間の調整を正当化することはできない。しかしそれは、捜査権と秘密交通権との調整が最高裁判例によって承認されているわけではない、ということを意味するにとどまる。つまりそれは、被疑者と弁護人との間の秘密接見の内容を捜査（取調べ）の対象とすることがそもそも許されるのかという問題や、仮に許される場合があるとして、それはいかなる場合なのか（適法性の判断基準）といった問題について、いまだ最高裁の判例は示されていないということを意味するに過ぎず、捜査権と秘密交通権とが衝突する局面に平成11年大法廷判決の射程が及ばないからといって、そのことから直ちに秘密交通権の絶対的保障が導き出されるということにはならない。

　このように現時点において、判例上、秘密交通権が捜査権（取調べ）に絶対的に優位するという規範は確立しておらず、かつ、下級審裁判例においても、捜査権と秘密交通権との調整それ自体を否定したものは見当たらないことに照らすと、今後、新たに秘密交通権の侵害が問題となる事案が生じた場合においても、裁判所は、従前と同様、捜査権（取調べ）と秘密交通権との

---

　*11　緑・前掲注7論文130頁は、「接見指定における合理的調整とは問題の性質が根本的に異なり、秘密交通権は比較衡量による判断に馴染まないように思われる」とする。

調整がありうることを前提に、個別具体的事案における諸事情の総合衡量という判断基準を用いて事案を処理する可能性が高いといえよう。

以上の点を踏まえるならば、秘密交通権の絶対的保障を確立させるための道程としては、規範的観点から秘密交通権の絶対性を理論化していくだけではなく、捜査権(取調べ)と秘密交通権との調整が行われうることも視野に入れた上で、接見内容の聴取が必要とされる局面ごとに、そこでの必要性の内実・程度を分析していくということも必要となろう。そのような分析を通じて、接見内容を聴取する必要性が類型的に低い局面であることを確認しえるのであれば、(そのような局面においては)もはや個別に実質的な総合衡量を行う必要はなく、類型的に秘密交通権の保障を優先させることができるのであるから、秘密交通権の絶対的保障の確立に向けて、このような分析作業を蓄積させていくことには一定の意義が認められるであろう。

他方で、秘密交通権といえども、内在的制約があり、絶対的に保障されるべきものではないとの理解に立つ場合であっても、両者の調整が許される局面をあらかじめ可及的に特定・限定する試みは、萎縮的効果を回避するために有益な作業といえるのであるから、そのような作業の必要性自体は否定しえないであろう。

そこで、以下では、捜査機関による接見内容の聴取の適法性が争われたこれまでの国賠事案等を手掛かりに、接見内容の聴取が問題となりうる局面を整理し、それぞれの局面ごとに、いかなる理由から接見内容の聴取が必要とされているのかを検討した上で、各局面において諸事情の総合衡量を行うことの当否やその在り方について考察することとする。

4．捜査権(取調べ)と秘密交通権とが衝突する諸局面

捜査権(取調べ)と秘密交通権とが衝突しうる局面としては、①接見後における供述変遷の理由・動機を確認するための取調べが行われる場合、②接見時に犯人隠避、証拠偽造、偽造証拠の使用教唆等、犯罪を構成する捜査妨害的行為が行われている嫌疑が存在する場合、③捜査機関において捜査妨害的行為と考えられる行為(接見禁止決定の潜脱や真実に反して否認を慫慂する行為等)が行われている疑いがある場合などが想定されよう。なお、捜査権(取

---

*12 三上庄一「被疑者と弁護人との接見内容の取調」平野龍一＝松尾浩也(編)『実例法学全

調べ）と秘密交通権とが衝突する局面というわけではないが、被疑者が自発的に接見内容を供述した場合[13]についても、後述5．において、別途検討する。

(1) 供述変遷の理由・動機を確認するための接見内容の聴取

　この点、一連の裁判例においても、弁護人との接見後、被疑者の供述に変遷が見られる場合には、変遷前の供述の信用性を検討するために、供述変遷の理由・動機について取り調べる必要があるとされている。確かに、供述の信用性を判断する上で、供述変遷の有無やその理由・動機を検討することにもいちおうの意義は認められよう。

　もっとも、供述の信用性を検討するために、「供述変遷の理由・動機それ自体を取り調べること」と「供述変遷の契機となった接見内容を取り調べること」とでは、その必要性の程度が異なっており、一般的に前者の必要性はいちおう認められるのに対して、後者の必要性の程度は類型的に低いというべきであろう。弁護人からの法的助言を踏まえて防御方針を再考し、供述内容を変更させることは、そもそも被疑者の正当な防御権行使であるところ、供述変遷の理由・動機がこのような防御権行使の結果であることを明らかにしたところで、変遷前供述の信用性評価に資するところは乏しいからである。

　そもそも被疑者供述の信用性評価は、基本的に、供述時の状況や証拠により認められる客観的事実との整合性等によるべきであって、被疑者供述の信用性を被疑者供述によって判断することには本質的限界がある。[14] その意味

　　集 刑事訴訟法（新版）』（青林書院新社、1977年）43頁、三好幹夫「接見内容の聴取」刑事法ジャーナル46号（2015年）39頁以下参照。
*13　この場合、仮に被疑者自身による秘密交通権の放棄が認められるのであれば、比較衡量において片方の天秤に載せられるべき防御上の権利利益の制約は存在しないのであるから、そもそも捜査権（取調べ）と秘密交通権との衝突は生じていないともいえる。しかし、被疑者自身による秘密交通権の放棄を認める見解においても、接見内容を聴取する必要性を欠く場合や聴取態様に問題のある場合にまで、無限定に接見内容の聴取が許されるとは考えられていない（中桐圭一「弁護人との接見時のやりとりに関する尋問」判例タイムズ1322号（2010年）43頁）。被疑者自身が接見内容を自発的に供述したという事実は、あくまで諸事情の総合衡量における考慮事項の1つにとどめられているのである。そうだとすると、被疑者による秘密交通権の放棄を認める見解においても、接見内容の自発的供述によって直ちに防御上の権利利益が全て失われるとは考えられていないことになろう。
*14　片山達「依頼者と弁護士の間の通信秘密の確立に向けて──刑事手続、刑事収容施設に関する近時の裁判例の分析」刑事法ジャーナル49号（2016年）66頁は、「自白の信用性は取調べ時の状況によって立証すべきものであり、その後に行われた接見内容によって左右されるものではない」とする。

においても、変遷前の供述の信用性を検討する目的で、接見内容にまで立ち入って供述変遷の理由・動機を取り調べる必要性は高いとはいえないであろう。仮に客観的証拠等によって変遷前の供述の信用性が確保されているのであれば、(敢えて接見内容にまで立ち入り)殊更に供述変遷の理由・動機について取り調べる必要はないであろうし、これとは逆に、客観的証拠等によって変遷前の供述の信用性を担保しえないのであれば、そもそもの変遷前供述に高度の信用性は認められないのであるから、そのような変遷前供述の信用性を確保するために、接見内容に立ち入って供述変遷の理由・動機を取り調べる必要性も低いといえよう。

以上の点を踏まえれば、弁護人との接見後、被疑者の供述に変遷が生じた場合において、変遷前供述の信用性を検討するために、接見内容にまで立ち入って供述変遷の理由・動機を取り調べる必要性の程度は類型的に低いと評価すべきであろう。他方で、供述変遷の理由・動機について、接見内容にまで立ち入った取調べが行われる場合、被疑者と弁護人との自由な意思疎通に対する萎縮的効果が生じることは避け難く、このことが被疑者・弁護人に及ぼす防御上の不利益の程度は類型的に高いといえよう。それゆえ、供述変遷の理由・動機を確認するために接見内容が聴取された場合には、もはや実質的な諸事情の総合衡量に入るまでもなく、当該聴取は一律に相当性を欠き、違法になると解すべきである。この点、前記・福岡高判平成23・7・1（控訴審・富永国賠訴訟）が、「捜査権の行使と秘密交通権の保障とを調整するに際しては、秘密交通権の保障を最大限尊重すべきであり、被疑者等と弁護人等との自由な意思疎通ないし情報伝達に萎縮的効果を及ぼすことのないよう留意することが肝要であって、刑訴法39条1項の趣旨を損なうことになるか否かについても、かかる観点から慎重に判断すべき」であるとした上で、報道機関への公表により秘密性が失われた部分を除き、いまだ秘密性が失われていない部分の接見内容を聴取した行為については、事実上、聴取の必要性やその態様との間で実質的な比較衡量を行うことなく、直ちにその違法性を認めていることも、同様の理解に基づくものと思われる。

---

*15 葛野・前掲注8書197頁。なお、同判決に対して批判的な立場からも、「控訴審判決は、萎縮的効果という被疑者・弁護人側の事情のみを捜査機関による接見内容の聴取行為の違法性判断基準とし、しかも、具体的に接見内容を聴取することが可能であるのは、弁護人による接見内容の公表により秘密性が喪失した事項に限られるという非常に制限的な解釈を示したものと解され、その実質は接見交通権の刑罰権ないし捜査権に対する絶対性を認めるに等

なお、被疑者には黙秘権が保障されていることなどを理由に、事後的な接見内容の聴取を許容する見解もあるが、接見内容について質問すること自体が萎縮的効果をもたらしうることに照らすと、被疑者に黙秘権が保障されていることによって、接見内容についての質問が正当化されるとは思われない。

(2) 犯罪捜査としての接見内容の聴取

弁護人が接見時に犯人隠避、証拠偽造、偽造証拠の使用教唆等の犯罪行為に及んだ場合、このような行為は、秘密交通権の埒外にある行為であるから、そもそも秘密性の保障は及ばない。それゆえ、接見内容も当然に捜査（取調べ）の対象とされうるし、犯罪捜査の一環として接見内容を聴取する必要性も高いと言わざるをえない。

もっともそれは、接見において犯罪行為が行われているという実体判断が正確であることを前提とした議論である。実際には、接見において犯罪行為が行われているという「嫌疑」が存在するにすぎないから、ここでの真の問題の所在は、むしろ、捜査機関による一方的嫌疑の下、秘密交通権に対する不当な介入が生じるリスクを如何にして回避するか、という点にあるといえよう。

この点、犯罪捜査としての接見内容の聴取を認める論者も、「嫌疑」の客観性を要求し、捜査権の発動（接見内容の聴取）には慎重な態度を要求する。*17 しかし、結局のところ、「嫌疑」の有無・程度の第一次的な判断権者は捜査機関でしかないから、客観的嫌疑の要求が歯止めとして機能しうるかは疑問であろう。この局面においても、まずは「接見内容を聴取する必要性（の程度）」と「接見内容の聴取を認めることで生じる防御上の不利益（の程度）」とについて、その内実を分析することが有益であるように思われる。

このような観点から見たときに、①そもそも秘密交通権の名のもとに弁護人が犯罪行為に及ぶ危険性は（少なくともわが国の現状を前提にする限り）極めて稀な事態である上、②（仮に刑罰権とその前提となる捜査権の発動を放棄したとしてもなお）弁護士倫理や弁護士会の懲戒処分による抑止機能に一定の効

し（い）」との指摘がなされている（訟務月報57巻11号2435頁の解説〔筒井正人〕参照）。
*16　加藤俊治「検察官が被疑者取調べにおいて弁護人との接見内容を聴取したこと等が違法と判断された事例」警察学論集64巻10号（2011年）188頁。
*17　中桐・前掲注13論文43頁、三上・前掲注12論文46頁。

果を期待しうること、また、③万が一、秘密接見の名の下に弁護人が犯罪行為に加担するようなことがあったとしても、そのことによって、国家の権能たる捜査権・刑罰権が現実に阻害される可能性は必ずしも高いとはいえないこと、さらに、④被疑者から接見内容を聴取するという捜査手段の他にも捜査を行う余地は残されていることなどに照らすと、接見内容の聴取を一律に禁止したとしても、その不利益の程度はさほど重大なものとはいえないのに対して、⑤弁護人による正当な防御権行使までが(捜査官の目からすれば)捜査妨害的行為として捜査の対象とされうるなど、秘密交通権に対して、捜査機関が不当に介入する契機を与えることになる危険性は決して小さいとはいえないこと、⑥不当な接見内容の聴取によって、秘密交通権が侵害された場合には、権利の性質上、不可避的な萎縮的効果によって回復不可能な防御上の不利益が生じることなどに鑑みると、捜査権濫用のリスクとそれが現実化した場合の不利益の程度は極めて大きいといえよう。[*18]

その上で、⑦諸事情の総合衡量に際しては秘密交通権の保障が最大限尊重されるべきことも踏まえるならば、捜査権が及ばない領域を認めることの不利益の程度と捜査権の濫用に伴う防御上の不利益の程度との比較衡量において、前者の不利益を甘受する(接見内容の聴取を断念する)という価値判断も充分に成り立つ余地があるように思われる。[*19]

(3) 捜査妨害的行為が疑われる場合における接見内容の聴取

接見時における弁護人の行為について、犯罪を構成するに至らないまでも、刑訴法196条に違反する捜査妨害的行為や弁護士職務基本規程違反行為の疑いが生じている場合に、捜査機関が被疑者から接見内容を聴取することは許されるであろうか。

この点、捜査妨害的行為や弁護士職務基本規程違反行為としては様々なものが想定されうるものの、いずれの場合であっても、ここでは犯罪を構成するには至らない行為が想定されているのであるから、上記(2)の場合と比べれば、接見内容を聴取する必要性は相対的に低いといえる。たとえば、接見禁止(刑訴法81条)に付されている被疑者との接見において、弁護人が、第三

---

*18 このような危険が現実化した事例として、鹿児島地判平成20・3・24判例時報2008号3頁(志布志国賠訴訟)参照。

*19 福岡高判平成23・7・1判例時報2127号9頁(控訴審・富永国賠訴訟)。

者からの手紙をアクリル板越しに被疑者に閲読させた場合に[20]、このような行為が許されるのか否かについては議論のあるところであるが、仮にこれが接見禁止決定の潜脱として捜査妨害的行為ないし弁護士職務基本規程違反に該当するとの前提に立つとしても[21]、これを理由に接見内容を聴取する必要性は相対的には低いというべきであろう。他方で、このような行為も、本来的に正当な防御活動と評すべきものであって、罪証隠滅の危険等については弁護人によるスクリーニングで足りる（捜査妨害行為等には当たらない）との理解に立つならば[22]、もはや接見内容を聴取する必要性は認められないことになろう。

このように、捜査妨害的行為等に当たることを理由に接見内容を聴取する必要性は必ずしも高いとは言えないのに対して、これを許容した場合における防御上の不利益の程度が大きいことに変わりがないとすれば、捜査妨害的行為等を理由に接見内容を聴取することも、類型的に相当性を欠く行為であって、一律に違法になると解するべきであろう。

5．被疑者による自発的な秘密性の放棄

ここまでに、上記4．の各局面において、「接見内容にまで立ち入った取調べを行う必要性の程度」と「接見内容の聴取によって生じる不利益の程度」との比較衡量の在り方についての検討を試みたが、いずれの局面においても、諸事情の総合衡量の結果として、一律に接見内容の聴取を違法と解する余地があることを確認しえた。

もっとも、被疑者本人が自発的に捜査機関に対して接見内容を供述した場合には、いわば秘密交通権の放棄があったとして、接見内容の聴取によって生じる不利益の程度が低減するという理解もありえないわけではなく、仮にそのような理解に立つのであれば、前述のいずれの局面においても、諸事情

---

*20　鹿児島地判平成20・3・24判例時報2008号3頁（志布志国賠訴訟）。
*21　尾﨑道明「弁護人と被疑者との物の授受」平野龍一＝松尾浩也（編）『新実例刑事訴訟法Ⅰ』（青林書院、1998年）182頁、松本裕「弁護人と被疑者の接見」松尾浩也＝岩瀬徹（編）『実例刑事訴訟法Ⅰ』（青林書院、2012年）340頁。
*22　川崎英明『刑事司法改革と刑事訴訟法学の課題』（日本評論社、2017年）241頁、村岡啓一「接見禁止決定下の第三者通信をめぐる刑事弁護人の行為規範」広渡清吾ほか（編）『小田中聰樹先生古稀記念論文集　民主主義法学・刑事法学の展望　上巻』（日本評論社、2005年）29頁、葛野・前掲注8書226頁。

の総合衡量の結果、接見内容の聴取が許容される余地が生じることとなろう。そこで、以下では、被疑者本人による秘密性の放棄が許されるのかについて検討を行う。

(1) 裁判例・学説の議論状況

　この点、裁判例の中には、「〔秘密交通権が〕究極的には被疑者の権利を守るためのものであるから、被疑者が被疑者自身の接見交通の秘密を侵されない権利を放棄して、接見内容を捜査機関に告げることは必ずしも否定されるべきものではなく、それにより捜査機関が接見内容を知ることが、直ちに違法となるものではない」[*23]とか、「秘密接見におけるコミュニケーションの一方当事者である被疑者等が、真に自由な意思で接見内容を供述した場合には、もはや秘密性保護の必要性は低減したといえ、その態様によっては接見内容を聴取することが許容される」とするものも見られる[*24]。また、学説上も、秘密交通権が究極的には被疑者本人の権利である以上、「〔被疑者が〕接見内容の秘匿の法的意味を十分理解した上で、捜査機関に対し、真摯にかつ積極的に接見内容を供述した場合」には、秘密性保護の要請は低減し、接見内容の聴取が許容される場合があるとする見解がある[*25]。

　これに対して、前記・福岡高判平成23・7・1（控訴審・富永国賠訴訟）は、「一般に法的知識に乏しく、あるいは逮捕、勾留等捜査官憲による身柄拘束を体験したことがなく、時には捜査官と勾留担当裁判官や弁護人との区別も正確に認識できない被疑者等に対し、唯一の後ろ盾といってよい弁護人の援助を受ける機会を実質的に確保する目的で、秘密交通権を弁護人等の固有権と位置づけている以上、取調べの際に被疑者等が自発的に接見内容を供述したとしても、そのことをもって、弁護人固有の秘密交通権を保護する必要性が低減したということはできない」とした[*26]。同様に、学説においても、秘

[*23] 京都地判平成22・3・24判例時報2078号77頁。
[*24] 佐賀地判平成22・12・17訟務月報57巻11号2425頁（第一審・富永国賠訴訟）。
[*25] 中桐・前掲注13論文43頁。なお、中島基至『最高裁判所判例解説 民事篇（平成25年度）』597頁の注10）は、「接見交通権は、被疑者・被告人が弁護人から援助を受ける機会を保障するための重要な権利であるが、本質的には被疑者・被告人の防御の利益のために設けられたものである。被疑者・被告人が接見交通権に係る利益を自ら放棄したような場合には、同人らの自己決定に反してまで上記援助を要するとまで解するのは相当ではなく、弁護人の固有権も同時に消滅する」とする。
[*26] 上記の説示に続けて、「捜査機関は、被疑者等が弁護人等との接見内容の供述を始めた場合に、漫然と接見内容の供述を聞き続けたり、さらに関連する接見内容について質問したり

密交通権の放棄という「防御上決定的に重要な判断」については、弁護人との充分な事前相談に基づく、理性的な判断といえる場合においてのみ、その有効性が認められるとする見解がある。[*27]

(2) 弁護人の固有権論と権利放棄の有効性の判断基準

以上の議論状況から、ここでの問題の本質は、次の2点にあることが窺われる。それは、①秘密交通権が弁護人の固有権であるということの意義をどのように理解するかという点（弁護人の固有権論）と②被疑者の自発的な権利放棄の有効性をいかに判断するのかという点（有効性の判断基準）である。

1) 弁護人の固有権論

この点、そもそもなぜ秘密交通権が弁護人の固有権として保障されているのかが問題となる。周知の通り、弁護人が有する権限には、代理権（包括的代理権・独立代理権）と固有権とが存在する。代理権は、被疑者・被告人本人の権利を「代理」しているに過ぎず、それゆえ、被疑者・被告人本人が権利を喪失すれば、同時に弁護人の権限（代理権）も消滅するのに対して、固有権は、そのような従属的性格を有するものではなく、刑事司法における「主体的な支援者」[*28]としての弁護人自身に保障された権利であると理解されてきた。[*29]このような権限（固有権）が弁護人に保障されている理由・趣旨は、いうまでもなく、依頼人である被疑者・被告人の権利を擁護し、その最善の利益を確保するためである。被疑者・被告人は、一般に法的知識に乏しく、自己の権利放棄の結果について、その利害得失を充分に認識・把握しえないままに（あるいは、自己の行為が「権利放棄」にあたることさえ自覚しないままに）「自発的」に権利を放棄することがありうる。[*30]このような「被告人の訴訟上の『失

することは、刑訴法39条1項の趣旨を損なうおそれがあるから、原則としてさし控えるべきであって、弁護人との接見内容については話す必要がないことを告知するなどして、被疑者等と弁護人等との秘密交通権に配慮すべき法的義務を負っている」とする。また、鹿児島地判平成20・3・24判例時報2008号3頁（志布志国賠訴訟）も、被疑者が自発的に接見内容を供述したからといって、弁護人の固有権が失われるわけではない旨を判示している。

[*27] 葛野・前掲注8書195頁。その他、川﨑・前掲注22論文258頁、渡辺修「『防御の秘密』と被疑者取調べの法的限界」三井誠ほか（編）『鈴木茂嗣先生古稀祝賀論文集 下巻』（成文堂、2007年）240頁等。

[*28] 髙田昭正『基礎から学ぶ刑事訴訟法演習』（現代人文社、2015年）111頁。

[*29] なお、指宿信「秘密交通権をめぐって——志布志事件接見国賠裁判を通して考える」成城法学81号（2012年）251頁以下参照。

[*30] 京都地判平成22・3・24判例時報2078号77頁は、被疑者自身が自発的に接見内容を供

敗』を弁護人がカヴァーできないと考えることは、むしろ弁護制度の本旨に反する」[*31]といえよう。ここに弁護人の固有権を保障する意義がある。[*32]前記・福岡高判平成23・7・1（控訴審・富永国賠訴訟）が、弁護人を「唯一の後ろ盾」と表現したのも、以上の理解に基づくものであろう。

　被疑者の単独での権利放棄を許容する見解は、弁護人の固有権といえども、それが究極的には被疑者本人の権利に由来することを理由に、被疑者単独での権利放棄を正当化する。[*33]しかし、秘密交通権が究極的には被疑者自身の権利であるということをもって——被疑者本人の防御上の利益に反する方向での固有権行使が許されないということはいえても——被疑者自身による権利放棄を正当化することはできないというべきであろう。弁護人の固有権といえども、究極的には被疑者本人の権利に由来していることはその通りであるが、そのことを理由に被疑者単独での権利放棄を許容するという論理は、まさに弁護人に固有権が保障されている趣旨を没却するものとなるからである。[*34]

2) 有効性の判断基準

　弁護人の固有権に関する前述のような理解を前提とするならば、権利放棄があらかじめ弁護人との充分な相談を踏まえた上でなされたものであるかどうかが、その有効性を判断する基準とされるべきであろう。

　この点、被疑者単独での秘密交通権放棄を許容する見解においても、「〔被疑者が〕接見内容の秘匿の法的意味を十分理解した上で、捜査機関に対し、

　　述したとされた事案であるが、そこでの自発的供述とは、「勾留日数が経過し、全体を通じる供述調書の作成が終了して、それまでの緊張が一瞬ほぐれた時に、原告〔筆者注・被疑者〕の口から思わずなされた」というものである。「自発的」ではあっても、接見内容の秘匿の法的意味を十分理解した上での供述とはいえないであろう。

*31　松尾浩也『刑事訴訟法 上（新版）』（弘文堂、1999年）232-233頁参照。

*32　葛野・前掲注8書195頁は、「弁護人の固有権性の承認は、被疑者等の単独の判断によっては弁護人の固有権でもある秘密交通権を放棄できないとする点において、実質的には、弁護人のこのような具体的援助を欠いた被疑者の放棄等を無効とするという手続保障を含意していた」と指摘する。

*33　中桐・前掲注13論文43頁、加藤・前掲注16論文191頁、峰ひろみ「秘密交通権と捜査・公判」研修798号（2014年）10頁等。

*34　判例（最判昭和53・7・10民集32巻5号820頁、最大判平成11・3・24民集53巻3号514頁等）が接見交通権を弁護人の固有権と認めているのも、接見交通権が究極的には被疑者本人の権利であることを前提とした上で、被疑者本人の権利を実効的に確保する趣旨に基づくものであろう。なお、同様の問題意識は、必要的弁護制度（刑訴法289条1項）の存在からもうかがえよう。

真摯にかつ積極的に接見内容を供述した場合」に限って権利放棄の有効性を認めており、有効性判断の厳格化を要求している。[*35]

しかし、被疑者が、接見内容の秘密性を放棄することの利害得失について、事前に弁護人からの法的助言を受けることなく、「接見内容の秘匿の法的意味を十分理解」することが現実にありうるのかは疑わしいと言わざるをえない。翻って考えると、被疑者自身による権利放棄は、一種の自己矛盾行為ともいえよう。一方で、弁護人の援助を受ける権利を行使しつつ、他方で、その権利の実効性を支えるために不可欠である秘密性の保障を放棄しようとしているからである。[*36]このような自己矛盾的な権利放棄を、秘密交通権の法的意義を充分に踏まえた上でなされたものと評価することはできないであろう。[*37]むしろそれは、接見内容の秘匿の法的意味を十分に理解していないことの証左ともいえる。そして、そのような被疑者にこそ、「唯一の後ろ盾」である弁護人による法的援助が必要不可欠である。

6．おわりに

本稿で取り上げた一連の裁判例が出されて以降、管見の限り、公刊された裁判例等においては、捜査機関による接見内容の聴取が問題とされた事例は見当たらない。前記・福岡高判平成23・7・1（控訴審・富永国賠訴訟）が、一定の歯止めとなっていることも窺えるが、この種の事例が現実に減少しているのかどうか、その実態は定かではない。[*38]この点、問題が顕在化しにく

[*35] 中桐・前掲注13論文43頁。これに対して、木谷明『刑事事実認定の理想と現実』（法律文化社、2009年）135頁は、志布志事件について言及する中で、「取調べを受ける者の捜査官に対する供述が、真の意味において『自発的』であり得ると考えるのは幻想にすぎない」と指摘する。

[*36] 葛野尋之「接見内容の秘密性の保障——事後的・間接的探知からの保障」徳田靖之ほか（編）『内田博文先生古稀祝賀論文集 刑事法と歴史的価値とその交錯』（法律文化社、2016年）339頁の注11も、「被疑者・被告人が弁護人の効果的援助を受ける権利を放棄していないにもかかわらず、その不可欠の条件たる接見内容の秘密性の保障を有効に放棄することができるとすることは背理というべきである」とする。

[*37] なお、中桐・前掲注13論文42頁は、権利放棄の有効性判断を「事実レベルの問題」と捉えている。これに対して、ここでの指摘は、有効な権利放棄が現実には存在しえないという「事実レベルの問題」ではなく、規範的見地において、自己矛盾的な権利放棄は法律上有効と評価しえないという趣旨である。

[*38] 筆者の仄聞する限りではあるが、捜査機関が接見内容に立ち入った取調べを行うことは、今もなおしばしば存在するようである。なお、加藤・前掲注16論文192頁、峰・前掲注33

い理由の1つとして、通常、これらの取調べの違法性を問うためには国賠訴訟によるほかなく、当該刑事手続上で一定の法的効果が与えられることが少ないということもあるのではなかろうか。これらの取調べにより得られた供述（自白）を違法収集自白として積極的に排除することに加えて、被疑者と弁護人との自由な意思疎通に萎縮的効果を与えることで実効的な弁護を受ける被疑者の権利を（回復不可能なまでに）侵害し、それによって公正な裁判を受ける権利を保障すべき国家の責務を懈怠したと評価しうるような究極的な事例であれば、公訴を棄却することも検討すべきであろう。

(いしだ・とものぶ)

論文13頁は、取調べの必要性が認められる事項である限り、（それが接見内容に及ぶ場合であっても）萎縮することなく取調べを行うべきことを主張している。

■第3章

接見時における電子機器の使用と弁護活動の自由

田淵　浩二
九州大学教授

1．はじめに

　現代社会においては電子機器を使用して情報の検索・取得、記録・保存、提示・交換等を行うことが日常化している。会合の記録手段としてパソコンが使用され、紙媒体の情報もPDF化して保存されることが通常である。また、サーバーに保存された電子ファイルやデータベースへは、通信機能を備えた電子端末を用いていつでもどこからでもアクセスすることができる時代になっている。大量の情報を利用するための技術が進展し、電子機器を使いこなせば、接見室内の面会であっても、法律事務所で面会している環境に近づけることが可能である。[*1] しかし、接見室における弁護人による電子機器の使用の多くは、刑事施設側からは秘密交通権の保障外の行為として位置づけられており、たとえ弁護人による使用であっても、未決拘禁目的を阻害する危険や刑事収容施設の秩序を乱すことを理由に制限または禁止されている。そして、弁護人が刑事施設側の指示に従っていないことが発覚した場合は、接見室への入室を拒否され、あるいは刑事収容施設及び被収容者等の処遇に

---

*1　赤松範夫＝髙山巌「接見時の電子機器等の持込み」刑事法ジャーナル46号（2015年）43頁以下において、2013年9月の近畿弁護士会連合会シンポジウムにおいて示された接見室における電子機器等の使用方法の具体例が紹介されている。それによれば、①証拠書類をスキャンしたデータをタブレット端末に取り込んで、被告人に示す。②タブレット端末の地図アプリを用いて、被告人とともに現場の確認をする。③被告人の身体に残る痕跡等をデジタルカメラで撮影する。④取調べの録画・録音その他証拠開示された動画データ、音声データをパソコンやICレコーダーで再生する、の四つの具体例が示されたとのことである。

関する法律（以下、「刑事収容施設法」と記す）117条及び113条第1項1号ロに該当することを理由に、接見の一時停止や終了を強いられるのが現状である。その結果、かつて弁護士が接見指定の運用改善を求め多くの国賠訴訟を提起したように、接見時における弁護人の電子機器の自由な使用を求める訴訟も提起されるようになった。本書においても2件の国賠請求事件（竹内国賠⇒本書第2部〔ケース3〕、磯村・半田国賠⇒同〔ケース4〕）が紹介されている。

　弁護人が接見時に電子機器を自由に使用することが認められていない現状を批判する意見は少なくない。[*2] しかし、当該問題が争点となった国賠訴訟の判決をみる限り、現在の運用を批判する意見は裁判所の受け入れるところとなっていない。以下で説明するように、接見時における電子機器の使用の可否をめぐる法務省の見解は、弁護人依頼権の実質的な保障にとって懸念されるべき問題を含んでいることは否定できないと考えている。しかし、膠着状態にある現状を前に、本稿が従来の議論を確実に進展させることのできる新しい知見を提供できるわけではない。もっとも、従来の議論が39条1項の「接見」の意義をめぐり戦わされてきた点については、「接見」の意義が問題なのではなく、接見時の弁護活動の自由の保障という視点から議論する必要があっただろうと考えるに至っている。そこで本稿では、接見時の各種電子機器の使用を制限している現在の運用基準がどのような論理に支えられてお

---

*2　研究者による先行論文として、葛野尋之「弁護人接見の電子的記録と接見時の電子通信機器の使用」季刊刑事弁護72号（2012年）76頁、同「接見にさいしての弁護人の写真撮影をめぐる法的問題（1）、（2・完）」一橋法学15巻2号（2016年）69頁、同巻3号（2016年）1頁、同「接見にさいしての弁護人の写真撮影をめぐる田邊事件一審判決の批判的検討」川崎英明ほか編『美奈川成章先生・上田國廣先生古稀祝賀記念論文集／刑事弁護の原理と実践』（現代人文社、2016年）430頁、後藤昭「弁護人接見の際の容貌撮影行為の法的性格」青山法務研究論集11巻（2016年）23頁、堀田尚徳「裁判例における接見交通権と写真撮影：『接見』の概念を中心に」北大法学論集67巻6号（2017年）244頁等がある。また、弁護士の視点から論じた論稿として、髙山巌「接見室での録音・録画をめぐる実情と問題の所在」季刊刑事弁護72号（2012年）68頁、森下弘「接見室内での電子機器の利用について」季刊刑事弁護72号（2012年）72頁、赤松範夫＝髙山巌・前掲注1論文、前田裕司「接見室における写真撮影・録画／弁護活動の自由の保障はどこまで及ぶか」川崎英明ほか編『美奈川成章先生・上田國廣先生古稀祝賀記念論文集／刑事弁護の原理と実践』（現代人文社、2016年）408頁、横井弘明「接見交通における写真撮影」中央ロー・ジャーナル13巻1号（2016年）85頁等がある。他方、検察官の立場からの論稿として、松田治「接見時の機器等の持込みの運用」刑事法ジャーナル46号（2015年）50頁、橋口英則「裁判例紹介〜弁護人接見における写真撮影〜」刑政127巻4号（2016年）82頁がある。その他、法曹三者の立場から当該論点にも言及している論稿として、三井誠ほか編『刑事手続の新展開上巻』（成文堂、2017年）523頁以下所収の、赤松範夫弁護士、内藤晋太郎検事及び中島経太判事による各論稿がある。

り、その論理が被疑者・被告人の弁護人依頼権にいかなる悪影響を及ぼしうるものであるかを批判的に検討することで、現在の法務省の見解を受け入れることの問題性を再確認した上で、当該問題を考える上でのあるべき視点を提示することにしたい。

2．法務省の見解

　平成19年5月30日付け法務省矯正第3350号矯正局長依命通達「被収容者の外部交通に関する訓令の運用について（依命通達）」（以下、「平成19年依命通達」と記す）7(2)によれば、「未決拘禁者との面会を申し出る弁護人等に対しては、次の事項を周知すること。」とされており、「イ　録音機、映像再生機又はパソコンを使用する場合は、あらかじめ申し出ること。」、「ウ　カメラ、ビデオカメラ、携帯電話を使用しないこと。」との指示が行われている。そして、これに従い、全国の刑事施設において、イに掲げる電子機器については事前又は事後の検査を条件に使用を認め、ウに掲げる電子機器については一切使用を認めない対応がとられている。法務省関係者の解説によれば、各種電子機器の使用が上記のイ又はウに分類されていても、分類の理由は電子機器毎に異なっていることが分かる。そこで以下、電子機器毎に問題点を指摘しておく。

(1)　録音機器
　接見時の録音機器の使用については、既に、昭和38年4月4日付け法務省矯正甲第279号矯正局長通達「弁護人が被告人との接見内容を録音することについて」（以下、「昭和38年通達」と記す）、及び同45年10月8日付け法務省矯正甲第944号矯正局長通達「弁護人が被告人との接見内容を録音することについて」（以下、「昭和45年通達」と記す）において、対応方針が示されていた。そしてこれらの通達に基づき、弁護人から録音機器の使用の申出があれば、必要に応じて、事前又は事後に録音記録媒体の所要の検査をしたうえで、未決拘禁の目的に反し、又は戒護に支障を生ずるおそれがなければ、当該録音記録媒体を持ち帰ることを許す運用が行われてきた。
　昭和38年通達が事前又は事後の録音記録媒体の検査を条件としたのは、録音機に録音して持ち帰ることが書類の授受に準じるものと位置付けられたことによる。加えて、昭和45年通達では、書類の授受に準じた取扱いが必要な

理由として、第三者の話があらかじめ録音されたテープ等がそのまま面会室に持ち込まれ再生する可能性が付け加えられている。したがって、同じ電子機器による録音であっても、録音内容の的確な検査が困難なパソコン等による録音は認めていないようである。[*3]

　接見時の録音機器の使用は、39条1項の「書類の授受」に準じて取り扱うことを条件に認めてよいとする法務省の考え方は、検察官を中心に一定の指示が見られる。[*4] 確かに、弁護人等が単なる記録目的を超えて、未決拘禁者が第三者に宛てて語ったメッセージを録音し、録音記録を第三者に交付したり、あるいは第三者から未決拘禁者に宛てた伝言の録音記録を接見室に持ち込み再生することは、未決拘禁者と第三者間の直接の信書の発受に代替する機能を果たし得る。そして、刑事収容施設及び被収容者等の処遇に関する規則70条2項は、刑事施設における被収容者との面会場所を、「被収容者と面会の相手方との間を仕切る設備を有する室」と定め、面会時の書類や物の直接的授受を許しておらず、また、刑事収容施設法135条1項は、未決拘禁者が発する信書については、弁護人等宛か否かを区別することなく内容検査を行うことにしている。これに対し、同条2項によれば、未決拘禁者が弁護人等から受け取る信書については、これらの信書に該当することを確認するために必要な限度において、事前の検査を行うこととされてはいるものの、該当性を確認するために、信書を開封し、ある程度内容を調べることは許されるとの解釈に基づき、[*5] 運用されてきた。そこで、かりに接見室への録音記録の持込につき書類の授受に準じた取り扱いが許されるのであれば、弁護人等が接見室から録音機器を持ち出す際は、録音記録を再生させて第三者宛メッセージが含まれていないか内容の確認を要することになる。また、弁護人等が接見室に録音機器を持ち込む際も、録音記録に第三者からの伝言が録音されていないか確認する範囲で検査することには法律上の根拠があると言うことになるだろう（もっとも、接見室での再生の問題は、正確には接見時の「録音」機器の使用の問題ではなく、下記の(3)に分類されている「再生」機器の使用の問

[*3]　松田・前掲注2論文51頁。
[*4]　例えば、安西温『改訂刑事訴訟法下』（警察時報社、1982年）734頁以下、伊藤栄樹『三訂刑事訴訟法の実際問題』（立花書房、1984年）175頁、河上和雄ほか編『注釈刑事訴訟法第1巻〔第3版〕』（立花書房、2013年）460頁〔植村立郎〕。
[*5]　林真琴他『逐条刑事収容施設法〔第3版〕』（有斐閣、2017年）690頁、652頁。

題である)。

　しかし、接見時のやり取りの録音と未決拘禁者が弁護人に宛てた信書の発信とでは異なる面もある。それは、弁護人宛の信書は未決拘禁者によって作成されるのに対し、録音記録は専ら弁護人の判断によって作成される点である。例えば、被疑者・被告人が弁護人宛に発した信書に、関係者への口裏合わせのための伝言の依頼が含まれていたとしても、伝言文書を受け取る弁護人の判断は何ら含まれていない。これに対し、接見時に被疑者・被告人から第三者への伝言の依頼を受け、これを弁護人が伝言のために録音することを決めた時点で、それは弁護活動上必要であるという弁護人の判断が含まれることになる（なお、弁護活動上、被疑者・被告人の伝言を第三者に知らせる必要が生じる場合があることは言うまでもない）。それゆえ、被疑者・被告人から弁護人に宛てられた信書の開封検査を行う場合とは異なり、弁護人が接見時に作成した録音記録の再生検査を行うことは、弁護人が接見時に証拠隠滅の口裏合わせのための伝言であるか否かを、きちんと判断したかどうかを、施設職員が評価することを可能にすることを意味する。しかし、接見時の弁護人が採った弁護方針に対し、施設職員がそうした詮索を行うことをできなくすることこそ、まさに刑訴法39条1項が立会人なしの接見を認めている理由であったはずである。このように、被疑者・被告人が弁護人宛に一方的に作成した文書の開封検査と接見時に弁護人により作成された録音記録の再生検査とでは、その意味は異なってくると言わざるを得ない。もし現在の法務省の見解に従い、未決拘禁者が弁護人に発した信書に準じて、接見時に作成された録音記録の再生検査を許せば、弁護人が接見時に行った弁護活動上の必要性と未決拘禁目的を阻害する危険性との判断が、すべて施設側の知り得るところとなってしまう。それにもかかわらず録音記録を再生させることが秘密交通権の侵害に当たらないというためには、弁護人等は内容にわたる検査を受けることを承知の上で、あえて接見時のやり取りを録音しているのであるから、弁護人が接見の秘密性が放棄したことになるという理屈を立てる他になかろう。しかしそれでは結局、刑事施設側とのトラブルを避けつつ弁護人として接見の秘密を守りたいならば、録音機器は使用しない方が賢明ということになってしまう。

　一方で接見時の録音行為が未決拘禁者から第三者への信書の発信に代替する機能があることを理由に、接見時の弁護人等による録音記録の弁護人宛書類に準じた取扱いを徹底しようとすれば、他方で、弁護人等には接見の秘密

性の放棄か録音機器の使用の断念を迫る結果となってしまう。そのそもそもの原因は、現行法が被疑者・被告人と弁護人間の書類の授受の秘密性に十分配慮した規定になっていないことにもある。すなわち、かりに接見時における録音機器の使用が書類の授受に準じる機能を果たし得る面があるとしても、現行法における弁護人と未決拘禁者との間の書類の授受の秘密性の保護が不十分であること自体に、まず問題がある。こうした現行法の不備に加えて、接見時の録音記録の作成を書類の授受に準じて取り扱おうとする法務省の立場は、未決拘禁者が弁護人宛に作成した信書の開封検査と、接見時に弁護人が作成した録音記録の再生検査の意味の違いを軽視している点に、第2の問題がある。

　ところで、上記2つの通達に従うならば、接見時の録音機器の使用をめぐり緊張した場面を生じているはずであるのに、接見時の撮影機器の使用とは異なり、実際には接見時の録音機器の使用をめぐる訴訟が起きていないのはなぜであろうか。その理由を推測するに、録音機器は小型化しており、自ら進んで刑事施設の職員に申し出るのでない限り、何ら気付かれることなく使用が可能であるためかもしれない。そうであれば、接見時の録音機器の使用の申出を求める法務省の通達は、もはや実効性を喪失している可能性が高い。

(2) パソコン

　接見時のパソコン使用については、平成13年11月30日付け法務省矯正保第4001号矯正局保安課長通知「弁護人が被告人との接見時に携帯型パソコン等の使用を願い出た場合の取扱いについて」により、事前に申し出で使用するよう周知するよう指示がなされており、それが今日まで引き継がれてきた。

　接見時に弁護人が被疑者・被告人から聞き取った内容につきパソコンを使用して記録すること自体は、手書きのメモと性質が異なるものではなく、制限しなければならない理由は何ら見出すことができない。しかし、パソコンには録音、撮影又は通信機能が備わっているのが一般的であり、これらの機能を用いた場合は未決拘禁目的や刑事施設の規律秩序を害するおそれがあることから、事前の申出を求める理由とされている。[*6]この点は、法務省は、録音内容の的確な検査が困難であることを理由にパソコンの録音機能の使用については認めない方針をとっていること、及び撮影機器や通信機器の使用

---

*6　松田・前掲注2論文51頁。

はそもそも認めていないこここと、立場は一貫する。しかし、法務省の立場を徹底しようとして、多機能パソコンの持込自体を認めない扱いをとれば、弁護人にとっては、接見用に、通信機能がなく、かつマイクやカメラも内蔵されていない今では日頃は誰も使用していないパソコンを用意する必要が生じる。それでは、事実上、接見時のパソコンの使用を禁止しているのと大差ないことになってしまうだろう。そこで少なくとも、次の映像再生機と同様、パソコンについても他の機能を使用しないことの同意を条件に使用を認める配慮があってしかるべきであろう。さらにいうならば、本当に多機能パソコンの録音、撮影又は通信機能を使用してはならないかは検討を要する問題であることは、それぞれの電子機器の項目において述べたとおりである。

(3) 映像再生機

接見時に映像記録を再生する目的で映像再生機を持ち込むことについては、平成19年4月17日付け法務省矯正第2501号矯正局成人矯正課通知「弁護人等が刑事被告人との接見時にビデオテープ等の再生を求めた際の対応について」(以下、「平成19年通知」と記す) により、やはり事前の申出を求めるよう指示している。その理由については、映像再生機には、再生機能以外に録音・録画機能等が備わっている場合が一般的であり、これらの機能を使用しないことを弁護人が同意する場合に限り、使用を認めることにしているためとされる[*7]。平成19年通知は、接見時におけるビデオ再生機の使用を認めなかったことの違法性を争ったいわゆる後藤国賠訴訟が、平成19年4月13日の最高裁の上告受理申立棄却決定により被告 (国) の敗訴が確定したことを受けて行われたものと考えてよかろう。

後藤国賠訴訟が確定する以前は、接見室への映像再生機の持込みにつき、当時の監獄法50条及び監獄法施行規則127条2項を根拠に、ビデオテープの内容検査をさせるのでなければ再生機器の持込みを認めない対応がとられていた。すなわち、監獄法50条は「接見ノ立会、信書ノ検閲其他接見及ビ信書ニ関スル制限ハ法務省令ヲ以テ之ヲ定ム」と規定しているところ、これを受け同規則127条1項は「接見ニハ監獄官吏之ニ立会フ可シ但刑事被告人ト弁護人トノ接見ハ此限ニ在ラス」と規定し、同条2項は「前項但書ノ場合ニ於テハ逃走不法ナル物品ノ授受又ハ罪証湮滅其他ノ事故ヲ防止スル為メ必要ナ

---

*7 同前51頁。

ル戒護上ノ措置ヲ構ス可シ」と規定していたところ、接見時におけるビデオテープの再生に対しては、ビデオテープの内容等に未決拘禁目的に反する部分が含まれていないかの検査を求め、検査に応じない場合はビデオ再生機の持込みを認めないことは適法との立場がとられていた。後藤国賠訴訟において、原告はビデオテープの内容検査は原告の秘密交通権の侵害に当たり違法であると主張したのに対し、国は「接見とは、特定の被収容者と外部の特定の者との対面並びに口頭による意思及び情報の伝達をいうところ、映像及び音声の信号を記録した磁気テープたるビデオテープの再生は、かかる接見に該当せず、ビデオテープには情報が記録されている点で、むしろ書類の授受に準じるものである。」と反論していた。

これに対し、第一審の大阪地裁平成16年3月9日判決や控訴審の大阪高裁平成17年1月25日判決（訟務月報52巻10号3098頁）は、ⓐ39条1項は、接見に第三者を立ち会わせることのみならず、接見内容等を録音したり、接見内容等を事前に告知ないし検査等したり、接見内容等を事後に報告させることを許さないものであること、ⓑ39条1項の「接見」とは、口頭での打合せに限られるものではなく、口頭での打合せに附随する証拠書類等の提示をも含む打合せと解すべきこと、ⓒ弁護人が接見室に持ち込もうとしている書類等の内容に及ぶ検査については、秘密接見交通権が保障された趣旨を没却する不合理な制限として許されないと解するのが相当であること等を理由に、監獄法施行規則127条2項による「必要ナル戒護上ノ措置」には弁護人が接見室に持ち込もうとしている書類等の内容に及ぶ検査は含まれないとの限定解釈を施した。この後藤国賠判決の論理の射程がどこまで及ぶかはひとつの重要な論点であったが、接見時の撮影機器の使用の制限の適法性が争われた後の国賠訴訟判決は、後藤国賠判決の射程を広げることはしなかった。

ところで、後藤国賠判決における上記ⓑの判断は、接見時における「映像」の再生だけでなく、音声記録を再生しながら接見する場合にも妥当するはずである。平成19年通知は、接見室で映像記録を再生する目的での映像再生機の持込みについてしか言及していないが、弁護人が録音記録を再生しながら打合せをする目的で録音機器を持ち込もうとする場合も、映像再生機の持込と同様の対応をとるのでなければ、対応が一貫しないことになろう。

⑷ **通信機器**

平成19年依命通達は接見時に通信機器の持込を認めていない。この点、未

決拘禁者に弁護人が持ち込んだ携帯電話等の通話機器を使用して外部の者と連絡を取らせることは、弁護人との接見交通権の範囲を超える行為であり、かつ現行法が未決拘禁者と第三者との接見には立会人を付けることを原則としているのであるから、弁護人等が接見時に未決拘禁者に通信機器を使用させることが、法令の趣旨に反することになるのは明白である。もっとも、弁護人等自らが通話する範囲であれば、接見時であっても何ら法令の趣旨に反することにはならない。そこで、接見室への通信機器の持込みを禁止する合理的な理由は、弁護人等による通信機器の使用自体にあるのではなく、弁護人が密かに未決拘禁者に使用させことを防止する点にあることになる。

また、通信機能には通話機能だけでなくデータ通信機能も含まれるところ、弁護人等が接見時にパソコン等のデータ通信機能を利用して必要なデータを検索、取得する行為まで制限することは、パソコンや映像再生機の使用を認めていることと一貫しないというべきである。とういのも、事前の申出によるパソコンの使用は認められており、かつパソコンには様々なデータが保存されているのが通常であるところ、接見時にパソコンに保存されたデータを使用しながら打合せを行うことは、文書記録を持ち込んで接見したり、映像再生機で資料を再生しながら打合せを行うと同様、秘密性が保護され、施設側の干渉するところとはならない。その場合に、弁護人等がデータ通信機能を用いて外部のサーバーから必要なファイルを取り出したり、あるいはデータベースから情報を取り出すことと、パソコン本体からデータを取り出すことを区別しなければならない理由は見出し難い。それにもかかわらずデータ通信機能の使用まで禁止するとすれば、データ通信機能が使用可能な環境下では、スカイプ等を用いた通話機能も使用可能であることが、その理由ということになろう。

いずれにせよ弁護人が持ち込んだ電子機器を利用して未決拘禁者が直接外部と通話を行うことは、弁護人等による加担なくして不可能である。弁護人がこうした未決拘禁目的を阻害する行為に加担する可能性があることを理由に、弁護人等が接見時に携帯電話を使用し、外部の者から事実関係を確認しながら被疑者・被告人に助言、相談を行うことや、外部サーバーから必要な情報を取り出して被疑者・被告人と相談・助言することを、一切不可能にしてしまうことが、はたして合理的な調整といえるかは、検討を要する問題である。

⑸ **撮影機器**

　平成19年依命通達は、接見時の撮影機器の使用も禁止している。その理由は他の機器と少し異なり、①接見時の撮影行為は39条1項のいう「接見」にも「書類若しくは物の授受」にも当らないこと、②弁護人を介した第三者との外部交通が可能となり、未決勾留の目的を没却するおそれがあること、③刑事施設の映像が外部に流出すると刑事施設の保安・警備上の重大な支障が生じるおそれがあること、④未決拘禁者のプライバシー侵害を招くおそれがあることが指摘されている[*8]。これらのうち②は、接見時における録音機器の使用の場合にも同様に当てはまることであり、それだけで書類の授受に準じた取扱いすら認めない理由とすることはできない（なお、録音機器の使用を書類・物の授受に準じて取り扱うことも不当であることは上記のとおりである）。また、④の理由については本人の同意を得て撮影する場合は当てはまらない。そこで①と③の理由をどう考えるかが重要になる。そして、接見時の撮影行為が39条1項の保障する接見交通権に含まれるかどうかは、③の理由のみから撮影行為を禁止することの適法性を大きく左右するため、とりわけ①の理由を説得的と評価するかどうかが重要になる。

　この点、東京高判平27・7・9訟月62巻4号517頁（竹内国賠控訴審判決）は、ⓐ刑訴法39条1項の「接見」とは、被告人が弁護人等と面会して、相談し、その助言を受けるなどの会話による面接を通じて意思の疎通を図り、援助を受けることをいうものであって、被告人が弁護人等により写真撮影やビデオ撮影されたり、弁護人が面会時の様子や結果を音声や画像等に記録化することは本来的には含まれないこと、ⓑ情報の記録化のための行為であれば、当然接見の内容に含まれるというわけではなく、メモ以外の情報の記録化のための行為が許されるか否かは、記録化の目的及び必要性、その態様の相当性、立会人なくして行えることからくる危険性等の諸事情を考慮して検討されるべきものであること、ⓒ将来公判等において使用すべき証拠をあらかじめ収集して保持しておくという証拠保全の目的は、接見交通権に含まれるものとして保障されているとはいえず、このように解したとしても、一審原告としては、刑訴法179条に定める証拠保全を行えば足りるのであり、弁護活動を不当に制約することにはならないことを理由に、録音行為は39条1項の「接見」に当たらないとの立場をとった。

[*8] 同前53頁。

また、福岡高判平29・7・20（LEX/DB25448837：磯村・半田国賠控訴審判決）も、㋑被疑者の防御活動を十分に保障するためには、接見それ自体を保障するだけでは足りず、面会を補助する行為についてもこれを保障する必要があること、㋺被疑者と弁護人等との面会を補助する行為については、当該行為の必要性の有無及び程度や面会行為との関連性、それによって生じる弊害等の諸般の事情を考慮した上で、刑訴法39条1項の保障が及ぶか否かを判断するのが相当であること、㋩原告は本件被疑者の負傷状況を記録するために写真撮影行為に及んだものであり、かかる手段としては証拠保全（刑訴法179条）を用いることができることや、その他写真撮影を許可することの弊害等についても国側の主張を認め、撮影行為は面会を補助する行為としても刑訴法39条1項の保障は及ばないと結論付けた、第一審の判断を支持している。
　結局いずれの高裁判決においても、「接見」が「面接による意思疎通」の意味であることを前提に、接見時の撮影行為については接見補助行為としての必要性が低い一方、未決拘禁者に対する撮影行為の必要性が認められる場面では証拠保全手続をとることが可能であるから、接見時の写真撮影を認めなくても防御権の不当な制限にはならないと判断されたことが、原告の主張が認めらなかった最大の理由ということができる。接見時の映像再生機の利用が争点になった後藤国賠訴訟と接見時の撮影機器の使用が争点となった竹内国賠訴訟や半田国賠訴訟との間で結論を分けたのは、接見時の口頭による打合せに附随する行為として認める必要性の評価の差ということになるだろう。こうした論理に対しては、「接見」を補助する行為としての必要性の程度に応じて、39条1項の保障する秘密交通権の範囲を画そうとすることは、憲法34条の弁護人依頼権の趣旨に照らして合理的かを検討する必要があるだろう。

(6) 問題点の整理

　秘密交通権の保障を接見時における電子機器の使用行為にまで広げれば、それを用いた未決拘禁阻害行為への加担の危険性を理由とする、弁護活動の事前規制は難しくなる。そこで、秘密交通権が保障される範囲をなるべく広げない立場から作成されたのが、法務省の上記の通達類であるということができる。法務省の立場を支えるひとつの論理が、接見時における電子機器の使用行為は39条1項のいう「接見」には該当せず、「書類の授受」に準じるという解釈であり（録音機器の場合）、もうひとつの論理が、接見時における

電子機器の使用行為は39条1項のいう「接見」にも「書類若しくは物の授受」にも該当しないという解釈である（通信機器及び撮影機器の場合）。そして、刑訴法39条1項のいう「接見」とは「面接による意思疎通」の意味であるから、弁護人の一方的な録音行為や撮影行為は39条1項が秘密性を保障する「接見」には含まれないとの理解が、これらの解釈の論拠となっている。

　こうした法務省の見解に対しては、「刑訴法39条1項にいう『接見』は、被疑者・被告人と弁護人とのあいだのコミュニケーションであって、『書類若しくは物の授受』を除いたもの、すなわち接見室においてなされる意思疎通及び情報の発信・取得をいうとすべきであろう。」[*9]、「『接見』とは、単なる『意思疎通』にとどまらない、『意思疎通及び情報の発信と取得』としてのコミュニケーションであると定義することが相応しい。」[*10]、あるいは「『接見』とは『書類若しくは物の授受』を除いて、直接の対面を通じての意思疎通と情報交換の方法を広く含む」[*11]との批判が加えられてきた。筆者自身も以前、「日本語の通常の用法として『接見』は直接対面する行為を意味するに過ぎず、対面の目的を、単に口頭による意思疎通を図ることに限定しなければならない理由はない。」との批判を行ったことがある。[*12]しかし、改めて考えてみると、「接見」という文言は、39条1項だけでなく、一般人との接見交通を定めた80条においても使用されているため、もし「接見」という言葉に電子機器の使用行為まで含まれるのであれば、結論が同じになることはないとしても、それが一般面会の際の電子機器の使用にも影響する議論となってしまう不都合は否めない。

　そこで問題の立て方として、「接見」の意義如何ではなく、本来は自由に認められるはずの弁護活動の手段が、なぜ接見室内では、39条1項のいう「接見」及び接見の補助行為として必要性の高い行為に限定されなければならないのかを問うべきであったろう。すなわち、一般に弁護人には、それが違法な弁護活動に該当するものでない限り、国の干渉を受けることなく自ら必要と考える弁護活動を行う自由が保障されなければならない。それにもかかわらず、接見室内であれば、「接見」ないしその補助行為として必要性の高い行為の形態でしか弁護活動を行うことを認めないことが、果たして憲法34条

---

*9　葛野・前掲注2論文592頁。
*10　前田・前掲注2論文418頁。
*11　後藤・前掲注2論文24頁。
*12　田淵「接見交通権の調整原理について」季刊刑事弁護85号（2016年）111頁。

が弁護人依頼権を認めた趣旨と整合するかが、真の問題というべきだろう。接見時における電子機器の使用の限界につき、竹内国賠事件や半田国賠事件の高裁判例が行った線引きが許されるのであれば、接見時のパソコンの使用についても、手書きのメモが可能である以上その必要性が高いとまでは言えず（携帯型パソコンがない時代に接見の記録をとる上で支障が生じていたわけではない）、39条１項の秘密交通権の保障が及ばないという議論も可能になってしまうだろう。こうした論理に対しては、そもそも接見室内であることを理由に弁護活動のために取り得る手段を意思疎通の補助手段としての必要性の高いものに限定しようとすることの是非が問われなければならない。

　かりに接見室内であっても基本的には弁護活動の自由が保障されるべきであるとしても、最大判平成11・３・24民集53巻３号514頁（以下、「最高裁平成11年判決」と記す）の憲法34条解釈によれば、刑訴法39条１項の権利は絶対的に保障されるわけではなく、捜査権・刑罰権との調整による合理的制約に服すべきことは、否定できない。しかし、弁護人が未決拘禁目的に加担する危険を理由に、接見室における弁護活動の自由を制限することが合理的であるかは、まさに検討を要する点である。そこで次に、接見時における弁護活動の自由と限界につき若干の考察を行いたい。

３．接見時における弁護活動の自由と限界

(1) 弁護人依頼権の保障と弁護活動の自由

　被疑者・被告人の弁護人依頼権に対する考え方は刑事訴訟の構造と密接な関係にある。裁判所の職権活動による真実発見を目的とする糺問的訴訟構造の下では、弁護人が被疑者・被告人のために行う訴訟準備は真実を歪めかねないものと位置付けられ、その活動範囲を抑制する制度が是とされてきた。[*13]

　1882年の治罪法は、弁護士制度が未整備な時代の法律であったこともあり、密室監禁の場合を除く勾留された被告人は官吏の立会いの下で親族故旧又は代言人との接見が可能であったに過ぎない（治罪法140条１項）。また、勾留中の被告人と外部との書簡、書籍その他の書類の授受は予審判事の検閲を受け、書類を留め置くこともできた（同条２項）。治罪法の構造は1990年に制定され

＊13　職権主義時代における弁護権の歴史については、春日勉「弁護権の歴史的考察——明治・大正期を中心として——」九大法学77号（1999年）315頁以下に詳しく紹介されている。

た旧々刑訴法にも引き継がれた。同法下でも官吏による接見時の立会いが行われ（旧々刑訴法85条1項）、また、書類の検閲は予審判事だけでなく検事も行えるものとされた（同条2項）。密室監禁制度こそ廃止されたが、予審判事が必要と考えれば、勾留中の被告人の監房を別にし、他人との接見、書類物件の授受を禁止し、又はその書類物件を差し押さえることができた（同条3項）。

　1923年に制定された旧刑訴法においては、被告人に弁護人選任権が付与され（旧刑訴法39条）、また必要的弁護制度（旧刑訴法334条）が導入される等弁護権の拡大がみられた。しかし、予審段階における弁護人の訴訟書類及び証拠物の閲覧謄写権は、予審への弁護人立会い事件に制限され、その他の事件の場合は裁判長又は予審判事の許可を得る必要があった（旧刑訴法44条）。また、予審・公判を通じて、弁護人が被告人と接見する場合の秘密交通権は保障されておらず、かつ「法令の範囲内」で接見または書類若しくは物の授受ができたに過ぎない（旧刑訴法111条、303条）。さらに、予審段階では、勾留されている被告人との接見及び信書の授受は、一般人との区別なく、罪証隠滅又は逃亡のおそれを理由に禁止することもできた（旧刑訴法45条、112条、122条参照）。

　これに対し、現行刑訴法は、予審を廃止して公判中心主義を強化し、当事者主義の採用と予断排除の原則の下、公判は両当事者が対等な立場で攻撃防御を行うことで真実を解明する場となった。被疑者段階から弁護人選任権が付与され、捜査・公判を通じて被疑者・被告人の防御主体としての地位が承認された。また、身体拘束を受けている被疑者・被告人は弁護人等と立会人なくして接見し、又は書類若しくは物の授受を行う権利が認められた（39条1項）。かつ、弁護人等と被疑者・被告人との「接見の禁止及び授受の検閲・禁止・差押え」を不可とすることで、弁護人等との自由交通権を保護している（81条）。

　このように旧法と現行法とでは、弁護人の接見交通権に対する考え方は、秘密交通権という観点からも、自由交通権という観点からも、大きく変化した。その理由は、被疑者・被告人の防御主体としての地位を尊重し、捜査段階から弁護人選任権を付与したことによる。もっとも、被疑者・被告人の防御主体としての地位を尊重するとしても、被疑者・被告人本人は刑事責任を追及される立場にある以上、逃亡や罪証の隠滅という形での防御を行わないとまで期待することはできない。それゆえ、逮捕・勾留制度が存在し、かつ

逮捕・勾留制度の目的が阻害されないよう、逮捕・勾留中の被疑者・被告人の外部交通権の一定の制限が可能になっているのは、やむを得ないことである。しかし、身体拘束による自由の制限は、身体拘束されていなければ可能である被疑者・被告人の防御活動を、未決拘禁目的を阻害する行為か否かに関係なく困難にしてしまうことも事実である。例えば、逮捕・勾留中の被疑者・被告人が取調べや公判において自らの主張を行うことはできても、その主張を裏付けるための調査や証拠収集は、捜査機関や裁判所の協力なくして達成できない。逮捕・勾留中に暴行を受けた被疑者・被告人は、暴行の痕跡を撮影記録に残しておくことは、収容施設側の協力なくしては行えない。このように、逮捕・勾留された被疑者・被告人の防御主体としての地位が事実上低下することは回避しようがない。そうであるがゆえに、憲法34条はとりわけ身体拘束を受けた被疑者・被告人の弁護人依頼権が保障されるべきことを明記しているのである。

　ところが、依頼した弁護人もまた未決拘禁目的を阻害する行為の加担する危険があることを理由に、被疑者・被告人が身体拘束を受けていなければできたはずの活動の自由を制限してよいのであれば、憲法34条が弁護人依頼権を付与した意味は損なわれてしまう。そしてこのことは、弁護人の接見室外の活動であれ、接見室内の活動であれ異なるものではない。刑訴法39条1項の法的性格につき、後藤昭は、ⓐ現行法は、被疑者・被告人が弁護人との間で秘密のうちに自由な意思疎通と情報交換をする権利が有していることを自明のこととしていること、及びⓑ未決拘禁の目的は、被疑者・被告人と弁護人との情報交換の自由を制限するための処分ではないが、現実には被疑者・被告人が拘束されることによって、弁護人との情報交換の自由が制約される可能性が生じることを指摘した上で、「そのため、刑訴法39条1項という、身体を拘束された被疑者・被告人との間の情報交換の自由を明示的に保障する条文を設けることが必要になります。このように、同項の基本的な性格は、被疑者・被告人と弁護人にとっての権利を創設した規定ではなく、弁護人依頼権の当然の前提となっている権利を確認した規定です。」と説いている。[*14]後藤の言葉を借りれば、刑訴法39条1項は、接見室の中であっても、弁護活動の自由が認められることを確認した規定ということができる。同項が「立会人なしの接見」を認めているのは、接見室における弁護活動の自由を原則

＊14　後藤・前掲注2論文24頁。

的には尊重する趣旨であるという言い方もできるだろう。39条1項によって接見室内において弁護活動を行う権利が創設されたのではなく、もし接見室内における弁護活動が未決拘禁目的を損なう危険があるのであれば、弁護活動の自由を制限する方向でこそ、合理的根拠に基づく法令の定めが要求されるべきである。

(2) 接見時の弁護活動の自由の限界

　最高裁平成11年判決は、ⓐ憲法34条前段は単に被疑者が弁護人を選任することを官憲が妨害してはならないというにとどまるものではなく、被疑者に対し、弁護人を選任した上で、弁護人に相談し、その助言を受けるなど「弁護人から援助を受ける機会を持つことを実質的に保障」する趣旨であると説明した上で、刑事訴訟法39条1項の接見交通権はこのような意味での憲法の保障に由来するものと位置付けた。そして、ⓑ憲法は身体を拘束して被疑者を取り調べることを否定するものではないから、接見交通権の行使と捜査権の行使との間に合理的な調整を図らなければならないとして、憲法34条は、身体の拘束を受けている被疑者に対して弁護人から援助を受ける機会を持つことを保障するという趣旨が実質的に損なわれない限りにおいて、法律に右の調整の規定を設けることを否定するものではないと結論付けた。当該判決が、身体拘束中の取調べの必要を理由に接見交通権と捜査権との調整は憲法上容認されているとした点については、調整論を支持する見解[15]と批判する見解[17]に分かれている。しかし少なくとも、捜査権との調整が弁護人の援

---

*15　民集53巻3号516-17頁。
*16　椎橋隆幸「接見交通権の着実な展開」現代刑事法2号（1999年）40頁、洲見光男＜最新重要判例評釈＞現代刑事法11号（2000年）64頁、関正晴「被疑者の接見交通権とその制限について」法学紀要41号（1999年）355頁他。なお、支持する見解には、内在的制約と位置付ける見解（大坪丘・最高裁判例解説刑事篇平成11年度279頁、三井誠ほか〈座談会〉取調べと接見交通権をめぐる諸問題」現代刑事法13号(2000年)19頁における三井発言）と「公共の福祉」を理由とする制約と位置付けている見解（大野重國・法律のひろば1999年9月号66頁）が見られる。
*17　村田和宏「接見交通権と取調べの関係について」九大法学78号（1999年）73頁、村岡啓一「接見国賠訴訟大法廷判決の評価と今後の課題」自由と正義50巻7号（1999年）134頁、井戸田侃＜判例批評＞民商法雑誌122巻6号（2000年）815頁、柳沼八郎＝若松芳也編『新・接見交通権の現代的課題』（日本評論社、2001年）125頁以下〔上野勝「調整論批判」〕、山本正樹「接見交通権の保障について――平成十一年最高裁大法廷判決を契機に――」近大法学50巻2・3号（2003年）46頁以下、丹治初彦『「捜査弁護」覚書』（現代人文社、2005年）83頁以下など。また、渡辺修「接見交通権の到達点と実効的保障の展望」

助を受ける機会の保障を実質的に損なうときは憲法34条に反することを明言した点は、共通に支持されていると言ってよかろう。

また、最高裁平成11年判決は、接見指定（39条3項）との関係で、39条1項の接見交通権が合理的調整に服することを容認した判決であり、その射程がとりわけ秘密交通権の合理的調整に及ぶかについては議論もみられる。[*18]しかし、その後の判例をみる限り、㋑「（接見室に）持ち込まれる書類等の内容にまで及ぶ検査については、秘密接見交通権が保障された趣旨を没却する不合理な制限として許されないと解するのが相当である」と判示した、上記後藤国賠訴訟控訴審判決や、㋺「捜査機関は、被疑者等が弁護人等との接見内容の供述を始めた場合に、漫然と接見内容の供述を聞き続けたり、さらに関連する接見内容について質問したりすることは、刑訴法39条1項の趣旨を損なうおそれがあるから、原則としてさし控えるべきであって、弁護人との接見内容については話す必要がないことを告知するなどして、被疑者等と弁護人等との秘密交通権に配慮すべき法的義務を負っているものと解するのが相当である」と判示した、福岡高判平23・7・1訟月57巻11号2467頁（第二次富永国賠）に代表されるように、捜査権・刑罰権と接見交通権との合理的調整は秘密交通の部分にも及ぶことを前提とした上で、合理的調整の限界を設ける解釈方法が、定着しつつある。

このように、最高裁平成11年判決の「憲法34条は、身体の拘束を受けている被疑者に対して弁護人から援助を受ける機会を持つことを保障するという趣旨が実質的に損なわれない限りにおいて、法律に右の調整の規定を設けることを否定するものではないというべきである。」との判示部分は、確かに刑訴法39条3項の合憲性を根拠づける論理として用いたものではあったが、その表裏の問題として、その調整の内容が、身体の拘束を受けている被疑者に対して弁護人から援助を受ける機会を持つことを保障するという憲法34条の趣旨が実質的に損なうものであってはならないことも、最高裁平成11年判決以降の多くの判例が示すところである。[*19] 接見時における弁護活動の自由

　　季刊刑事弁護26号（2001年）30頁以下は、接見交通権は内在的制約を受けるとしても任意捜査である取調べの必要性を理由に制限することは許されないとする。
　*18　葛野尋之『未決拘禁法と人権』（現代人文社、2012年）335頁以下、村岡敬一「被疑者と弁護人の接見交通」法教389号（2013年）13頁。これに対して、秘密交通権も合理的調整を認めざるを得ないとする見解として、関正晴「秘密交通権と被疑者の取調べ」日本大学政経研究 49巻3号（2013年）761頁。
　*19　刑訴法39条2項との関係で法令の限定解釈を行ったものとして、大阪地判平12・5・25

を限界付ける規定についても、同様な方法により調整規定の合理性を問う必要がある。

　もし弁護人を介した未決拘禁目的の阻害行為の可能性だけを理由に、接見時における電子機器の使用を制限ないし禁止することを正当化できるのであれば、その論理は本来、39条1項の定める「立会人なしの接見」にまで広がり得るものである。接見の秘密が守られている限り、弁護人による未決拘禁目的阻害行為への加担を未然に防ぐことは難しいからである。逆にいえば、39条1項が保障する秘密交通権は、立会人なしの接見は、そうした懸念よりも、弁護人による実質的な援助を受けられる機会の確保を優先するべきという考え方が採用されたことにより、漸く認められた権利である。また、81条が被告人に「逃亡又は罪証を隠滅すると疑うに足りる相当な理由があるとき」であっても、弁護人等との「接見の禁止及び授受の検閲・禁止・差押え」を不可としていることも、弁護人が未決拘禁目的を阻害する行為に加担する危険を理由とする、弁護活動の制限の限界を示すものである。

　それでは、秘密接見の否定や接見禁止等に至らない程度であれば、弁護人による未決拘禁目的阻害行為への加担の危険性を理由に、弁護活動の自由を制約してよいことになるのであろうか。この点、確かに39条2項は、弁護人等との接見又は授受についても、「被告人又は被疑者の逃亡、罪証の隠滅又は戒護に支障にある物の授受を防ぐため」、必要な措置を規定することができると定めている。しかし、39条2項自体は、被疑者・被告人の防御主体性を損なわないためには、どのような措置が合理的かについてまで語るものではない。何が合理的措置といえるかについては、現行法が弁護人に認める権利の全体を踏まえて検討する必要がある。

　この点、現行法には、被疑者・被告人の権利が制限される場合であっても、弁護権までは制限しないよう配慮している規定がいくつか存在する。例えば、

訟月47巻4号775頁、大阪高判平17・1・25訟月52巻10号3069頁、福岡高判平22・2・25判タ1330号93頁、刑訴法39条3項但書との関係で限定解釈を行ったものとして、最判平12・6・13民集54巻5号1635頁がある。その他に、憲法34条の解釈論を展開し、接見交通権の侵害が認められた事例として、最判平17・4・19民集59巻3号563頁、東京地判平18・8・29判タ1224号245頁、福岡高判平23・7・1判時2127号9頁等がある。

　なお、最高裁平成11年大法廷判決以降の判例の動向につき、辻本典央「接見交通権の課題と展望」近大法学54巻2号（2006年）91頁、田中優企「接見交通権の新局面（三・完）」法学新法115巻1＝2号（2008年）121頁、拙稿「接見交通権」後藤昭他編『実務体系現代の弁護1／弁護人の役割』（第一法規、2013年）397頁を参照されたい。

接見交通と並び弁護活動を支える重要な手段である証拠開示や裁判所における記録・証拠物の閲覧・謄写手続があるが、証拠開示に際しては、証人等の所在場所の特定事項（299条の2）、及び被害者特定事項（299条の3）を被告人に伝えないよう求めることはできても、弁護人に対して秘匿することはできない。また、証人等や捜査協力者の氏名・住居を秘匿すべき場合においても、被告人に知らせない条件で弁護人に開示する制度が設けられている（参照、299条の4第1項、3項、299条の6第1項）。これらの手続に弁護人依頼権を認めた趣旨が没却されることへの考慮が働いていることは明らかである。さらに、裁判所における書類・証拠物の閲覧・謄写権が弁護人のみに認められていることも（40条）、弁護人が閲覧・謄写した証拠物の棄損・隠匿を行う可能性を前提に閲覧・謄写を制限することがあれば、弁護人依頼権を認める意味がなくなることへの配慮があるということができる。これらの手続においては、弁護人がその法の信頼を裏切れば事後的制裁のリスクを負うことになる（299条の7参照）。これらの規定が、弁護人による弁護権濫用の危険に対しては、事前規制ではなく、弁護活動が違法行為への加担または職業倫理違反に問われた場合の事後的統制に委ねることを優先していることは、接見時における弁護活動の規制の在り方としてもモデルとされるべきである。

　なお、2016年の刑訴法改正により、証拠開示の際の証人等の氏名・住居については、「被告人の防御に実質的な不利益を生ずるおそれがある場合を除き」という条件の下、弁護人に対しても秘匿することが可能となった（参照、299条の4第2項、299条の6第2項）。しかし、上記の被告人に知らせないという条件付き開示では足りない場合に当たるのは、弁護人が専門職としての独立性を失い、被疑者・被告人に完全に従属して行動していることが明らかであるような特殊なケースに限定されよう。

4．おわりに

　以上の考察は次のようにまとめることができる。第一に、弁護人は、捜査・訴追機関と対峙する被疑者・被告人の代わりに、被疑者・被告人の正当な利益を擁護すべき立場にあり、接見室の外であれ中であれ、被疑者・被告人に代わって自由に防御活動を行う機会が保障されなければならない（弁護活動の自由の原則）。また、刑事訴訟における防御方法の選択は弁護人としての知識と経験に基づく高度に専門的な判断を要するため、裁判所の強制処分

権限を利用する場合を別にして、有効な防御方法の選択については弁護人の自律的判断を尊重する必要がある（弁護活動の自律性の尊重）。他方で、弁護人にもフェア・プレイが求められており、捜査や訴訟進行の妨害を目的とする活動は、保護されるべき弁護権の行使にあたらない（弁護権濫用の禁止）。しかし、こうした弁護権の濫用に当たることを理由に、弁護活動の自由を事前に奪うことが許されるのは、弁護権の濫用にあたることが明白であり、その場で制限する緊急性が認められる場合に限定されるべきであり、なるべくは懲戒手続による事後的統制によるべきである（事後的統制の原則）。

　接見時における撮影機器の使用を例にとるならば、接見時における撮影機器の使用の禁止は庁舎管理権に基づき正当化できるというのが法務省の主張であるが、誰でも面会の際には利用している面会室の映像が外部に流れると、庁舎内の規律秩序が乱れる具体的危険を国が立証できるとは思えない[20]。また、弁護人が接見時に撮影する目的は施設ではなく被疑者・被告人であり、その映像を弁護活動上必要がないにもかかわらず、外部に流す可能性も低く、事前に撮影を禁止しなければならない緊急性を認めることもできない。かりに弁護人が被疑者・被告人の映像を弁護活動上の必要性とは無関係に外部に流出させたのであれば、その時点で映像を流出させた弁護士に対する懲戒処分を求める形で対応すれば十分であろう。弁護活動上の必要性は認めつつ、事前に一切の撮影を禁止してしまう現在の運用は、刑事訴訟における弁護活動の自由を制限している他の手続の在り方と比較しても、行き過ぎというべきである。

（たぶち・こうじ）

---

[20] 庁舎管理権を根拠とする写真撮影の禁止の合理性を否定する見解として、岩本博史「判批」新・判例解説Watch18（2016年4月）号46頁以下。葛野・前掲注2論文、一橋法学15巻3号1036頁以下、後藤・前掲注2論文28頁以下。

■第4章

接見交通権と文書等の押収

渕野　貴生
立命館大学教授

1．問題提起

(1)　調整問題と位置付けることへの疑問

　勾留されている被告人の拘置所居室等に対する捜索・差押えの適否が争われた事案（以下、宮下国賠事件⇒本書第2部〔ケース8〕という）において、大阪高判平成28年4月22日は、第一審判決を踏襲して、「弁護人が接見時に防御方法の打合せの一環として交付した書類、被告人が接見内容及び防御構想を書き留めたメモ類並びに弁護人との面会接見の代替方法として行われた信書のやり取りは、憲法34条に基づく被告人の接見交通権又は防御権及び弁護人の弁護権として保障されており、これらの防御方法の内容は、基本的には、捜査機関に対して秘匿されるべきであるものの、防御方法の内容の秘密といえども絶対的に保障されるものではなく、捜査権の行使という国家の権能との間で合理的な調整を図る必要があり、必要かつ合理的な範囲の制約に服するものと解する」と判示した[*1]。

　本判決に対しては、直ちに、そもそも秘密交通権と捜索・差押え権限との間に生じる緊張関係は、本当に、「調整」によって解決が図られるべき問題なのかという疑問が湧く。また、仮に、秘密交通権と捜索・差押え権限との間で、「調整」による解決が認められる場合がありうるとしても、宮下国賠事件のような局面に適用可能なのか、という疑問も生じる。後者の疑問は、

---

*1　大阪高判平成28年4月22日判例時報2315号61頁。

多少、補足の説明をする必要があろう。

(2) 秘密交通権と捜査権限との交錯類型

　秘密交通権と捜索差押え権限との交錯状況といっても、交錯の仕方は一様ではない。捜査機関が捜索・差押え権限を行使することによって、被疑者・被告人と弁護人との間のコミュニケーション内容が捜査機関に覚知されてしまうといった事象は、いくつかの類型に分けることができる。振り込め詐欺の例で、考えてみよう。

　第1に、被疑者・被告人が弁護人に対して、振り込め詐欺に関与した事実や、だまし取った金銭を隠匿している場所や口座を告白する通信を送ろうとして書いた手紙類を差し押さえるという状況が考えられる。この場合には、捜索・差押えは、当該事件に直接関連する証拠を被疑者・被告人と弁護人との間のコミュニケーション情報から取得することを直接の目的として行われている（以下、本件情報収集類型という）。

　第2に、被疑者・被告人が弁護人に対して、あるいは弁護人を通じて、振り込め詐欺の共犯とされている者や被害者に働きかけて自分が犯行に関与していない旨の虚偽の証言をするように脅したり、振り込め詐欺の標的となりそうな人を一覧にした名簿を隠滅したりすることを依頼する通信や、逆に弁護人が被疑者・被告人からの依頼にどのように対応したかを知らせる通信を差し押さえるという状況がありうる。この場合には、捜索・差押えは、当該事件に関連する証拠隠滅を防止し、立証に必要な証拠を保全する目的および、当該事件をきっかけとする新たな犯罪（証人等威迫罪、証拠隠滅・教唆罪）に関する証拠を収集する目的で、被疑者・被告人と弁護人との間のコミュニケーション情報を取得しようとして行われる（以下、証拠隠滅解明類型という）。

　第3に、振り込め詐欺の嫌疑で捜査の対象となり、弁護人の援助を受けていた被疑者・被告人について、捜査機関が捜査を進めるうちに、新たな「標的リスト」が存在する可能性があることが分かり、被疑者・被告人の居所を捜索したところ、あるいはまた、新たに脅迫罪の嫌疑が浮かび上がり、脅迫文書を収集する目的で被疑者・被告人の居所を捜索したところ、振り込め詐欺事件の防御方針について被疑者・被告人が弁護人と相談したメモや弁護人が被疑者・被告人に対してアドバイスした内容の通信を発見するという状況がありうる。この場合には、捜索は、新たに存在が明らかになった証拠を収集する目的で行われており、被疑者・被告人と弁護人との間のコミュニケー

ション情報を取得する目的はなかったが、結果的に、両者の間のコミュニケーション情報に触れることとなる（以下、新証拠収集類型という）。なお、この場合に、発見したコミュニケーション情報が、振り込め詐欺の立証に役立つとして、被疑者・被告人と弁護人間で行われた通信を差押えしたら、その時点で、当該捜査の性格は、本件情報収集類型に変化することになる。

　以上の3つの類型は、直感的に考えても、新証拠収集類型→証拠隠滅解明類型→本件情報収集類型の順に、被疑者・被告人と弁護人との防御に関するコミュニケーションの核心部分に迫っていくことになると理解されるだろう。宮下国賠事件は、証拠隠滅解明類型に相当する。つまり、防御コミュニケーションの中核部分にかなり近い通信を差し押さえたと評価すべき事案である。しかも、捜査機関も、さすがに本件情報収集類型のような捜索・差押えが、秘密交通権をもろに侵害することは分かっているだろうから、本件情報収集類型が現実に発生するとは容易に想像し難いとすると、宮下国賠事件は、現実に起こり得る事案としては、事実上、防御コミュニケーションに対する侵襲度が最も深い形態であるとも評価しうる。つまり、宮下国賠事件のような事例で調整問題としての解決が許されるのだとすると、結局、秘密交通権と捜索・差押え権限との緊張関係が生じる場面は、すべて調整問題として解決してよいということになる。それゆえ、仮に、何らかの調整あるいは例外を認めて捜索・差押えが許される場合があるとしても、宮下国賠事件のような防御コミュニケーションに対する侵襲度が深いケースで、調整を認めることには一層大きな疑問が湧くのである。

　以上のような問題意識に基づいて、本稿では、秘密交通権と捜索・差押え権限とが交錯する状況の質的相違と関連づけながら、捜索・差押えの限界を論じることとする。[*2] 調整問題として解決することの可否を考えるうえで、最初に鍵になる要素は、言うまでもなく、秘密交通権の権利としての強さ、すなわち絶対性／相対性であろう。そこで、まず、秘密交通権の性格を確認するところから、検討を始めることとしたい。

[*2] 被疑者・被告人の防御権と捜索差押え権限との関係一般については、参照、渕野貴生「防御の秘密と捜索・差押えの限界」生田勝義先生古稀祝賀論文集『自由と安全の刑事法学』（法律文化社、2014年）537頁以下。

2．秘密交通権の憲法的基礎

(1) 有効な弁護を受ける権利

　被疑者・被告人と弁護人との間の通信・文書に対する差押えは、被疑者・被告人の有効な弁護を受ける権利との関係が直接的に問題となる。

　被疑者・被告人は、憲法34条および憲法37条3項に基づいて、弁護人依頼権を有する。判例も認めるように[*3]、憲法上の弁護人依頼権は、単に被疑者・被告人が弁護人を依頼することを妨げられない権利にとどまらず、依頼した弁護人から有効な援助を受ける権利をその本質的保障内容とする。

　そして、弁護人による有効な弁護を受ける権利の保障にとっては、その秘密性も本質的要素である。なぜなら、弁護人と被疑者・被告人との間では、予想される取調べに対する対抗方法、裁判における防御の方法、被疑者・被告人側証拠の発見や活用の仕方の打ち合わせ等の話し合いや通信が行われるが、そのような情報が第三者、とりわけ捜査機関に筒抜けになってしまったら、有効な防御を行うことはおよそ不可能になるからである。たとえば、捜査官が取調べで聞いてくるであろう質問を予測し、不利益にならないような答えを打ち合わせていても、そのことが捜査機関に伝われば、捜査官は、別の聞き方をするだろう。有力な被疑者・被告人側証人がいると被疑者・被告人が弁護人に伝えても、その証人の存在が直ちに捜査機関に漏れてしまったら、捜査機関は、先取りして捜査側に都合のよい調書を取ろうとするだろう。訴追側証人の証言のどこをどうやって弾劾するかという情報が漏れたら、検察官は、その点を補強した主尋問をするだろう。

　このように秘密が守られることの保障がないとすると、被疑者・被告人も弁護人も防御にとって必要・有効な情報ほど、かえって相談・打ち合わせの際に率直に情報・意見の交換を行い、防御の方針を決めることができなくなってしまい、その結果、弁護人の有効な援助を受ける権利の核心部分が侵されることになる[*4]。

---

*3　最大判平成11年3月24日民集53巻3号514頁。
*4　小坂井久「身体拘束と弁護権」村井敏邦＝川崎英明＝白取祐司編『刑事司法改革と刑事訴訟法　上巻』（日本評論社、2007年）503頁以下、木谷明『刑事事実認定の理想と現実』（法律文化社、2009年）134頁、鳥丸真人「組織的な秘密交通権の侵害と国選弁護人の解任——鹿児島秘密交通権侵害事件」季刊刑事弁護38号（2004年）140頁、渡辺修「『防御の

被疑者・被告人と弁護人との間のコミュニケーションの秘密性が保障されないとすると、被疑者・被告人と弁護人との間の自由なコミュニケーションに対する萎縮効果をもたらし、結局、有効な弁護の提供を阻害するがゆえに、秘密交通権もまた憲法34条の弁護人依頼権に由来する極めて重要な権利であるとの理解は、近時の秘密交通権侵害が争われた下級審裁判例において、共通して取られている立場である[*5]。

　さらに、被疑者・被告人と弁護人との自由な情報・意見の交換にとって、接見時のみならず、事前事後も含めてコミュニケーションの秘密性を保障することが必要不可欠であるという認識も、裁判例においても[*6]学説においても[*7]、広く共有されている。実際、弁護人と被疑者・被告人との情報のやり取りの中身を事前事後に取得することも、弁護人と被疑者・被告人との間の自由なコミュニケーションを阻害する効果を生じさせ、その結果、有効な弁護の保障が全うされなくなるという点では接見時の立会い・聴取と全く同じであるから、秘密交通権が弁護人と被疑者・被告人とのコミュニケーション全般に及ぶことは当然の論理的帰結と認識されてきたといえよう。

　要するに、弁護人による有効な援助を受ける権利を実効的に保障するためには、被疑者・被告人と弁護人との間の相談内容は面談か、通信かといった方法を問わず、また身体拘束中の接見か、それ以外の場面での情報交換かを問わず、完全に秘密性を保障されるべきである。弁護人と被疑者・被告人との間の通信を捜索差押えという方法で取得する行為も、当然のことながら、弁護人の有効な援助を受ける権利を侵害する行為として禁止される。換言す

　　　秘密』と被疑者取調べの法的限界」『鈴木茂嗣先生古稀祝賀論文集〔下巻〕』（成文堂、2007年）236頁以下。
　*5　大阪地判平成12年5月25日判例時報1754号102頁、大阪高判平成17年1月25日季刊刑事弁護43号162頁、鹿児島地判平成20年3月24日判例時報2008号3頁、佐賀地判平成22年12月17日訟務月報57巻11号2425頁（LEX/DB25470563）、京都地判平成22年3月24日判例時報2078号77頁。なお、参照、最判平成15年9月5日裁判集民第210号413頁の梶谷玄・滝井繁男両裁判官の反対意見。
　*6　大阪地判平成12年5月25日判例時報1754号102頁、鹿児島地判平成20年3月24日判例時報2008号3頁、福岡高判平成23年7月1日判例時報2127号9頁、京都地判平成22年3月24日判例時報2078号77頁。
　*7　指宿信「秘密交通権をめぐって――志布志事件接見国賠裁判を通して考える――」成城法学81号（2012年）262頁以下、岡田悦典「接見交通権における秘密性の基礎」村井敏邦先生古稀記念論文集『人権の刑事法学』（日本評論社、2011年）320頁、関正晴「秘密交通権と被疑者の取調べ」政経研究（日本大学）49巻3号（2013年）749頁、渡辺修・前掲前掲注4論文221頁以下。

れば、憲法によって保護されるべき権利の内実は、弁護人と被告人との間で取り交わされる情報交換の内容を秘匿する点にあるのだから、それを暴く行為は、すべて弁護人依頼権の侵害に当たると考えるべきである。*8

(2) 証人審問権・黙秘権・当事者主義

秘密交通権は、証人尋問権の実質的保障の観点からも根拠づけられる。

刑事裁判において、事実は、証拠によって立証され、証拠によって弾劾される。それゆえ、弁護人と被疑者・被告人との接見交通で取り交わされるコミュニケーションの中核は、検察官側が請求した証拠をどのように弾劾し、被告人側に有利な証拠をどのように収集して提示するかといった防御戦略を練ることにあり、最終的な防御方針を決めていくことにある。とりわけ、証人については、被告人が自らに有利な証拠（証人）を強制手続によって得ることは憲法37条2項が保障するところであり、その前提として、どの程度、有利な証拠になり得るのかを判断するために証人予定者にアクセスすることは、証人審問権を実効的な権利として行使するための不可欠の前提である。また、同様に、敵対証人に対しても、被告人は、憲法37条2項に基づいて、十分に弾劾の機会を与えられなければならない（反対尋問権）。反対尋問権を実効的に行使するためにも、まず、証人の予定証言の内容を知ることが不可欠である。被告人は予定証言を知ったうえで、その証言の弱点を探し、公判において具体的に弾劾していくのであり、弾劾の準備の機会を十分に保障することによってはじめて、憲法37条2項の証人審問権は実効的に保障される。

しかし、被疑者・被告人自身は、身体拘束されていることも少なくなく、また、身体拘束されていなくても、被疑者・被告人自身が下手に証人予定者に直接会うと罪証隠滅のあらぬ疑いをかけられたり、被害者保護に反すると批判されたりすることを懸念して、証人予定者への直接のアクセスが難しい

---

*8　川崎英明「刑事弁護の自由と接見交通権」小田中聰樹先生古稀記念論文集『民主主義法学・刑事法学の展望　上巻』（日本評論社、2005年）25頁以下、川崎英明「勾留中の被告人の拘置所居室等の捜索・差押」法律時報88巻8号（2016年）122頁以下、渡辺修『刑事裁判を考える――21世紀刑事司法の展望』（現代人文社、2006年）25頁、41頁、84頁、渡辺直行「被疑者・被告人と弁護人間の文書等の差押え（秘匿特権）」刑事法ジャーナル46号（2015年）61頁以下、葛野尋之「勾留中の被告人の拘置所居室等についての捜索差押許可状の請求、同許可状に基づく捜索・差押えおよび押収物の精査・不還付が違法とされた事例」刑事法ジャーナル51号（2017年）115頁以下、中島宏「勾留中の被告人が所持するノートや信書の任意提出と接見交通権」法学セミナー735号（2016年）114頁。

場合がほとんどである。したがって、被疑者・被告人に有利な証人を発掘し、直接の面会や証拠開示を通じて検察側証人の予定証言を探知する作業は、現実には、ほとんどの場合、弁護人が担うことになる。そのうえで、弁護人は、弁護活動で入手した証人予定者の予定証言を被疑者・被告人との接見交通の際に被疑者・被告人に伝えて、反対尋問の具体的方法などの防御戦略を立てることになる。

　ところが、これらの収集情報や収集した情報の検討結果が訴追側の知るところとなれば、訴追側に予め先回りされて、反対尋問が奏功しないような尋問の仕方に変えられたり、補強の証拠を作られたり、場合によって、証言潰しにもつながるような取調べが証人に対して行われたりして、有効な弾劾を不可能にされたり、自らに有利な証人を得ることを阻害されたりすることになる。そして、訴追側が被疑者・被告人の防御の方針を覗き見るという行為は、検察官の立証の補強に必然的に結びつくのであるから（検察官が、有罪立証活動と関係なく、そのような行為をするわけがないし、防御方針を知っていながら、それに対応した立証の補強をしないで放置しておくなどということも考えられない）、秘密性を解除する行為自体が証人審問権の侵害に当たる。また、仮に検察官が被疑者・被告人側の防御方針を得るだけで、検察側立証の補強のための活動は行わない場合があり得るとしても、結局のところ、防御方針が検察官に漏れて対応されてしまうことを恐れて、被疑者・被告人が訴訟資料の検討の結果をメモに残したり、予定証人にアクセスすることを差し控えるという萎縮効果を生じさせるから、やはり証人審問権の侵害は免れない。

　秘密交通権はさらに、黙秘権の実効的保障の観点からも根拠づけられる。弁護人は、被疑者・被告人との接見の際に、被疑者・被告人に対して、事件に関する質問を行い、事件に対する被疑者・被告人の主張や、事件に関して被疑者・被告人自身が持っている知識を聞き出していく。これらの情報は、弁護人が、他の証拠と照らし合わせて被疑者・被告人の主張が成り立つか否かを判断したり、被告人質問において、被告人に対してどのような質問をいかなる順序で行っていくかといった尋問事項を作り上げたり、取調べにおいて予想される尋問事項に対してどのように答えるべきかを被疑者・被告人にアドバイスしたりするために、必須不可欠の情報である。そして、被疑者・被告人が弁護人に伝えるこれらの知識や意見は、当然のことながら、捜査官の前では話す必要はない。ところが、被疑者・被告人が、捜査機関に対しては供述しないと決めたのにもかかわらず、当該供述が捜査機関に筒抜けに

なってしまうとしたら、黙秘権を行使したことの意味は水泡に帰すことになる。秘密交通権の侵害は、被疑者・被告人の黙秘権をも侵害するのである。

　以上の検討を通覧すれば、結局、秘密交通権の保障は、当事者主義の根幹をなしていることが分かるだろう[*9]。被疑者・被告人と弁護人との接見交通は、一方当事者による訴訟の進行・内容に関する打合せであり、作戦会議である。作戦会議の内容を対立当事者が予め覗き見ることを許し[*10]、反対当事者の主張を予め封殺することを可能にしてしまえば、対等な当事者による公正な攻撃防御を行う前提が成り立たなくなってしまう。要するに、秘密交通権に対する侵害は、当事者主義の根幹を土台から掘り崩す行為なのである[*11]。

3．秘密交通権の絶対性

⑴　最大判平成11年3月24日との関係

　秘密交通権が、弁護人の有効な援助を受ける権利を実効的に保障し、黙秘権や証人審問権を実質的に行使するための必須不可欠の前提であり、当事者主義の根幹を支える権利である以上、捜査権との間で、利益衡量に晒され、調整された結果の残余物だけが被疑者・被告人および弁護人に与えられるという考え方で、秘密交通権と捜索・差押え権限との関係を解決することが不当で不合理であることは明らかである。秘密交通権は、捜査権限と同等のレベルに貶められて、調整させられるべきものではなく、ごく限定的な例外状況が存する場合を除いて、捜査権限に優越し、絶対的に保障されなければならない[*12]。

[*9]　川崎英明・前掲注8論文「勾留中の被告人の拘置所居室等の捜索・差押」123頁。別稿で指摘した秘密交通権と「疑わしきは被告人の利益に原則」との関わりも、結局、挙証責任を前提とした当事者主義の問題として位置づけることができるだろう。参照、渕野貴生・前掲注2論文548頁以下。

[*10]　このことを証拠開示に関する議論と混同してはならないことに注意すべきである。ここで問題としているのは、開示された証拠も含めた手持ちの証拠をどのように使うかに関する一方当事者内部での情報交換を対立当事者が知ることであって、収集した証拠を反対当事者に開示するかどうかとは位相の異なる問題である。

[*11]　村井敏邦は、秘密交通権の中核には、証拠等の秘密検討権があると性格づけている。参照、村井敏邦「勾留中の被告人からノート等の任意提出を受けた検察官の行為が弁護人固有の秘密交通権を侵害するとした事例」法律時報89巻3号（2017年）125頁。

[*12]　葛野・前掲注8論文115頁以下。

たしかに、最大判平成11年3月24日[*13]は、身体拘束中の被疑者・被告人と弁護人との接見の「機会」に関して、接見交通権は捜査権に絶対的に優先するものではなく、捜査権との調整がありうるという立場に立っている。接見の「機会」に関する判例の理解にも、疑問がなくはないが、仮に、接見交通の機会については、判例の規範を前提にしたとしても、秘密交通権の場合は、接見交通権とは異なって、個別の調整は必要ではないし、すべきでもない。

　すなわち、接見交通権の場合には、1つしかない被疑者の身体を弁護人と捜査機関とが取り合うという関係にあるから、被疑者の利用について、個別の場面で調整が必要な場合を想定しうる。ただし、その場合でも、接見指定の場面で許される調整は、あくまでも、防御権を侵害しない範囲に限定されたものである。

　これに対して、秘密性については、第1に、利用の競合というような意味での調整問題は生じない。したがって、この点だけで、最大判平成11年3月24日の射程は及ばないというべきである[*14]。第2に、弁護人と被疑者・被告人との間の情報が捜査機関から聞き出されたり、差し押さえられたりすることは、防御に関する手の内が捜査機関に伝わることを意味し、さらに、防御の手の内が捜査機関に漏れる危険性を否定できなくなることによって、将来の防御活動に関する弁護人と被疑者・被告人間の情報のやり取りに必然的に委縮効果をもたらす。つまり、秘密性の暴露は、直ちにかつ不可避的に防御権に対する侵害を生じさせるという関係にあるから、防御権の切り下げを防ぎつつ、捜査権と調整することはもともと不可能な場面であるといえる[*15]。したがって、この点からも、最大判平成11年3月24日の規範を秘密交通権に及ぼすことは妥当とは言えないのである。

　しかも、さらに根本に立ち戻って考えれば、接見交通権に対する機会制限は、弁護人の有効な援助を受ける権利等の被疑者・被告人の刑事基本権の正

---

　*13　最大判平成11年3月24日民集53巻3号514頁。
　*14　葛野・前掲注8論文115頁。
　*15　この点を指摘するものとして、葛野尋之「検察官による弁護人と被疑者との接見内容の聴取が秘密交通権の侵害に当たり違法とされた事例」判例評論641号（2012年）12頁、緑大輔「弁護人との接見内容を取調担当官が被疑者・被告人から聴取・録取した行為の適法性」法律時報81巻11号（2009年）130頁、丹治初彦「接見交通権の残された課題——鹿児島選挙違反事件を素材として」季刊刑事弁護51号（2007年）17頁、東條雅人「接見内容の組織的取調べと接見交通権——鹿児島秘密交通権侵害国賠事件判決」季刊刑事弁護69号（2012年）166頁、半田望「秘密交通権の保障と第2次富永国賠控訴審判決の意義」季刊刑事弁護68号（2011年）117頁。

当な行使と、被疑者取調べという、曲がりなりにも、それ自体は正当な捜査権限の行使とが衝突する場面を調整しようとするものである。これに対して、秘密交通権の場合は、もともと捜査機関には、いくら捜査上有益であったとしても、被疑者・被告人と弁護人との間のコンフィデンシャルなコミュニケーションに介入する権限は与えられてないのであるから、そもそも正当な権利行使と正当な権限行使との間を"調整"するという問題ではないのである。被疑者・被告人から捜査上有益な情報を取得するという点だけにとらわれると、抽象的な捜査権との調整問題論を首肯してしまいがちだが、秘密交通権では、捜査機関による情報の取得「方法」が問題の本質なのであり、むしろ、「取調べ官による脅迫的・暴力的取調べと黙秘権とを調整するのか？」という問題になぞらえて解決しなければならない。そうすると、調整することが不当であることは明らかであろう。

(2) 裁判例における捜査権との「調整」の意味・基準

確かに、裁判例のなかには、捜査権限と秘密交通権との単純な比較衡量で事案の解決を図ろうとして、結果的に、秘密交通権に対するかなり大きな制約を認めるものもある[16]。また、学説においても、弁護人との接見の前後で被疑者の供述が変遷したような場合に、事後の取調べにおいて、聴取事項が接見内容に及ぶことがあっても直ちに違法とは言えないとするものもある[17]。

しかし、秘密交通権の趣旨や意義について深く立ち入った考察をおこなったうえで結論を出している裁判例における具体的な調整の基準を見てみると、捜査権と秘密交通権とを単純に比較して利益衡量しているわけではないことがわかる。

たとえば、接見内容の事後的な聴取について判断した福岡高判平成23年7月1日では、「捜査権の行使と秘密交通権の保障とを調整するに際しては、

---

[16] 大阪地判平成18年11月14日判例タイムズ1238号196頁、大阪高判平成24年10月12日・LEX/DB25483106など。

[17] 小木曽綾「検察官および警察官が公職選挙法違反の被告人および被疑者の取調べの際に弁護士との接見内容を聴取し供述調書を作成したことが、弁護士の被告人および被疑者に対する秘密交通権を侵害したとして弁護士が国および県に対して求めた国家賠償請求が認められた事例―いわゆる志布志事件『接見交通権』侵害国家賠償訴訟判決」刑事法ジャーナル17号（2009年）102頁以下。なお、参照、加藤俊治「検察官が被疑者取調べにおいて弁護人との接見内容を聴取したこと等が違法と判断された事例」警察学論集64巻10号（2011年）183頁以下。

秘密交通権の保障を最大限尊重すべきであり、被疑者等と弁護人等との自由な意思疎通ないし情報伝達に萎縮的効果を及ぼすことのないよう留意することが肝要であって、刑訴法39条1項の趣旨を損なうことになるか否かについても、かかる観点から慎重に判断すべき」であり、「したがって、捜査機関は、被疑者等が弁護人等と接見内容の供述を始めた場合に、漫然と接見内容の供述を聞き続けたり、さらに関連する接見内容について質問したりすることは、刑訴法39条1項の趣旨を損なうおそれがあるから、原則としてさし控えるべきであって、弁護人との接見内容については話す必要がないことを告知するなどして、被疑者等と弁護人等との秘密交通権に配慮すべき法的義務を負っている」とされている。[18]つまり、既に同判決について分析した評釈等で解明されているように、実際には、秘密性を消失していない事実の聴取については、実質的衡量をすることなく、直ちに違法と判断しているのである。[19]また、接見時に被疑者・被告人と検討するための証拠（ビデオテープ）について、内容確認を違法とした裁判例でも、「被拘禁者とその弁護人との間の接見において、仮に訴追機関や収容施設側が重大な関心を持つと考えられる被拘禁者側からの罪証隠滅の希望や示唆、更には被拘禁者の心情の著しい変化等の内容にわたる可能性があったとしても、それを理由に、右の接見についての秘密交通権自体を否定することは法的にはできない」と判示されており、[20]重大な捜査の利益が存在する場合であっても、秘密交通権との個別調整には入らないままに違法の結論を導き出している。

このように、各裁判例について判断基準の具体的な適用方法にまで深く立ち入って検討してみると、裁判例も、問題意識を持って秘密交通権の意義・権利内容をきちんと検討すれば、実際には、原則として、個別的調整には踏み込まない姿勢に傾くことが強く推認されるのである。[21]

宮下国賠事件においても、大阪高判平成28年4月22日は、「第1回公判期

---

[18] 福岡高判平成23年7月1日判例時報2127号9頁。被疑者が接見内容を話し始めた場合には、捜査機関はそれを制止すべきとする規範は、鹿児島地判平成20年3月24日判例時報2008号3頁でも打ち出されている。

[19] 葛野・前掲注15論文11頁。

[20] 大阪高判平成17年1月25日季刊刑事弁護43号（2005年）162頁。

[21] なお、捜査権と秘密交通権との調整がありうるとしても、現実に弁護人との接見時に罪証隠滅工作等が行われたか否かの判断は、相当慎重に行われるべきと指摘する裁判官の論稿として、参照、中桐圭一「弁護人との接見時のやりとりに関する尋問」判例タイムズ1322号（2010年）43頁。

日後には、公判中心主義及び当事者対等の原則（武器平等の原則）の要請が働くことや、予断排除の原則の適用がなくなり、受訴裁判所が職権又は請求により捜索差押えを行うことができること（刑訴法99条1項）からすれば、原則として、捜査機関が捜索差押えを行うことは許されず、例外的に、受訴裁判所による捜索差押えを待っては、捜索差押えの実効性を図ることができないような場合……にのみ許される」、「勾留中の被告人の居室等を捜索場所とする場合には、弁護人と接見した内容や防御構想等を記載した書面などの防御方法が集積することが予想されることからすれば、捜査機関による捜索差押えの必要性については慎重な判断が求められる」、「期日間整理手続終了後には、被告人の居室内の防御方法も相当に集積していると見込まれ、このことは前記捜索差押えの必要性の判断要素として十分考慮されるべき」などと判示した原審を踏襲している。本判決は、実質的に個別的調整の枠組みを取らないところまでは踏み込めていないが、個別的調整をするなかで、調整の仕方としては、「防御内容が探知されることにより被告人が被る不利益を重く評価」し、「防御内容の秘密性の保障を重視する姿勢を堅持」しているとの評価が妥当しよう。

4．証拠隠滅解明類型における例外可能性の検討

　秘密交通権と捜索・差押え権限との個別的調整は許されないとしても、例外として、秘密交通権が制約される場合がありうるだろうか。
　まず、証拠隠滅解明類型については、被疑者・被告人と弁護人との間のコミュニケーション情報に対する捜査機関による捜索・差押えを例外として認めることはできない。なぜなら、弁護人が、被疑者・被告人の罪証隠滅行為に加担するというようなことは、もともとほとんど起こり得ない稀有な事態だからである。しかも、弁護人は厳格な職業倫理に拘束され、弁護士会による懲戒処分や刑事制裁のもとにも置かれているので、もともと稀有な事態の発生は、さらに一般予防によって何重にも防止措置が備えられている。したがって、このような予防措置による調整に加えてさらに、捜索・差押えを認

＊22　大阪地判平成27年3月16日判例時報2315号69頁。
＊23　葛野・前掲注8論文117頁。

めるべき場合を想定する必要があるとは思われない。[24]

　これに対しては、被疑者・被告人が弁護人を通じて第三者に指示をして罪証隠滅行為を実行するという事態は必ずしも稀有とは言えないのではないか、という指摘があるかもしれない。[25] しかし、この場合も、制度的に、弁護人がそのような行為をチェックして、罪証隠滅に至らないように防止する役割を果たしうる。[26] 弁護人は公正な手続を阻害するような行為を防止する法曹としての責務があり、[27] その責務に従って弁護人が職務を遂行する限り、被疑者・被告人の罪証隠滅行為を防止することができるから、結局、被疑者・被告人が弁護人を通じて行った証拠隠滅等の犯罪行為に関する証拠を収集する必要性が現実化することも稀有であるといえよう。

　それゆえ、このような稀有な事例の発生を想定して、例外を認める必要はないどころか、例外を認めるとかえって、弁護人と被疑者・被告人との間の自由なコミュニケーションに対する萎縮効果をもたらし、刑事基本権を保障するための不可欠の装置である秘密交通権が不当に侵害されてしまう帰結をもたらすので適当ではない。

---

*24　武井康年＝森下弘編『ハンドブック刑事弁護』（現代人文社、2005年）228頁、葛野尋之「身体拘束中の被疑者・被告人との接見、書類・物の授受」後藤昭＝高野隆＝岡慎一編『実務体系　現代の刑事弁護1　弁護人の役割』（第一法規、2013年）193頁以下、村岡啓一「接見禁止決定下の第三者通信をめぐる刑事弁護人の行為規範」小田中聰樹先生古稀記念論文集『民主主義法学・刑事法学の展望　上巻』（日本評論社、2005年）46頁、和田恵「一般接見に関する弁護活動」後藤昭＝高野隆＝岡慎一編『実務体系　現代の刑事弁護2　刑事弁護の現代的課題』（第一法規、2013年）57頁以下。

*25　このような前提に立ち、被疑者・被告人と第三者との間の弁護人を通じた書類等の授受を広く規制できると主張するものとして、たとえば、参照、尾崎道明「弁護人と被疑者との物の授受」平野龍一＝松尾浩也編『新実例刑事訴訟法Ⅰ』（青林書院、1998年）189頁以下、松本裕「弁護人と被疑者の接見」松尾浩也＝岩瀬徹編『実例刑事訴訟法Ⅰ　捜査』（青林書院、2012年）352頁以下。

*26　葛野・前掲注24論文193頁以下、武井＝森下・前掲注24書226頁、小坂井・前掲注4論文504頁、川崎英明・前掲注8論文「刑事弁護の自由と接見交通権」22頁、福島至「接見交通の秘密と防御活動の自由―信書の秘密とカメラ等携帯の自由」村井敏邦先生古稀記念論文集『人権の刑事法学』（日本評論社、2011年）344頁、安元隆治「拘置所接見室内での写真撮影の可否をめぐる田邊国賠」季刊刑事弁護75号（2013年）131頁。これに対して、岡慎一＝神山啓史「弁護活動の限界」後藤昭＝高野隆＝岡慎一編『実務体系　現代の刑事弁護1　弁護人の役割』（第一法規、2013年）105頁以下は、書簡の方法による被疑者・被告人と第三者との間の情報伝達については、介在する弁護人の遮断能力に対してやや慎重な評価をしている。

*27　なお、弁護人の責務の内容・範囲は接見禁止処分が科されているか否かにかかわらず異ならないことにつき、参照、岡＝神山・前掲注26論文105頁、武井＝森下・前掲注24書226頁、村岡・前掲注24論文36頁、45頁。

ただし、弁護人自身が、現実に証拠隠滅行為に加担しまった場合、つまり稀有な事態が現実に発生してしまった場合には、それらの行為はすでに防御権・弁護権の行使とはいえないから、もともと秘密交通権の保障の下に置かれることはない。つまり、この場合は、秘密交通権が認められるが、例外的に捜査権が優越するという場面ではなく、そもそも秘密交通権の保障が及ばないという場面である。このような場合には、捜査機関は、弁護人に対しても、被疑者・被告人に対しても、弁護人と被疑者・被告人との間で取り交わされたコミュニケーションが記載された通信等の差押えを行うことができる。ただ、このような秘密交通権の除外領域を認めると、捜査機関が、弁護人が証拠隠滅行為に加担したとする根拠薄弱な嫌疑を一方的にかけて、それを口実に弁護人と被疑者・被告人との間のコミュニケーションに介入する危険は残る。したがって、差押えを満たす基準は、弁護人を通じて証拠隠滅（教唆）あるいは証人威迫に当たる犯罪行為が行われたことが客観的かつ一見明白に明らかになった場合に限定すべきであり、あわせて、捜査機関による例外の濫用を防止するために、とくに厳格な令状審査が求められる。

5．新証拠収集類型における例外可能性の検討

(1) 捜索による秘密交通権侵害の固有性

これに対して、新証拠収集類型において、新たに存在が明らかになった証拠を差し押さえることは、捜査機関の正当な権限行使である。しかしながら、新証拠について差押えの要件が満たされたからといって、自動的に捜索も正当化されることを意味するわけではない。なぜなら、被疑者・被告人は、新証拠と同一の場所に、弁護人との通信等をも保有していることが十分考えられるからである。

差押えが正当であっても、捜査機関は、当該差押え対象物を捜索する過程で、それ以外の弁護人との通信等に付随的に触れてしまう危険を常に有している。捜索の過程で発見した弁護人との通信等について捜査機関は本格的に内容を探索しないとしても、少なくとも差押え対象物に該当するかどうかを区別するために必要な限りでは捜査機関が情報内容を取得してしまうことは不可避である。そうすると、結局、防御方針が部分的にせよ捜査・訴追側に

伝わる結果となってしまい、秘密交通権や防御権の侵害に至ることになる。[*28]
また、委縮効果に関しては、捜査機関が捜索の過程で、どの程度深く、防御情報の内容に触れたかを正確に知ることは実際には極めて困難であるから、弁護人も被疑者・被告人も、最大限のリスクを予測して（つまり、最も深く情報取得される場合を想定して）行動せざるを得ない。それゆえ、結局のところ、防御方針全体について、情報のやり取りは不可能になってしまう。つまり、捜索による情報取得が結果としては断片的なものに終わったとしても、権利侵害の程度が限定的な範囲にとどまるわけではなく、防御権・秘密交通権に対する侵害は、弁護人との間の通信等の差押え自体とほとんど同じレベルで、決定的で深刻なものになるといわざるを得ないのである。

したがって、捜索行為によって、そのような秘密交通権に対する決定的な侵害がもたらされないようにするためには、捜索について、固有の要件が満たされる必要がある。秘密交通権と捜査権限との間の調整あるいは、秘密交通権に対する例外は、新証拠収集類型における以上のような意味に限って認められうるものである。

(2) 捜索が認められるための固有の要件
1) 補充性

第1に、他の手段によって捜査目的の達成が可能な場合には、被疑者・被告人側に対する捜索は正当化されない。いわゆる補充性の要件である。したがって、たとえば、被疑者・被告人が別件の脅迫事件を行った疑いが新たに浮上したケースで考えてみると、同一の被害者に対する未送達の脅迫状と送達済の脅迫状が存在する場合には、被疑者・被告人の居室に存在する未送達の脅迫状を差し押さえずとも、被害者が被疑者・被告人から受領した脅迫状を差し押さえれば、同一の捜査目的を達成することが可能であるから、被疑者・被告人居室に対してあえて捜索を行う必要性は認められない。令状裁判官は、他の手段によって証拠収集の目的を達成できないか、厳格に審査しなければならない。

2) 捜索の時間的・場所的限界

第2に、捜索場所における被疑者・被告人の防御関係資料の集積度・集中度に応じて、捜索の必要性はより高度なものが要求されると考えるべきであ

[*28] 捜索の固有の権利侵害性を指摘するものとして、渡辺修・前掲注8書25頁以下。

る。秘密交通権の重要性に鑑み、比例原則の観点から、秘密交通権の侵害の危険性が高まれば高まるほど、差押え対象物に、証拠としての不可欠性および高度の重要性が認められなければ、当該場所からの差押えおよびその前提となる捜索は正当化されない。

　防御関係資料の集積度・集中度を測る基準となるのが、捜索の時期と捜索の場所である。場所に関しては、とくに被疑者・被告人が身体拘束されている場合には、防御に関する情報を自由に外部に保管することは困難であり、また身体拘束場所に保管しておかないと、防御の準備に甚だしく支障をきたすから、身体拘束場所における防御関係資料の集積度はとりわけ高いといえよう。また、時期に関しては、刑事手続が進行すればするほど、被疑者・被告人と弁護人との相談は回数を重ね、防御関係資料も比例的に増加していくから、刑事手続初期段階よりも、手続が進行した段階の方が、防御関係資料の集積度は高い。とりわけ、起訴された後は、被告人は、完全な当事者として、本格的に訴訟の準備をする段階に入るから、防御関係資料の集積度は累乗的に高くなっていく。秘密交通権侵害の危険がきわめて高い場所に対して起訴後の段階で捜索を行う必要性の方が優越するのは、当該証拠が失われると検察官の立証が根底から崩壊するといったごくごく例外的な場合に限られるというべきである。令状裁判官は、手続段階を積極的に疎明させたうえで、捜索の必要性を厳格に判断する必要がある。[*29]

3) 捜索方法の相当性

　第3に、以上の条件を満たして捜索が認められる場合にも、反対当事者たる捜査機関が、被疑者・被告人側の防御資料に触れることを極力回避する方法での捜索でなければ相当性を欠く捜索方法として許されない。そうすると、起訴後は、裁判所による捜索を利用できるのだから（刑訴法102条）、捜査機関が捜索を行う必要性はないはずである。この点に関してはなるほど、従前、裁判所が強制処分を行うことに対しては、予断排除原則や裁判所の中立性の観点から消極的な意見も出されており、これらの懸念自体は正当であると私も考える。しかし、少なくとも第1回公判期日以降は、予断排除原則との抵

[*29] 片山達「依頼者と弁護士の間の通信秘密の確立に向けて—刑事手続、刑事収容施設に関する近時の裁判例の分析」刑事法ジャーナル49号（2016年）68頁は、宮下国賠事件が広く知られた以上、今後類似の事件が再発したときに、令状裁判官が手続段階などの背景事実に「気が付かなかったではすまされない」と指摘している。

触は正面から問題とならなくなる。また、裁判所の中立性を害するリスクよりも、相手側当事者たる捜査・訴追側に、防御方針が漏れてしまうことによる防御権侵害の重大性の方をよほど重視すべきである。

　仮に、あくまでも捜査機関による捜索に固執するとしても、防御資料に触れることを極力回避するための手続的保障は、最低限の要求として必須不可欠である。そうすると、捜査機関は、捜索中に防御資料を発見した場合には、それ以上に当該資料の中身を探索すべきではないが、このことを担保するために、弁護人の立会いを必要的とすべきである。刑訴法218条による捜索においては、当事者の立会権は明文では認められていないが、第1回公判期日後の捜索は本来は、裁判所が行えるものであり、その場合には、当事者には立会権が保障されているのだから（刑訴法113条1項）、刑訴法218条に基づく捜索の場合にも、防御権侵害を可及的に防止するのに最もふさわしい弁護人の立会いを捜索の条件とすべきである。捜索に当たって裁判所がこのような条件を付すことは、決して突飛な考え方ではない。被疑者・被告人に対する過剰な権利侵害を防止するために、条件を付して捜索令状を発付することは、すでに判例が、いわゆる強制採尿令状で長きにわたって行っていることであり（「医師をして医学的に相当な方法で行わせる」旨の条件を付して発付される）、前例は十分に存在するのである。

6．放棄

(1) 放棄と強制の分岐点

　被疑者・被告人自身が、秘密性を放棄しようとした場合に、被疑者・被告人と弁護人間のコミュニケーション情報を取得することが許されるか。通信に関しては、弁護人との間の信書等を任意に提出しようとした場合が考えられる。

　この問題を考えるうえで、まず、断っておかなければならないのは、放棄

---

*30　新関雅夫＝佐々木史朗ほか『増補　令状基本問題　下』（一粒社、1997年）349頁以下〔合田悦三執筆〕は、この点を指摘したうえで、起訴後は、実質的な当事者間の武器対等の原則の要請が働くから、防御資料に触れる捜索・差押えに限らず捜索・差押え一般について、原則として裁判所の手によって行われるべきであるとしている。
*31　片山・前掲注29論文68頁。
*32　最決昭和55年10月23日刑集34巻5号300頁。

という論点で固有に問題とするのは、あくまで、被疑者・被告人の側から自発的に放棄を申し出た場合に限られるということである。捜査機関が、被疑者・被告人に対して、信書の任意提出を要求したことに対して、被疑者・被告人が応じようとした場面を含まない。これらの場面は、論点としては、むしろ、弁護人との間の通信に対するダイレクトな差押えと共通する。なぜなら、少なくとも現在の日本の取調べにおける捜査官と被疑者・被告人との間に存在する極度の地位の非対等性を前提とする限り、被疑者・被告人が捜査機関の要求に応ずる行為は、自発的な行為ではあり得ず、まぎれもなく強制と評価すべきものであるからである。[*33]

(2) 被疑者・被告人による放棄

それでは、被疑者・被告人が完全に自発的に秘密交通の内容を明らかにしようとした場合に、捜査機関はそのままそのような情報を受け取ってよいか。

この点に関して、被疑者による任意提出の適否が問われた事案で、千葉地判平成27年9月9日⇒本書第2部〔ケース7〕は、「弁護人等の承諾なしにされた身柄拘束中の被疑者等からの任意提出であることの一事をもって、秘匿利益の放棄として許されないものであるという根拠には乏しい」と判断した[*34]。

しかしながら、弁護人が与り知らないところで、コミュニケーションの内容が捜査機関に伝わることを許すと、弁護人は、防御方針等が捜査機関に漏れてしまうことを恐れて、防御上、有効な助言等を被疑者・被告人に行うことを差し控えてしまう。そのことにより、巡り巡って、結局、被疑者・被告人の弁護人依頼権や防御権が侵害されてしまうのである。弁護人と相談しないままに被疑者・被告人が弁護人との間のコミュニケーション情報を捜査機関に伝えることには、被疑者・被告人自身の防御権侵害をもたらす危険が類型的に存在するから、被疑者・被告人の行為は類型的に非合理的な行為と評価すべきであり、したがって、捜査機関は、被疑者・被告人からの申出を断る義務があるというべきである[*35]。

このことは、別の角度から、弁護人が被疑者・被告人が取ろうとしている

---

*33　村井敏邦・前掲注11論文125頁。
*34　千葉地判平成27年9月9日LEX/DB25447756。
*35　村井・前掲注11論文125頁。原告も、同様の主張していた。参照、南川学「南川岩永国賠報告―千葉地判平成27・9・9」季刊刑事弁護87号（2016年）169頁以下。

行動を知ったとしたら、止めるに違いないということが、捜査機関にも容易に想像できるはずであるから、にもかかわらず、漫然と被疑者・被告人の申出を受け入れることは、弁護人の固有権としての弁護権の侵害になるとも説明できる。

いずれにしろ、弁護権・防御権という憲法上の権利侵害が容易に予測できる状況で被疑者・被告人と弁護人間のコミュニケーション情報を漫然と受け入れることは、秘密交通権の侵害にあたると評価すべきである。

(3) 弁護人による放棄

それでは、弁護人が被疑者・被告人と相談したうえで、コミュニケーションの内容を公開した場合に、秘密性は喪失し、捜査機関が、被疑者・被告人と弁護人間の通信等を捜索・差押えすることは許されるだろうか。

しかし、この場合も、弁護人は、マスコミに公開した範囲に限定して、コミュニケーションの秘密性を放棄したに過ぎない。弁護人が、たとえば、犯人視報道が将来の刑事裁判に与える悪影響を緩和するために、防御戦略上、やむにやまれずマスコミに対して、被疑者の言い分を公開することはありうるであろうし、それ自体は、正当な防御活動である。しかし、秘密性を放棄するに当たっては、公開することによって生じる防御上の支障との間で慎重に衡量して、ぎりぎり最小限の範囲で公開するのが通常である。にもかかわらず、公開したことをきっかけに、改めて捜索差押えで被疑者・被告人と弁護人とのコミュニケーション情報を取得することを許すと、捜索・差押えの範囲が公開されていない領域にまで及ぶ可能性を弁護人としては考慮せざるを得ない。とくに、捜索においては、ほぼ不可避的に非公開情報にも接することになると推定せざるを得ない。その結果、2つの意味での萎縮効果を生むことになる。1つは、公開部分を超える範囲、すなわち被疑者・被告人と弁護人間の秘密にしておこうと考えていた部分にまで捜索・差押えが及ぶことをおもんぱかって、被疑者・被告人との間で必要な通信を差し控えてしまうという意味での萎縮効果であり、その結果、被疑者は弁護人から有効な援助を受ける権利を侵害されてしまうことになる。もう1つは、捜索・差押えに根拠を与えてしまうことをおもんぱかって、マスコミや社会一般に公開できないという意味での萎縮効果であり、その結果、防御戦略に制約をもたらすことになる。

一方で、捜査機関が純粋に、弁護人が公開した範囲のみの情報を取得した

いのであれば、報道された新聞等を読めばその範囲の情報は入手できるのであり、改めて、捜索・差押えを行う必要はないはずである。したがって、弁護人が被疑者・被告人と相談したうえでコミュニケーションの内容を公開したことをもって、捜索・差押えを解禁する理由にはならないと解すべきである。

(ふちの・たかお)

■第5章

接見禁止と弁護人との接見交通権

中川　孝博
國學院大學教授

1．本稿の視角と構成

　村岡国賠事件（⇒本書第2部〔ケース6〕）[*1]を契機に、一律接見等禁止処分を受けている被疑者・被告人が弁護人に信書を発信しようとする際に留置・刑事施設がその内容を点検し、差止等の処分を行うことの当否があらためて問われている。本稿はこの問題を検討するものなのだが、その構成については少々説明を必要とする。

　直接論点とされるべきなのはもちろん被疑者・被告人と弁護人間の秘密交通権である。しかし、もともと被疑者・被告人の身体拘束制度は比例原則等に十分に配慮して立法されておらず、身体不拘束原則や捜査と拘禁の分離原則と衝突する規定（またはあってしかるべき規定の欠缺）が多い[*2]。現行法の運用の中にもこれら原則に照らして再考されるべきものが多い。この点を認識しておかないと、原則違反の規定・運用を前提とした立論に陥る危険がある。

　もっとも、これらの原則と衝突する箇所の中には、近年、ゆらぎがみられるものも増えてきた。ところが、ゆらぎは一様に生じているわけではなく局所的に発生しており、身体拘束システム全体に波及しているわけではない。村岡国賠事件において、被疑者は一律接見等禁止処分を受けていたが、この

[*1]　第一審：京都地判平24・4・10LEX/DB25481008、第二審：大阪高判平24・10・12LEX/DB25483106、上告審：最決平25・11・28判例集未掲載。

[*2]　中川孝博「勾留の相当性・序説」浅田和茂ほか編『福井厚先生古稀祝賀論文集──改革期の刑事法理論』（法律文化社、2013年）43頁参照。

ような決定が出されるのも、まだその場面にゆらぎが生じていない（つまり問題が意識されていない）ことに原因があるように感じている。そして、村岡国賠事件における第一審や第二審が定立した規範やあてはめも、このゆらぎが波及していないためになされたもの（身体不拘束原則等を意識すれば定立できない規範やあてはめをしたもの）のように思われる。

　また、弁護人の接見交通権の侵害が争われた近年の事案では、捜査機関との対立だけでなく、収容施設側の利益（管理運営上の都合）と接見交通の利益とが比較衡量される事案が多い。そこで、施設側の利益と接見交通権との調整を図ること自体が妥当なのかについて根本的な検討をしておく必要がある。

　かくして、弁護人の接見交通権そのものを検討する前に、一律接見等禁止処分そのものの問題（「2．一律接見等禁止処分について」）、および施設法と訴訟法の関係の問題（「3．訴訟法と施設法の関係」）を先に検討する必要がある。ここまでの検討を行って、ようやく被疑者・被告人と弁護人との秘密交通権を検討できることとなる（「4．弁護人に対する信書の発信」）。

2．一律接見等禁止処分について

(1) 勾留をめぐる実務の動向との関係

　被疑者に対し、「＊＊被疑事件について、刑事訴訟法81条に掲げる理由があるものと認め、検察官の請求により、被疑者と同法39条1項に規定する者以外の者（ただし、下記の者を除く。）との接見及び文書（新聞、雑誌及び書籍を含む。）の授受を公訴提起に至るまでの間禁止する。」旨の決定（以下、「一律接見等禁止決定」）が出ることがある。この一律接見等禁止決定が被疑者・被告人に与えるダメージは大きく、かねてから是正を求める主張がなされてきている。

　現在でもその状況に変化はみられないようである[*3]。例えば弁護士の金岡繁裕は、「裁判所はいとも簡単に接見等禁止決定を行うが、その結果、親族

---

*3　最高裁判所事務総局刑事局「平成27年における刑事事件の概況（上）」法曹時報69巻2号（2017年）173、209頁の図表45、および最高裁判所事務総局編『司法統計年報　2刑事編　平成28年』17頁の第17表付表によると、接見禁止等決定人員は、17759人（2011年）、20075人（2012年）、20954人（2013年）、20962人（2014年）、23895人（2015年）、22408人（2016年）となっており、接見等禁止決定人員の数は横ばいまたは微増傾向にある。

との交流すら絶たれ、更には日常生活上のサービスを提供する事業者……との接触も絶たれる被疑者は悲惨である」。「何をされるか分からないので取りあえず包括的に接見等を禁止する（そして必要に応じ妻子のみといった形で部分的に接見等禁止を解除する）という発想には、結果的に無用な人権侵害を多々、もたらすことが必然である。勾留に係る裁判の原則例外の逆転は、ここでも如実であり、本来は、具体的身体拘束目的を害すると懸念される部分に限った接見等禁止であるべきである」と述べている[*4]。

しかし、接見等禁止の領域において「原則例外の逆転」現象が続いていることには、被疑者・被告人の身体拘束に関する近年の動向からみると、やや違和感を覚える。たとえば、勾留の理由・必要の判断は厳格化しているといわれている。罪証隠滅の危険が認定されるためには、罪証隠滅の対象、特定される態様、その客観的可能性・実効性、主観的可能性（意図）等を検討して、具体的根拠に基づく現実的可能性が認められることが必要なはずであるが、実務では抽象的で漠然とした「罪証隠滅のおそれ」が認められれば勾留の必要が認められるという運用がなされていると批判されてきた。ところが近年に至り、勾留請求が却下される事案が増えてきている。

本稿執筆中の報道によると、検察官の勾留請求を東京地・簡裁が却下した割合が2017年に12.69％、熊本地裁も12.16％となり、統計が残る1985年以降、初めて1割を超えたという。全国平均でも5％に迫っており、その背景には、裁判官の身柄拘束に対する意識の変化があると記事は述べ、東京地裁の令状部は釈放した場合の証拠隠滅や逃亡の「現実的な可能性」の有無を個別に判断していること、最高裁が勾留を認めない地裁の判断を指示した決定を2つ出したこと[*5]、勾留前の弁護人依頼が増え、勾留を避けるための弁護活動が影響を及ぼしていることなどの要因を挙げている[*6]。

---

*4 　金岡繁裕「被疑者の身体拘束：弁護の立場から」三井誠ほか編『刑事手続の新展開（上）』（成文堂、2017年）367、383頁。

*5 　一つは、最決平26・11・17判時2245号129頁である。「罪証隠滅の現実的可能性の程度につき、被害少女に対する現実的な働きかけの可能性もあるというのみで、その可能性の程度について原々審と異なる判断をした理由が何ら示されていない」という理由で、勾留の必要性を認めた原決定を取り消している。もう一つは、最決平27・10・22LEX/DB25447525である。「本件が罪証隠滅・逃亡の現実的可能性の程度が高い事案であるとは認められない」と判示している。両者とも、現実的可能性の程度が低いと判断した決定を取り消すためには現実的可能性の程度が高いことを具体的に示す必要があるとのメッセージを発している。

*6 　以上は、時事通信が2018年4月28日に配信した記事による。URLはhttps://www.jiji.com/jc/article?k=2018042800404&g=soc。

勾留の理由・必要の判断が厳格化してきているのであれば、連動して接見等の制限に関する判断も厳格化し、弁護人以外の者とのコミュニケーションを一切遮断するという非人道的な処分は滅多に出されなくなってしかるべきではないか。[*7]しかし実務ではそのような動きは生じていないようである。違和感を覚える所以である。

　第二に、2016年に刑事訴訟法（以下、刑訴法）90条が改正され、裁量保釈の際に考慮すべき事情が明記された。これは、裁判員裁判の実施を前に、被告人の防御権保障（または連日的開廷の成功）のために保釈に関する判断を変えるべきという内容の裁判官の論稿が登場し、[*8]その後生じていた実務の変化を確認したものといえよう。

　この運用の変化は顕著であり、地裁の保釈率（2016年中、終局前に保釈が許可された人員／2016年中に勾留状が発付された人員）は30.3％にまで上昇している。[*9]身体拘束はなるべく避けねばならないという意識が強まってきたことを示唆するものと思いたいところである。それにもかかわらず、一律接見等禁止決定が出される数にさしたる変化はみられない。[*10]違和感を覚える所以である。

　これら二つの現象と一律接見等禁止処分決定が出続けていることの関係をどのように捉えたらよいだろうか。まず、二つの現象は捜査機関に対する配

＊7　接見禁止の要件としての逃亡・罪証隠滅の危険は、勾留による身体拘束によっては防止できない程度に具体的危険が予見されるものであることを要するという見解が多く（高木俊夫「接見禁止の要件」判タ296号〔1973年〕278頁、木谷明「勾留理由としての罪証隠滅のおそれ、接見禁止理由としてのそれ、権利保釈除外事由としてのそれ、および保釈取消事由としてのそれとの間で、差異があるか」新関雅夫ほか編『令状基本問題〔新版〕』〔一粒社、1986年〕148頁など）、そのようなメッセージを直接・間接に発する裁判例もあるとも言われている（熊本地決昭39・2・5下刑集6巻1＝2号139頁、福岡地小倉支決昭39・11・2下刑集6巻11＝12号1579頁、大阪地決昭34・2・17下刑集1巻2号496頁、京都地決昭43・6・14判時527号90頁、京都地決昭44・3・27判時574号88頁、浦和地決平3・6・5判タ763号287頁等参照）。ただし、これらの裁判例の中には、既に一律接見等禁止処分が出ている事件においてその全部または一部を解除することの当否が争われたものが多いことに注意しておく必要がある。

＊8　松本芳希「裁判員裁判と保釈の運用について」ジュリスト1312号（2006年）128頁。

＊9　最高裁判所事務総局編『司法統計年報　2刑事編　平成28年』14-15頁の第16表に基づき計算した。

＊10　東京高決平15・6・18判時1840号150頁、東京高決平16・2・24判時1866号154頁、東京高決平23・10・21LEX/DB25500644、東京高決平21・7・17LEX/DB25470483など、第一回公判以後に保釈の当否を判断する場合と同様に審理の経過に鑑みて接見等禁止を不当と判断した裁判例はある。

慮を保ったうえでのことと考えてみたらどうか。保釈については起訴後の話であり、原則として捜査は終了しているから、捜査機関の都合に配慮する必要は乏しい。また、先に紹介した報道記事は、ある検察関係者の「却下されるのは軽微な事案。捜査にそれほど支障があるわけではない。裁判所は『検察にべったり』という批判を払拭したいのだろう」というコメントを紹介している。[*11] 裁判官は、検察官からみても「捜査にそれほど支障があるわけではない」事案を選別していることになる。もしそうだとすると、勾留請求却下率が増えているという現象と、一律接見等禁止決定が出続けていることとの間に矛盾はなさそうである。

　次に、相当性への配慮が部分的なものに限られていると考えてみたらどうか。保釈の場合は、防御の準備に配慮した結果保釈率が上昇しているものと考えられるが、この防御の準備という被告人の利益は、連日的開廷の成功という裁判所側の利益と表裏の関係にある。捜査・訴追機関、裁判所の利益と鋭く対立する利益が尊重されるようになった結果保釈率が上昇したわけではないのかもしれない。そうだとすると、保釈率の上昇という現象と、一律接見等禁止決定が出続けているという現象との間に矛盾はないのかもしれない。

　このように考えるならば、いわゆる中間処分を設けようとする立法の試みが挫折したことも理解できそうだ。身体不拘束原則からは「より制限的でない他の手段を講じること」が求められるはずだが、現行法上は、被疑者段階の勾留について保釈を認めておらず、在宅か勾留か、選択肢は2つしかない。そこで、勾留するほどではないのだが在宅というわけにもいかないという場合、激烈な処分である勾留が認められてしまう。これは身体不拘束原則に反する。2011年に設置された法制審議会「新時代の刑事司法制度特別部会」では、中間的な処分（指定住居に居住すること、外国に行くときには裁判官の許可を受けること、事件の審判に必要な知識を有する者と接触しないこと等の遵守事項を裁判官が定め、それらの遵守を義務付ける処分）の提案がなされたものの、捜査機関の利益を重視する委員たちの反発は強く、結局、提案自体が見送られてしまった。[*12] 裁判官委員の誰一人としてこのような制度の創設に積極的に賛成しなかったことは示唆的である。

　＊11　時事通信・前掲注6記事参照。
　＊12　議論の経過を詳細に紹介するものとして、水谷規男『未決拘禁とその代替処分』（日本評論社、2017年）200頁以下参照。

(2) 身体拘束が正当化される判断基準

　身体拘束に関する現状を正当化する言説には、逃亡・罪証隠滅防止の必要性が高いことのみを論じ、身体拘束に伴う弊害については言及しない傾向がみられる。また、あまり表面に出てこないがおそらく関係者には重要なものとして考えられている利益として「捜査機関や裁判官の負担軽減」が考えられているように思う。

　例えば裁判官の栗原正史は、先に引用した金岡弁護士の主張に対し、「人を介してでも罪証を隠滅するおそれが具体的に想定できる被疑者については、包括的に接見を禁止しておき、特に具体的に危険のない者に限って一部解除するという現在の運用はやむを得ない」と述べている。[*13]

　村岡国賠事件の第一審判決も、本件信書が勾留決定を争うための裁判資料であるため本件各発信許否が不合理である旨の原告の主張に対し、「弁護人以外の第三者宛ての文書を裁判資料として用いる必要性があるのであれば、接見等禁止決定の一部解除の職権発動を促すのが相当」と判示している。この判示にも、まず一律に接見等を禁止し、その後、職権発動が促されるのを待って一部解除するという実務のルーティン思考がみられる。[*14][*15]

　しかし、そのような方法をとらねばならない必然性はない。信書をその都度検閲し、具体的に罪証隠滅の現実的危険が認められた場合にその都度差し止めてもよいはずである。そのような発想が出てこないのは、裁判官の仕事が増え、煩瑣となるのを恐れているからではないか。そうだとすると、裁判官の仕事を減らすことが、被疑者・被告人の防御の利益や家族の絆・社会的繋がりの維持という利益よりも優先されていることになる。[*16]

　接見等禁止に関する現状肯定派の考え方が禁止の必要性や関係者の負担軽

[*13] 栗原正史「被疑者の身体拘束：裁判の立場から——コメント」三井誠ほか編『刑事手続の新展開（上）』（成文堂、2017年）385、391頁。

[*14] 実務上、被疑者・被告人にも弁護人にも請求権は認められていない。

[*15] 同様の発想に立っている裁判例として、東京高決平22・9・28LEX/DB25480972参照。「接見等を禁止する合理的な理由がある以上、一律に家族の間で接見等を禁止することはやむを得ないものであり、罪証隠滅と無関係である家族間の書簡のやり取りや接見については、個別的な接見の禁止解除で賄うべきである」と判示している。

[*16] 被告人が友人に対して、誰を証人に出すか等の検討をして欲しいとして、検察官が開示した被告人の逮捕状再請求、捜索差押許可状請求に関する疎明資料を含む証拠等を送付しようとしたことを理由の一つとして出された接見等禁止決定を是とした裁判例として、東京高決平25・4・23LEX/DB25540445参照。本文で示したものとは全く逆の発想によるものといえる。

減を優先しがちになってしまうのは、そのような緩い考え方自体に反省を迫る契機がないからかもしれない。例えば最高裁が厳格な判断基準を示すならば実務に変化は生じるだろうが、最高裁はそのような判断基準をこれまで示してきていない。喫煙の自由が問題になった昭和45年9月16日大法廷判決[*17]、閲読の自由を制限した拘置所長の裁量の当否について判断した昭和58年6月22日大法廷判決[*18]、幼年者面会禁止規定（監獄法施行規則120条）の違法性が争われた平成3年7月9日判決[*19]、信書検査の遅延による翌日発送が問題になった平成6年10月27判決[*20]を総合すると、未決被拘禁者の外部交通権につき最高裁は、制限される個々の権利の意義と性格を十分に明らかにすることなく（したがって厳密な比較衡量の過程を示すことなく）「障害が生ずる相当の蓋然性」、「障害発生防止のための必要かつ合理的範囲」という基準で権利制限を許容し、かつ、これらの要件に該当するか否かの判断については所長裁量を尊重しているといえそうである[*21]。

　この基準はゆるやかにすぎるという批判がある[*22]。私もそのように考える。自己実現、自己陶冶（とうや）のために他者とのコミュニケーションは不可欠のものであり（憲法21条）、自己のコミュニケーションに関する自己決定権は最大限保障されねばならない（憲法13条）。また、被疑者・被告人にとっては防御権の保障（憲法31条）という重要なポイントもある。したがって、弁護人以外の者との外部交通は、単なる恩恵ではなく、憲法13条、21条、31条等に由来し、最終的には34条が保障する権利として捉えるべきだろう[*23]。

　したがって、この権利に制約を加える際には最も厳格な基準に基づかねばならない。すなわち、①法律に基づき、②拘禁目的達成のために、③必要最小限度において制限が許容される。必要最小限であるためには、④障害発生の「高度の蓋然性」すなわち現実的危険性が認められ、⑤最も制限的でない手段が選択されねばならず、かつ、⑥防御権の実質的制約に及ぶことなく、

[*17] 最大判昭45・9・16民集24巻10号1410頁。
[*18] 最大判昭58・6・22民集37巻5号793頁。
[*19] 最判平3・7・9民集45巻6号1049頁。
[*20] 最判平6・10・27判時1513号91頁。
[*21] 中川孝博「未決被拘禁者と弁護人以外の者との外部交通権」刑事立法研究会編『代用監獄・拘置所改革のゆくえ——監獄法改正をめぐって』（現代人文社、2006年）134、135頁以下参照。
[*22] たとえば葛野尋之『刑事手続と刑事拘禁』（現代人文社、2007年）303頁以下参照。
[*23] 中川・前掲注21論文138頁以下参照。

⑦外部社会との接触の全面的遮断とならない範囲においてのみ制限が認められるべきなのである。以上の基準により身体不拘束原則に適うシステムを再構築できる。

　一律に接見等を禁止しておいて、弁護人の職権発動申立を待ってその都度部分的な解除を検討するという裁判官の負担軽減優先の発想は上記基準（とりわけ③④⑤⑥）に抵触する。実際、信書の発受に関して、いきなり発受禁止決定を出すのではなく、発受された信書の検閲から始め、個々の信書の差止等を検討するという方法をとっている裁判官はどの程度いるのだろうか。ほとんど例をみないのではなかろうか。そして、発受の禁止決定を出さない場合でも、個々の信書について罪証隠滅の結果をもたらす危険性があるか否かは、裁判官がその都度検閲するのではなく、施設が行う内容検査および差止等の処分に全てを委ねている例がほとんどなのではなかろうか。そうだとすると、本来裁判官が行うべき職務を施設に肩代わりさせているのではないかという疑問がわいてくる。そこで、訴訟法と施設法との関係についてふりかえっておく必要がある。

3．訴訟法と施設法の関係

(1)　一元主義に立った解釈

　訴訟法上の被拘束者の権利義務の定めと、施設法上の定めとは、それぞれ目的と規律する領域が違い、次元を異にしており、矛盾・抵触は本来的に生じないという考え方を「二元主義」、訴訟法が認めている未決拘禁を執行するために執行方法の具体的な内容を定めているのが施設法である以上、未決被拘禁者の訴訟上の地位にかかわる規定については、施設法で定められているものであっても訴訟法に合わせて一元的に理解されるべきという考え方を「一元主義」という。被収容者法が二元主義をとっていると解する見解もあるが、執行方法の具体的内容を定めているのが施設法である以上、目的を定めた訴訟法によって手段たる施設法の内容も規制されるべきであるから、一元主義の見地にたって刑事収容施設被収容者処遇法（以下、被収容者法）の

＊24　葛野・前掲注22書303頁以下参照。
＊25　後藤昭『捜査法の論理』（岩波書店、2001年）112頁以下参照。
＊26　川出敏裕「身柄拘束制度の在り方」ジュリスト1370号（2009年）107、108頁参照。

規定を解釈するのが妥当である[*27]。また、未決拘禁を行うのは裁判官（所）なのであるから、その執行にあたっても司法的統制が直接およぼされねばならない[*28]。

(2) 施設法の解釈

一律接見等禁止決定を出す目的である、逃亡防止および罪証隠滅の危険について、一元主義の見地に立つとどのような指針が導き出されるか。かつて別稿で論じたこと[*29]をふりかえっておこう。なお、理論的には罪証隠滅防止という理由は身体拘束を正当化することができず、当該要件は勾留理由から削除されるべきである[*30]が、ここでは、百歩譲って当該理由を存置させて論じている。

刑訴法39条2項は、弁護人との接見等につき「逃亡、罪証の隠滅又は戒護に支障のある物の授受を防ぐため必要な措置を規定することができる」と一般的な形で施設法に委任する規定となっている。法令の運用においても、どのような理由で当該被疑者・被告人が勾留されたのかを考慮し、個々の被拘禁者ごとに制限の態様を異にするという扱いはなされていないようである。

しかし、例えば逃亡の危険を理由に勾留された被告人に対し、罪証隠滅を防止するという名目で諸権利を制限することは、当該被拘禁者の拘禁を正当化した理由・目的以外の理由・目的により諸権利を制限することに他ならない。「逃亡・罪証隠滅の防止」という目的は、当該身体拘束が正当化される理由そのものなのであるから、「逃亡・罪証隠滅の防止」という目的に関し、当該被拘禁者が勾留された理由の範囲を超えて施設が権利制限を行うことを許す法令および施設の裁量権行使は、過度に広範な制限であり、認められな

---

*27 　緑大輔「弁護人との外部交通と施設担当者の義務」福井厚編『未決拘禁改革の課題と展望』（日本評論社、2009年）185、188頁以下参照。

*28 　中川孝博「未決拘禁制度についての理論的課題」自由と正義56巻10号（2005年）47頁参照。

*29 　中川孝博・前掲注21論文140頁以下参照。

*30 　豊崎七絵「未決拘禁は何のためにあるか──未決拘禁制度の抜本的改革を展望するための基本的視角」刑事立法研究会編『代用監獄・拘置所改革のゆくえ──監獄法改正をめぐって』（現代人文社、2005年）2、12頁以下参照。なお、出頭の確保を目的とする身体拘束は身体拘束と目的の達成がストレートに結びついているが、罪証隠滅の防止を理由とする拘禁は、拘禁によって証拠に接触する機会をなくすことによって証拠の破壊等を防ごうとするものであり、拘禁が証拠隠滅を防ぐという目的に見合った処分なのかについて疑問とするものとして、水谷・前掲注12書4頁参照。

い。

　それでは、「罪証隠滅」要件を満たすとして身体を拘束された者に対し、施設が「罪証隠滅」の危険の有無について判断し、当該危険性が認められる場合に外部交通を制限することはできるか。刑訴法81条は、逃亡の危険または罪証隠滅の危険が存する場合に、被疑者・被告人と弁護人以外の者との接見等を裁判所が禁止する規定を置いている。刑訴法の中で、接見等の禁止を明文で認める規定は本条しかない。つまり、逃亡・罪証隠滅防止のために権利を制限する旨を決定できるのは裁判官（所）のみであるということである。信書に関して言えば、信書を検閲し、授受を禁じ、差し押さえることができるのは裁判官（所）だけである。留置・刑事施設ではない。

　この帰結は一元主義的アプローチによって正当化される。80条における「法令の範囲内」という文言は、逃亡・罪証隠滅の危険性に関する事項を除外して下位法令に委任していると解釈されることになる。また、39条2項が認めている「被告人又は被疑者の逃亡、罪証の隠滅又は戒護に支障のある物の授受を防ぐため必要な措置」も、81条と重複または衝突しない限りにおいて認められよう。

　したがって、先の問いについては、「罪証隠滅」要件を満たすとして身体を拘束された者に対しても、施設が独自の判断で罪証隠滅の危険性の有無を判断することはできず、外部交通を制限することもできないという答えとなる。施設が制限できる対象は、裁判所の接見禁止等の決定があった者のみである。

　もっとも、一律接見等禁止決定が出ている場合にも、決定が出ていることを理由として形式的・一律に施設が信書の発信を不許可にするのは妥当でない。留置・刑事施設は、逃亡・罪証隠滅防止のために行われている身体拘束を適正に執行する義務を負う（被収容者法1条）。したがって、拘束目的を逸脱する過剰な処分が行われている場合にはそれを除去する行動をとる義務をも負うというべきである。そこで、一律接見等禁止決定が出ている場合であっても、一律接見等禁止決定を解除し当該信書の発受を認めるべきか判断するよう裁判官（所）に職権発動の申立を行う等の義務を負うと解すべきである。

　以上の検討に鑑みると、被収容者法136条、224条1項が、罪証隠滅の結果を生ずるおそれがあるときに当該信書の発受の差止、該当箇所の削除、抹消する権限を施設に認めていることは問題である。これらの規定は訴訟法に抵

触するので無効とするか、刑訴法81条の職権発動を促すための内容点検であり、差止等の処分は、刑訴法81条の決定の執行規定と縮小解釈すべきである。

さて、裁判官（所）は、施設側に混乱を生じさせないよう、外部交通の制限対象となる人物を具体的に特定しなければならない。当該特定にあたっては、前述の必要最小限度基準（基準③）および現実的危険性基準（基準④）に従わねばならない。実務で行われているような一律接見等禁止は、あらゆる第三者が一律に逃亡・罪証隠滅を手助けする現実的危険性を持っているという非現実的な想定に拠っており、過度に広範な制限をかけるものであるから、正当化できない。

実務の現状は、「逃亡」要件、「罪証隠滅」要件の有無に関する判断自体が抽象的になされていたことに由来するのであろう。具体的な事実を認定し、逃亡・罪証隠滅を図る現実的危険性が存在することを論証することによってはじめて勾留は正当化される。そして、そのような考え方そのものは実務においても浸透してきていると思いたい。そこまで具体的に事実を認定できたならば、外部交通の制限に関しても、対象を具体的に特定することは容易なのである。

もっとも、現行法上、どのような勾留理由・必要を裁判官（所）が認定したのかを検察官や施設に通知する制度がないという問題がある。これは法の欠缺によるものではあるが、知ることができない以上判断はできないので、何らかの（合法な）形で勾留理由の情報が得られない限り、結局のところ、現行法のもとでは内容点検を行うことはできない。[31]

(3) 訴訟法の解釈

訴訟法そのものについても――刑訴法80条、39条2項については前述した――解釈の余地は残されている。第一に、裁判官（所）であれば、勾留の理由とは関係のない「逃亡・罪証隠滅の危険」を認定して刑訴法81条の制限をかけることができるのだろうか。この点については、「被告人が逃亡や罪証

---

[31] 裁判官の土屋哲夫は、面会の際の立会人は、当該事件に関して十分な知識を有しているわけではないから、それとなく事件に関することに触れたり、遠回しに罪証隠滅工作を依頼しても、それを察知できるとは限らないことなどの事情があるため、実務では広く接見等禁止を認める運用がなされていると思われると述べている（土屋哲夫「接見等禁止決定の判断基準」別冊判例タイムズ34号220、221頁参照）が、当該事件（や勾留理由）について知識を有していない者に立会等を委ねるという不合理、そこから生じる不都合を被疑者・被告人の利益侵害を増大させるという方法で贖っていること自体の妥当性を問わねばならない。

隠滅のおそれという理由で勾留されていないときでも、接見等禁止を決定する時点においてその理由があると認められれば、接見交通を制限することができる」と、特に理由を示すことなく肯定する論稿が多い。[32]

　しかし、当初の勾留の理由・必要とは異なる「逃亡・罪証隠滅のおそれ」を理由に被疑者・被告人の権利を制限することは正当化されない。当初の勾留理由・必要は勾留質問等を経て認定されている。このような手続を経ないでなされた「逃亡・罪証隠滅の危険」を理由とする権利制限は許されないと解すべきである。実際、逃亡の危険のみを理由に勾留された被疑者に対し、罪証隠滅の危険が存することを理由に接見禁止の処分をとった事件において逃亡の危険がなくなった場合には勾留を取り消す（刑訴法〔207条1項・〕87条）ことになろうが、勾留中に罪証隠滅の現実的危険が発生していた場合には、その発生を食い止めるために再逮捕・再勾留を認めねばならず、捜査機関にとってこのような手続は煩瑣であり、被疑者にとっても弊害が大きい。そこで、勾留理由となっていない理由により接見制限をする場合には、当該理由を実質的に勾留理由に組み入れる手続を設けることが望ましい。

　もっとも、組み入れ手続を定める明文規定は現行法上存在しない。そこで、刑訴法（207条1項・）61条を準用し、被疑者・被告人と再度対面することを必要的とすべきである。[33]　また、勾留理由開示の際に、勾留状発付当時のそれで足りるか、開示当時のそれも含むかが議論されてきたが、[34]　後者に解すべきである。

　第二に、刑訴法81条が認めている制限をどのように解釈すべきか。信書の

---

[32] 井上正仁監修『裁判例コンメンタール刑事訴訟法第1巻』（立花書房、2015年）342頁［川田宏一執筆］。同旨の見解を記すものとして、河上和雄ほか編『大コンメンタール刑事訴訟法［第二版］』（青林書院、2010年）119頁［川上拓一執筆］、松本時夫ほか編『条解刑事訴訟法［第4版増補版］』（弘文堂、2016年）174頁などがある。いずれも「なお書き」の体裁をとっており、特に理由は示されていない。

[33] さらに、最初の段階、組み入れの段階、いずれにおいても、弁護人の立会、弁護人に対する意見聴取の機会付与、有効な弁護を可能とするために捜査資料へのアクセス権付与が認められるべきである。なお、台湾において捜査段階の勾留審査において弁護人に証拠閲覧権を認める法改正がなされた。詳細は、李怡修「台湾の捜査段階勾留審査手続における証拠閲覧」季刊刑事弁護92号（2017年）114頁、陳思帆＝斎藤司「台湾における刑訴法改正について──捜査段階における記録閲覧制度の新設」法律時報90巻4号（2018年）83頁参照。

[34] たとえば浦部衛「勾留理由開示」熊谷弘ほか編『捜査法体系Ⅱ　第2編　勾留・保釈』（日本評論社、1972年）272頁、木谷明「(1)勾留理由開示において開示すべき理由の限度、(2)勾留延長・更新の理由開示を求めることは許されるか」新関雅夫ほか編『令状基本問題［新版］』（一粒社、1986年）463頁参照。

発受について81条は、検閲、差止、差押しか明文で規定していないが、問題個所を削除または抹消して発受を認めることが可能である場合はそれらの方法によるべきである。

4．弁護人に対する信書の発信

(1) これまでの検討に照らした結論

これまでの検討に照らすと、被疑者・被告人が弁護人に発信しようとする信書の内容点検を施設が行うことができると仮に解したとしても、以下の条件が付いてくる。

第一に、裁判官（所）がいかなる勾留理由・必要を認めたかを検察官や施設に通知するシステムにはなっていない。これは法の欠缺ではあるが、知ることはできない以上施設は判断できないので、施設が勾留理由を何らかの形で合法に知った場合を除き、現行法のもとでは罪証隠滅の結果を生ぜしめるかという観点から内容点検を行うことはできない。第二に、勾留理由・必要の内容を合法に知った場合であっても、勾留理由が罪証隠滅防止ではなかった場合、罪証隠滅の結果を生ぜしめるかという観点から内容点検することはできない。第三に、勾留理由が罪証隠滅防止であったとしても、それとは異なる罪証隠滅の結果を生ぜしめるかという観点から内容点検することはできない。第四に、接見等制限・禁止決定が出ており、点検の結果、制限・禁止の対象たる信書だと施設が判断した場合であっても、差止等の処分を行うことはできず、制限・禁止の解除をすべきか否かを判断するよう、裁判官の職権発動の申立をするなどしなければならない。

村岡国賠事件第二審判決は、「留置施設は、被留置者の信書の発信に名を借りた危険物等の授受を阻止するとともに、少なくとも、被留置者に対する接見等禁止決定を執行する施設として、同決定が被留置者に第三者との書類の授受を禁止していれば、これに従い、被留置者が第三者宛に書類を発信することも禁止しなければならない職責があるから、被留置者が弁護人宛である旨を記載した封筒に入れ、当該弁護人に宅下げすることを希望した信書であっても」、被収容者法「222条1項に基づき、これを開披してその名宛人を検査することができる」と判示しているが、留置施設の職責は、留置者が第三者宛に書類を発信するのを禁止することだけではない。過度に広範な制限となっている一律接見等禁止決定を裁判官に見直させ、当該信書の発信が認

められるよう行動する職責をも有するというべきなのである。
　以上のような運用がなされれば、問答無用で発信不許可とされる事案は激減するだろう。

(2)　秘密交通権の保障

　とはいえ、やはり、弁護人宛の信書につき、本当に弁護人宛のものであるかを判断するために内容検査を行うこと自体、不当ではないか。かねてから、弁護人と被疑者・被告人間の信書のやり取りの秘密性を憲法34条の保障対象と捉える見解は多くみられた。*35 接見交通権に秘密性が求められるのは、弁護人と被疑者・被告人の間のコミュニケーションが捜査機関等に覚知されることによってもたらされる影響を慮ってそれを差し控えるという萎縮的効果を生ずることにより、被疑者・被告人が実質的かつ効果的な弁護人の援助を受けることができなくなることを防止するためにあることに鑑みると、口頭か書面かによって萎縮的効果に違いが生じるわけではないから、信書の発受についても接見と同等の秘密性が保障されるべきである。

　そこで、監獄法改正の際にも、信書の内容の検査を禁じる立法提案が出されていた。*36 しかし、被収容者法の制定にあたり、未決拘禁者の処遇等に関する有識者会議提言は、「未決拘禁者が弁護人に発する信書については、罪証隠滅のための工作を依頼するなど勾留目的を阻害するような不当な内容のものも現に認められ、また、今後も十分に想定されるところ、受領した弁護人からそれ以外の者に転々流通した場合には、未決拘禁者とこれ以外の者と

---

*35　たとえば平野龍一『捜査と人権』(有斐閣、1981年) 162頁、渡辺修『刑事裁判と防御』(日本評論社、1998年) 83頁、宇藤崇「勾留中の被告人と弁護人の間で発受される信書の検閲・記録化、及び当該記録の照会・利用の適否」法学教室244号 (2001年) 108頁、村井敏邦「接見交通権の保障と信書発受の秘密性」小田中聰樹ほか編『誤判救済と刑事司法の課題──渡部保夫先生古稀記念』(日本評論社、2000年) 265頁、葛野尋之『未決拘禁法と人権』(現代人文社、2012年) 364頁、緑大輔「訴訟主体としての被疑者・被告人と未決拘禁──接見交通を中心に」刑事立法研究会編・前掲注30書174頁参照。

*36　刑事立法研究会未決拘禁執行法要綱の第51は次のように規定した。「第51　弁護人以外の者との信書の発受　①未決被収容者は、刑事訴訟法81条、207条1項により書類その他の物の授受の禁止または検閲の処分を受けていない限り、制限なしに弁護人以外の者と信書を発受することができる。②刑事施設の長は、禁制品が同封されていると疑うにたりる相当な理由があるときに限り、未決被収容者の立会いの下で信書を開披することができる。ただし、信書の内容を検査してはならない。③刑事施設の長は、この措置により禁制品を発見したときは、これを差し止めることができる」。刑事立法研究会編『21世紀の刑事施設──グローバル・スタンダードと市民参加』(日本評論社、2003年) 327頁。

の間で直接信書の発受がなされたのと同じ効果を生ずることになるのであって、これによる罪証隠滅等を防ぐためにも、内容の検査を行い、不適当なものの発信を禁止・制限することが必要であるとする意見が多数を占めた」と記した。[*37]

国会でも杉浦正健法務大臣は、刑訴法39条が秘密交通権を保障しているのは接見のみであるという理解を前提に、「未決拘禁者が弁護人に発する信書については、罪証を隠滅する結果を生ずるおそれがある記載など、不当な内容の記載がなされる可能性が高い上に、これが弁護人以外の第三者に転々流通する恐れも否定できないところでございます」。「このような事態となった場合、未決拘禁者や弁護人以外の第三者に対して直接信書を発したと同様の結果となることから、単に、弁護人に対してあてたものであることの確認のみならず、内容の検査が必要であると考えております」と答弁している。[*38] 弁護人に発する信書に該当することを確認するに必要な限度の検査にとどめるべきとする修正案が両議院において提出されたが、いずれも否決されている。[*39]

村岡国賠事件第二審判決もこの立法趣旨に沿った判断を行っているようである。判決はまず、「憲法34条は、身体の拘束を受けている被疑者に対して弁護人から援助を受ける機会を保障するという趣旨が実質的に損なわれない限りにおいて、法律に、接見交通権の行使と、未決勾留の目的達成やその目的達成のための前提となる刑事施設内の規律及び秩序の維持との間の、合理的な調整の規定を設けることを否定するものではない」と判示している。弁護人から援助を受ける機会を保障するという趣旨が実質的に損なわれるか否かを検討するにあたり最重要となるのは、萎縮効果が発生しうるか否かであ

[*37] 未決拘禁者の処遇等に関する有識者会議『未決拘禁者の処遇等に関する提言——治安と人権、その調和と均衡を目指して』5〜6頁。URLは、http://www.moj.go.jp/KYOUSEI/SYOGU/teigen.pdf。

[*38] 第164回国会衆議院法務委員会会議録（2006年4月12日）。http://www.shugiin.go.jp/internet/itdb_kaigirokua.nsf/html/kaigirokua/000416420060412016.htm）

[*39] いずれの修正案も、被収容者法案135条2項1号の「から受ける」を「との間で発受する」に代え、222条3項2号「未決拘禁者等が弁護人に対して発する信書」を加え、270条3項2号「未決拘禁者等が弁護人に対して発する信書」を加えるというものであった。衆議院法における民主党・無所属クラブおよび社会民主党・市民連合の共同提案による修正案のURLはhttp://www.shugiin.go.jp/internet/itdb_gian.nsf/html/gian/honbun/syuuseian/3_285A.htm。参議院法務委員会における民主党による修正案のURLはhttp://www.sangiin.go.jp/japanese/joho1/kousei/gian/164/pdf/h031640851640010.pdf。

る。しかし第二審判決はこの点について特に述べるところがない。この点について述べているのは第一審判決である。

　第一審判決は、看過できないほどの萎縮効果をもたらさない理由として3点挙げる。①被疑者と弁護人との意思疎通・情報伝達そのものの制約を目的とするものではないこと、②弁護人と立会人なしに口頭により自由に接見することが保障されていること、③留置担当官は、当該事件の捜査に従事してはならず、また、通常一般に留置担当官が閲読した内容を記録化しているとは認められないから、留置担当官が信書の内容を閲読したとしてもその内容に係る情報が捜査機関に流出する蓋然性が一般的に認められるわけではないことである。

　しかし、❶目的が異なるから問題ないという理屈は通じない。業務の円滑な遂行を目的として殴ったのであるから殴られた人物はパワハラとは感じないだろう（または、感じてはならない）という理屈が通用しないのと同じである。❷他の手段があるから問題ないという理屈も通じない。服装の自由があると言っておきながら、「スカートの中を覗こうとする男がいるから困る」という人に「だったらズボンを履けばよいのだから問題ない（スカートをはくのはあきらめろ）」という理屈が通用しないのと同じである。❸法律上、留置担当官は問題行動を起こさないことになっているから（現実世界において留置担当官が捜査官に協力したりする例は存在するけれどもそれは本来あってはならないことだから無視して）信用せよ、萎縮なんかするなという理屈も通じない。セクハラをしてはならないという規定があるし、通常はウチの従業員はセクハラをしないから信用せよ（萎縮するほうがおかしい）という理屈が通用しないのと同じである。

　かくして、第一審判決が挙げるいずれの理由も説得力がない。それにもかかわらず第二審判決は、刑訴法39条1項の解釈に歩みを進め、1項の「立会人なくして」が「接見」のみにかかり、「書類の授受」にかかっていないと指摘する。しかし、憲法34条に違反するような萎縮効果を発生させる規定にならないように目的論的解釈を施すことが求められているのであり、文理解釈論争に意味はない。

　さらに第二審判決は、書類等が物理的占有移転を伴う点を強調し、被収容者が発信しようとしている書類を点検する必要性が高いことを述べている。しかし、この点についても既に詳細な反論が出ている。たとえば葛野尋之は、①弁護士倫理上、弁護人は信書を第三者に交付するにあたり、その内容を確

認しなければならないのであるから、弁護人が内容確認をしないがために選別・遮断機能が働かないという事態を想定すべきではないこと、②弁護人が高度の専門的能力を備え、事件の内容を十分に知る立場にあることを考えるならば、その厳格な職業倫理からして、弁護人が信書の内容確認にあたり、自己の高度な専門的能力をあえて十分発揮することなく、危険情報を漫然と見過ごすようなことは想定すべきでないこと、③弁護人が信書の内容を確認したとき、危険情報を選別できない可能性は僅かなものでしかなく、少なくとも口頭の伝言に比べ、その可能性が顕著に高いということはできないことを論証している。そして、未決拘禁者が弁護人に発した信書のなかに含まれた危険情報が、弁護人の選別・遮断過程をかい潜って社会内に流通する現実の可能性が僅少であるのに対し、信書の内容検査は、開披・閲読したすべての信書について、被疑者・被告人と弁護人とのあいだで交わされるコミュニケーションの秘密性を奪うこととなって、強い萎縮的効果を生じさせることから、信書の内容検査は、ただちに両者間の接見交通権の実質的制約となると主張している。[*40]

　葛野は、「未決拘禁者が弁護人に発する信書の内容検査を認めている刑事被収容者処遇法は、早急に改正されなければならない。それまでのあいだは、未決拘禁者が弁護人から受ける信書に関する同法の規定（135条2項1号・222条3項1号イ・270条3項1号イ）を準用して、未決拘禁者が弁護人に対して発した信書であることを確認する限度でのみ検査を許すべきである」[*41]と主張する。妥当な解釈である。

　ここでは考えられるもう一つの選択肢も挙げておこう。すなわち、被収容者法135条3項は、罪証隠滅の結果等を生ずるおそれがないと認める場合には検査を行わせないことができると規定している。被疑者・被告人が弁護人に宛てて発信しようとしている信書は、特別な事情が存しないかぎりすべて

[*40] 葛野尋之『刑事司法改革と刑事弁護』（現代人文社、2016年）236頁以下参照。葛野尋之『未決拘禁法と人権』（現代人文社、2012年）364頁以下も参照。なお、誤解があるといけないので付言しておくが、被疑者・被告人と弁護人とのコミュニケーションに萎縮効果が生じうるかを検討する際には、「被疑者・被告人や弁護人がどのように感じるか」が重要な要素となる。それゆえ、本文ではパワハラやセクハラの比喩を用いた。しかし、信書が流通して逃亡・罪証隠滅の具体的現実的危険を発生させる危険性については、「裁判官（所）や施設がどのように感じるか」は問題とならず、具体的現実的危険が発生する客観的蓋然性を合理的に計算して議論することが必要となる。

[*41] 葛野・前掲注40書240頁。

これに該当するとあてはめることができよう。222条には135条3項に相当する規定がなく、刑事施設と留置施設とでは同じ問題に対する解決の仕方が異なるという不合理な立法がもともとなされているので、この不合理を是正すべく、留置施設の場合においても135条3項を準用すべきである。

（なかがわ・たかひろ）

■第6章 ||||||||||||||||||||||||||||||||||||||||||||||||||||||||||||||||||||||||
接見交通権と弁護士懲戒

村岡　啓一
白鷗大学教授

1．はじめに

　身体を拘束された被疑者・被告人（以下、「被疑者等」という。）と弁護人との間の接見交通は、被疑者等の取調べを行う捜査機関にとっては「邪魔な障害」であったので、古くから被疑者等の弁護人と捜査機関との間で摩擦が生じ、捜査法上の一大争点となってきた。その結果、民事刑事を問わず、接見交通権をめぐる訴訟が多く提起され、一定の公権的判断（接見の自由性に関する最高裁大法廷判決など）が示されて運用が定着しつつある一方で、新たな問題（接見の秘密性をめぐる紛争）が提起され、現在も法廷で係争中である。

　本書は、その法廷闘争と法理に焦点を合わせるものであるが、接見交通権をめぐる法的紛争は、実は、訴訟だけではなく弁護士懲戒という形でも現れる。接見交通権を行使した弁護人が、接見交通権の「濫用」を理由に懲戒請求を受けるという事例である。懲戒請求は「何人」でもなしうるが、接見交通権の濫用を理由とする懲戒請求の申立の多くは検察官や刑務官など国家機関からのものであり、こうした国家機関の主張が果たして接見交通権の濫用にあたるのか否かが、弁護士会に問われているのである。弁護士の懲戒制度は弁護士自治の根幹に位置しており、綱紀委員会のスクリーニングを経て「懲戒手続に付するのが相当」とされた場合に懲戒委員会による懲戒事由の審査が行われるという二段階の手続構造になっているが、訴訟とは異なり、相手方に申立人である国家機関は予定されていない。綱紀および懲戒の両委員会には、外部委員として、検察官および裁判官といった国家機関に所属す

る公務員が加わってはいるものの、最終的には、弁護士会自身の見識と判断が問われているのである。

本稿では、こうした接見交通権の濫用を理由とする懲戒請求事件に焦点を合わせて、どのような事実に対しどのような主張がなされ、日弁連を始めとする各弁護士会の綱紀および懲戒委員会はどのような判断を示したのかを紹介する。そのうえで、弁護士会内部においてすら、接見交通権の理解がいまだ十分に浸透しているとは言えない現状を明らかにする。

2．「接見交通権の濫用」が問題となる背景事情

最初に、一般論として権利の行使である限り違法評価は受けないはずなのに、なぜ、接見交通権の行使につき「濫用」という評価を受けるのか、その背景事情を理解しておく必要がある。

⑴　弁護人による第三者通信の必要性
1)　接見交通権と外部交通権の保障

刑訴法39条1項の接見交通権は、憲法34条の「弁護人の援助を受ける権利」に「由来」する刑訴法上の権利だとするのが最高裁判例（最大判平11・3・24刑集53巻3号514頁）である。これは、被疑者等が身体を拘束されている状態に着目したものであるが、国家刑罰権の対象とされた市民が防御のために弁護人を必要とするのは、なにも身体を拘束された場合だけに限られるわけではない。在宅のまま起訴された場合にも「弁護人の援助を受ける権利」は保障されなければならない。この憲法上の保障規定が憲法37条3項であり、文言上の「刑事被告人」（英文日本国憲法ではthe accused）という表記は、起訴の前後を問わず国家刑罰権の対象とされた被疑者および被告人を指している。ここでは、ストレートに、犯罪事実の成否をめぐる防御の必要性が保護すべき価値として認識されているのである。したがって、身体を拘束された被疑者等の接見交通権は、憲法34条および同37条3項に「由来」するというべきであり、前者からは、外界から遮断された状態（held incommunicado）に着目した外部交通の自由の確保が、後者からは、防御のための秘密の通信の保障が導かれることになる。[*1]

---

*1　村岡啓一「被疑者主体論」柳沼八郎・若松芳也編著『新接見交通権の現代的課題』（日本

2) 接見禁止決定がもたらす構造的問題

　身体を拘束された被疑者等にとって外部交通の保障は最も基本的な権利であり、それが実現されて初めて、弁護人との秘密通信の保障が問題となりうる。憲法および国際人権法は、国家により身体を拘束された者一般の外部交通権を保障しているといえるが、わが国の刑訴法は、刑事事件の被疑者等として逮捕・勾留された場合の外部交通について、弁護人等（「弁護人となろうとする者」を含む趣旨）による刑訴法39条1項の接見交通を別として、一般人との間の接見交通を「法令の範囲内」で認めるに留めている（刑訴法80条）。しかも、裁判所が、「逃亡し又は罪証を隠滅すると疑うに足りる相当な理由」があると判断した場合には、一般人との接見交通を禁止できるとしている。（刑訴法81条）。通常、一般人の接見交通を規律している法令、すなわち、刑事収容施設法の下では、被疑者等と私人間の接見（「一般面会」という。）には看守の立会いがつくので通信の秘密性の保障はない。それゆえ、身体を拘束された被疑者等の立場から見た場合、刑事事件の防御に関する情報（これを「防御情報」という。）は秘密性が保障されている弁護人との接見で行い、それ以外の家族関係、職場関係などの社会的な絆を保つための情報（これを「私的情報」という。）は一般面会に訪れた家族や友人、知人などの関係者との間で行うという区別が行われている。

　しかし、わが国の勾留実務では、裁判所が刑訴法81条に基づく一般人に対する接見禁止決定をする割合が極めて高く、一旦、接見禁止決定がなされるならば、本来、一般人が担っていた外部交通の機能を弁護人自身が担わざるをえないという状況が現出する。身体を拘束されている被疑者等の立場からすれば、弁護人接見だけが外界と通じる唯一のパイプであるから、本来の有罪・無罪をめぐる防御情報だけではなく、種々雑多な私的情報を、弁護士を介して外部に送信しようとする誘因が生ずる。弁護人の立場からすれば、外部交通の保障も防御に必要な活動の一環である限り当然に行うことになるが、逃亡および罪証隠滅を防止するという刑訴法39条2項による制約がある

　　評論社、2001年）12頁、同書追録資料集の最高裁大法廷弁論要旨「弁護人の援助を受ける
　　権利と接見交通権の関係」43頁以下参照。
　＊2　1988年国連総会決議「あらゆる形態の拘禁・収監下にあるすべての人の保護のための原
　　則（略称「被拘禁者保護原則」）原則15、同16、同19参照。
　＊3　平成28年度の接見禁止決定の割合は37.1％である。日本弁護士連合会『弁護士白書
　　2017年版』第2編第1章第1節5（4）「接見禁止決定数と接見禁止決定率」76頁。

ので、種々雑多な私的情報の取捨選択を行う必要（これを弁護人の「スクリーニング機能」という。）が生ずる。

他方、捜査機関および収容施設側から見れば、刑訴法39条1項に基づく弁護人との接見である以上、立会人を付することはできないので、同条2項の意図する「逃亡および罪証隠滅を防ぐ」措置を弁護人自身に期待せざるを得ない状況に置かれる。いわば、秘密の接見交通権を認める限り、その権利行使の枠内での「逃亡および罪証隠滅を防ぐ」行為、逆にいえば、適法行為だけの弁護活動は弁護人の責任においてなされることを信頼するしか方法はないことになる。ここに、接見交通権の行使をめぐって、弁護人が固有の倫理問題に直面する契機があるのと同時に、国家機関の側から、弁護人において接見交通を通じて得た情報を外部の第三者に通信することを権利の「濫用」とみる余地が生ずるのである。

3) 弁護人に対する信頼

懲戒請求事例の多くが接見禁止決定の下での弁護人による第三者通信であることは上記の構造的な要因によるのであるが、接見交通権の秘密性の保障は、国家機関の干渉を許さない絶対的なものであるから、その権利行使の範囲内（収容施設側からは「ブラックボックス」にみえる。）では、「逃亡および罪証隠滅の防止」を弁護人に委ねざるをえず、この点では、接見禁止決定があるか否かにかかわらず、弁護人の倫理規範の遵守とスクリーニング機能に期待せざるをえないことになるのである。

(2) 秘匿特権の不在

もう一つ認識しておくべき背景事情がある。それは、なぜ、懲戒請求の申立人が検察官や刑務官なのかという疑問と関わる。

1) 懲戒申立権者

わが国の弁護士懲戒制度は、申立権者を限定せず「何人」でも弁護士の懲戒を申立てることができる（弁護士法58条1項）。弁護士の非行に対する告発を広く認める趣旨であるが、組織体の申立ではなく個人の申立であることを要件としている。接見交通権の濫用を理由に申立てられる懲戒請求事件の多くは、検察庁の次席検事や刑事収容施設の長から申立てられるので、これが懲戒請求の申立権者として適切か否かが最初に問題とされている。結論としては、弁護士会からの照会によって、組織体ではなく個人の申立であることの確認をしたうえで本案の審査をしているのが実情である。しかし、実態と

しては、秘密交通権の濫用があったと認識した検察官や刑務官の報告を受けて組織体の責任者が懲戒請求の申立人になっているので、組織体の告発に他ならず「個人」の申立として受理するという扱いは便法でしかない。

しかし、ここで指摘すべき重要なことは、懲戒申立権者の取り扱いの是非ではない。そうではなく、本来、秘密裏に行使されているはずの接見交通の内実が、なぜ、検察官や刑務官といった国家機関によって探知されうるのかという問題である。その理由は、わが国には「秘匿特権」が、法理としても慣行としても認められていないからである。

2)　「秘匿特権」とは何か

英米法の「秘匿特権」とは、コモンロー上の弁護士・依頼者間の通信の秘密を保障した特権（attorney-client privilege）のことで、特権の範囲内の情報は、送り手の許可がない限り、受け手が法廷や証拠開示手続で情報の公開を拒否できる。特権の効果として、国家といえども通信の秘密を侵害できない（アメリカ連邦証拠規則501条、502条）。英米法の秘匿特権が依頼者の権利として位置づけて、依頼者自身の権利放棄を認めているのに対し、大陸法の国では、弁護士の職業上の秘密保護（守秘義務）の反射的効果として依頼者と弁護士間の秘密が保護されると構成する点で異なるが、秘密保護の効果は同じである。この流れをくむ欧州司法裁判所は、EU判例法上、弁護士・依頼者間の通信の秘密保護の原則（Principles of protection of confidentiality of communication between the independent lawyer and his client）を確立しており、独立した立場にある弁護士が依頼者の防御権を行使する目的で防御の利益のためになした弁護士・依頼者間の通信につき国家が介入することを認めていない。その結果、弁護士・依頼者間の通信であることが明らかである場合、捜査機関を始め国家機関は、当該通信の範囲内の情報および物を収集することができないのである。[*4]

3)　わが国の実情

ところが、わが国の場合、こうした秘匿特権の法理は認められておらず、[*5]

[*4]　日弁連ワーキンググループ2016年2月「弁護士と依頼者の通信秘密保護制度に関する最終報告」参照。

[*5]　東京地判平25・1・31訟月60巻3号546頁（JASRAC事件）は、我が国の現行の法制度の下で、具体的な権利ないし利益としての「弁護士・依頼者秘匿特権」や「職務活動の成果」の法理なるものが存在することを肯認できないし、慣習法上の権利ないし利益として社会の法的確信によって支持される程度にまで達しているということもできないと判示する。

刑訴法上、業務上の秘密保護を根拠に弁護士の証言拒絶権（刑訴法149条）および押収拒絶権（同105条）を認めるが、直接、依頼者の秘密を保護する権利とはなっていない。そのため、捜査機関は、犯罪の嫌疑があれば、身体を拘束された被疑者の所持品を捜索差押することができ、その中に含まれていた弁護人との通信文書等も秘密保護の対象とはなりえず、これが端緒となって、国家機関の側から接見交通権の濫用を理由とする懲戒請求が行われるのである。[*6]

　もう一つの端緒は、捜査機関が、弁護人と被疑者が接見した後に、直接被疑者を取調べて、接見内容を聞き出すことによって得られた情報である。英米法の秘匿特権も依頼者が放棄した場合には国家が秘密に介入することができるので、これと同様に、被疑者自身が任意に黙秘権を放棄して弁護人との接見内容を語ることを捜査機関において聴取しても違法ではないという論理である。[*7] また、アメリカ法においても、判例上、秘匿特権の例外として、依頼者と弁護人との間で犯罪についての通信がなされた場合は保護の対象外とされているので、これと同様に、身体を拘束されている被疑者・被告人と弁護人との間に犯罪の嫌疑がある場合には、捜査機関が接見内容につき取調べることも例外的に許されると考えられている。[*8]

　このようにわが国では、絶対的な秘匿特権が保障されていないために、それに近似する接見交通権の秘密性の保障も相対的に捉えられる傾向にある。近時の下級審判例[*9]が、接見交通権の秘密性につき、最高裁大法廷判決の合理的調整論を持ち出して、捜査機関の捜査の必要性と接見交通の秘密性の「調和」を一般論として展開しているのが、その典型例である。

　以上の背景事情を理解したうえで、日弁連懲戒委員会の議決例および関連する委員会議決例を素材に、具体的な懲戒請求事件を見てみよう。

3．具体的な懲戒請求事例の検討

(1)　「弁護人となろうとする者」の接見

　一旦、裁判所から接見禁止決定（刑訴法81条）が下されると、身体を拘束

---

* [*6] 後述する【事例4】【事例5】もこうした経過をたどっている。
* [*7] 大阪刑事実務研究会「弁護人との接見時のやりとりに関する尋問」判タ1322号（2010年）40頁。
* [*8] 鹿児島地判平20・3・24判時2008号3頁（志布志事件⇒本書第2部〔ケース2〕）、京都地判平22・3・24判時2078号77頁など。
* [*9] 大阪地判平27・3・16LEX/DB25505941など。

された被疑者等は弁護人または弁護人となろうとする者以外の外部者との接見交通をなしえなくなる。同様に、外部の一般人も、弁護人または弁護人となろうとする者を介しない限り、被疑者等とは通信できない。そこで、弁護人が選任されていない段階では、私的情報であれ防御情報であれ、それを被疑者等に伝達するために、外部者は弁護士をパイプ役として雇い、その弁護士は「弁護人となろうとする者」の地位で接見交通権を行使するという事態が生ずる。懲戒請求がなされるのは、私的情報ではない防御情報に関わる共犯者もしくは事件関係者ら外部の者からの指示事項を収容施設内の被疑者等に伝えるために、弁護士が「弁護人となろうとする者」の資格で被疑者等に接見したという事案である。

【事例1】日弁連綱紀委員会平成20年綱第420号事案（平成21年12月16日議決：懲戒審査相当）[*10]

議決事項：対象弁護士が、共犯者2名の弁護人であったところ、弁護人を選任することができる者の依頼により弁護人となろうとする者に該当しないにもかかわらず、身体の拘束を受けている他の共犯者である被告人と立会人なくして接見した行為は、接見交通権の濫用であり、弁護士の品位を失うべき非行に該当するとした事例

議決要旨：対象弁護士は弁護人を選任することができる者の依頼により弁護人になろうとする者に該当せず、かつ、「弁護人又は弁護人となろうとする者」以外の者との接見や書類の授受が禁止されていたにもかかわらず、自己が依頼を受けた被告人以外の利害対立のおそれがある他の共犯者と当該共犯者からの依頼もないにもかかわらず単に弁護人になる可能性があるとして接見した行為は、接見交通権の濫用であり、品位を失うべき非行に該当する。

　本件は、対象弁護士と接見をした被疑者が申立人となって、対象弁護士が「弁護人となろうとする者」の地位で自分と接見をしたことは接見交通権の濫用であるとして懲戒請求をしたという珍しい事案である。原議決をした京都弁護士会綱紀委員会は、対象弁護士の接見の目的が「既に不起訴で釈放されていた主犯格の甲」から被疑者あての伝言であったことを認定しつつ、当

---

*10　日本弁護士連合会弁護士懲戒事件議決例集（第12集・平成21年度）179頁。

初の被疑者から対象弁護士へあてた手紙の内容が甲への伝言であり、甲からの回答を得るために対象弁護士が「弁護人となろうとする者」の地位で接見することを被疑者において「歓迎していた」ことが窺われ、被疑者自身が当該接見を「受入れていた」とみる他ないので、「弁護人選任の可能性があった」として「弁護人となろうとする者」による適法な接見と判断した。これに対し、日弁連綱紀委員会は、「弁護人となろうとする者」の意義を、「弁護人選任権者の依頼をすでに受けているが、まだ選任の手続をしていない者」を指すという下級審判例[*11]、および、弁護人となろうとする者の接見の目的は「選任の意思の確認」であり、弁護人としての活動を予定していないとする下級審判例[*12]に依拠して、本件の場合、対象弁護士の接見は甲からの依頼であり被疑者本人およびその弁護人選任権者による選任の依頼がなかったこと、および、接見の目的が甲の意思を伝達することであり選任意思の確認ではなかったことを理由に「弁護人となろうとする者」による接見には該当しないと判断した。そして、対象弁護士の接見行為は接見交通権の濫用にあたるとし、懲戒審査を求めないとした京都弁護士会綱紀委員会の議決を破棄し、同会懲戒委員会に審査を求めるのが相当とした。

しかし、日弁連綱紀委員会の採用した「弁護人となろうとする者」の定義は、当番弁護士制度の発足とともに採用された委員会派遣制度（弁護士会の担当部局が職権で探知した身柄拘束の刑事事件につき、弁護人選任権者からの依頼を待つことなく弁護士会が被疑者の留置先に当番弁護士を派遣する制度）の進展に伴い、第一線の現場では、もはや採用されていない。今日の刑事弁護実務における「弁護人となろうとする者」の意義は、接見に赴く弁護士において「弁護人になろうとする意思」があり、かつ、「被疑者本人からの弁護人選任の可能性」がある場合を広く包摂すると考えられている[*13]。被疑者段階の法的助言の重要性が認識された結果である。したがって、本件の場合、接見交通権の濫用があったか否かを判断するにあたって、被疑者本人およびその弁護人選任権者の依頼があったかどうかではなく、対象弁護士において被疑者のための弁護活動を行う意思があったか否かが重要であったというべきである。本件は、被疑者から懲戒請求が申し立てられた事案であり、対象弁護士と被疑者間の

---

*11　岡山地決昭50・6・19判時811号120頁。
*12　東京地決昭58・5・27刑月15巻4～6号343頁。
*13　日本弁護士連合会『司法研修所編平成26年版刑事弁護実務（追補版）』59頁。

接見の実態は甲の伝言の回路であったという事実認定を前提とする限り、対象弁護士において被疑者のために弁護をする意思はなく、被疑者が対象弁護士を弁護人に選任する可能性もなかったと考えられるので、接見交通権の濫用という判断もやむを得ないように思われる。しかし、留意すべきは、後述（**4.**参照）するとおり、接見目的である「依頼者のための弁護」の内実にあり、外界から遮断された状態にある被疑者等の外部交通が「弁護人となろうとする者」によって実現されることも、身体を拘束された被疑者等のためになされる限り、適切な弁護活動であるから、「弁護人となろうとする者」の接見が単なる「選任意思の確認」に限定されるわけではないことである。「弁護人となろうとする者」の接見交通の目的が被疑者等の弁護である限り、接見交通権の濫用と評価されるいわれはないのである。

(2) 接見禁止決定の下での第三者通信

裁判所による刑訴法81条に基づく接見禁止決定は、検察官の請求によってなされることがほとんどである。その結果、検察官が、身体を拘束された被疑者等と弁護人との間の接見交通を介して被疑者等の発した情報が外部の第三者に伝達されたことを認識した場合、弁護人が接見交通権を濫用して接見禁止決定を「潜脱」したとして当該弁護人に懲戒請求をする例が多く見られる。

【事例2】日弁連懲戒委員会平成11年懲（審）第4号（平成12年1月17日議決：審査請求棄却・原処分業務停止2年）[*14]

議決事項：接見禁止等がなされている被疑者に対し、接見の際、虚偽の供述をそそのかすかのような手紙を仕切板越しに閲読させ、接見室において2度にわたり被疑者の母親と携帯電話で会話させた行為の処分内容

議決要旨：接見交通権は、弁護人に与えられた固有の権利として極めて重要なもののひとつであるが、それとて無制約なものではなく、他の権利法益との関係で自ら一定の制約に服するべき性質のものである。かかる観点からみれば、審査請求人の上記の各行為は、接見交通権を濫用し、接見禁止の趣旨を逸脱したものであり、刑事司

---

*14 日本弁護士連合会弁護士懲戒事件議決例集（第8集）5頁。

法制度の一環としての接見交通権に対する社会的信頼を揺るがすものとして、弁護士の品位を失うべき重大な非行に当たるものといわざるをえない。よって、業務停止２年という主文は重きにすぎることはない。

　検察官が懲戒請求を求める論理は次のようなものである。刑訴法81条の接見禁止の趣旨は「逃亡や罪証隠滅を防止するため、被疑者と一般人との間の意思・情報の伝達を遮断することにある」ので、弁護人が、接見を通じて得た被疑者等からの情報を外部に伝え、逆に、外部の人間からの情報を被疑者等に伝えることは、その内容の如何を問わず、弁護人がパイプとなって一般人との情報伝達を実現することであるから、一律に許されない。[15] したがって、外部からの情報や物を被疑者等に提供するためには、弁護人は、裁判所に接見禁止決定の一部解除の職権発動を求めなければならない。
　また、一律禁止を帰結する論理の背景には、接見禁止決定は弁護人を名宛人にするものではないが、裁判官による司法審査を経て下された裁判であるから、法制度を担う弁護人においても、接見禁止の効果を無にするような行動を採らないという消極的な協力義務があるという思考が存在する。
　しかし、刑訴法39条１項の接見交通権は憲法上の「弁護人の援助を受ける権利」の内実をなす権利であるから、刑訴法39条２項および３項のほかに制約される根拠を持たない。刑訴法81条の接見禁止決定は、弁護人を対象とするものではなく一般人を対象とするものであるから、接見禁止決定があったからといって刑訴法39条１項の接見交通権には何らの影響も及ぼさない。検察官の論理は、接見交通権を行使する弁護人を単なる外界とのパイプとみることによって、被疑者等と外部の人間との情報伝達が「直接」なされたと擬制するところに最大の根拠がある。しかし、通常、弁護人は依頼者である被疑者等の弁護のために接見交通権を行使して被疑者等からの情報を得るのであり、その中のある情報を外部の第三者に伝達する場合には、それが逃亡および罪証隠滅にむすびつく可能性はないかを判断して第三者通信の可否を判断している（弁護人のスクリーニング機能）。それは、刑訴法39条２項の接見交通権の制約原理を当然の前提として認識しているからである。すなわち、弁

---

[15] 尾崎道明「弁護人と被疑者の物の授受」平野龍一・松尾浩也編『新実例刑事訴訟法[Ⅰ]』（青林書院、1998年）189頁。

護人は被疑者等とともに防御活動を担う主体の一人であって、被疑者等に利用されるパイプではない。また、接見禁止決定の効果を、弁護人による第三者通信一般に及ぼすことは、結局、接見交通権に刑訴法39条2項以外の制約を課することに他ならず、本来の名宛人ではない弁護人に新たな義務（公務員と同視して接見禁止決定の効果を無にしない協力義務）を課することになるのである。[*16]したがって、今日では、上記の弁護人パイプ論だけで接見禁止決定を「潜脱」した接見交通権の濫用があったと判断されることはなく、弁護人が、接見禁止決定があることを認識している状況下で、接見を通じて得た被疑者等の情報を外部に伝達する際に、どのようにスクリーニング機能を果たしたのか、に焦点が移ってきている。

【事例2】において、日弁連懲戒委員会は、原議決をなした東京弁護士会懲戒委員会の事実認定を支持したうえで、対象弁護士の各行為を「接見禁止の趣旨を潜脱」した行為と認定して接見交通権の濫用があったとしている。しかし、当該弁護人に懲戒事由が認められた理由を、接見禁止の状態下で内部と外部の情報の仲介をした点に求めるべきではない。弁護人において、①事実上の依頼者である総会屋Cからの手紙が被疑者に対し「Cに対する捜査の追求を阻止するために虚偽の供述をそそのかす」内容であることを「認識」しながら閲読させたこと、および、②携帯電話で被疑者に母親との通信をさせたことが、弁護人のスクリーニングとして違法ないし不適切であったと認定されたことにあると理解するのが正しい。[*17]①については、弁護士職務基本規程75条が「偽証のそそのかし」を禁止しているのみならず、上記弁護人の行為は、外部者Cの共犯として偽証教唆罪に問われる可能性すらある非行であった点こそが重要である。②については、対話の内容が「捜査とは無関係な健康面の話」であったので、逃亡および罪証隠滅の防止の観点から弁護人のスクリーニングを必要とする場面ではなかったのであるが、弁護の目的から外れる私的情報の直接交換を仲介した点が不適切と評価されたものと理解するべきである。（後記4．を参照せよ。）業務停止2年という極めて重い制裁は、①を重視した結果とみるべきであろう。

---

*16 村岡啓一「接見禁止決定下の第三者通信をめぐる刑事弁護人の行為規範」小田中聰樹先生古稀記念論文集『民主主義法学・刑事法学の展望（上巻）』（日本評論社、2005年）29頁。
*17 武井康年・森下弘編著『ハンドブック刑事弁護』（現代人文社、2005年）236頁。

(3) 接見室内での録音・録画と携帯電話の利用

　最近の懲戒請求事件では、弁護人において、①収容施設側が一律に持ち込みを禁止しているIT機器および携帯電話を接見室内へ持ち込み、②接見室内で持ち込んだIT機器類を使用し、③撮影した被疑者等の容貌ないし音声を記録したデータないし記録媒体を外部者に交付した各行為を問題にしている。併せて、④携帯電話を利用して被疑者等と外部の者との通話を仲介した行為が問題とされている

【事例3】日弁連懲戒委員会平成25年懲（審）第23号（平成26年12月8日議決：審査請求棄却・原処分戒告）[*18]

議決事項：審査請求人が弁護人を務める被告人と拘置所において面会した際、①拘置所において禁止されているデジタルカメラ、ビデオカメラ及び携帯電話を持ち込んで、②写真撮影及びビデオ撮影を行ったほか、③被告人と同人の妻とを携帯電話で通話させ、さらに、④撮影した映像をDVDにコピーして被告人の妻に郵送した行為のうち、①デジタルカメラ、ビデオカメラ及び携帯電話の持ち込み、並びに②デジタルカメラ及びビデオカメラの使用については、弁護人に認められた秘密接見交通権の行使の範囲内であるとして懲戒不相当としたが、③被告人をして携帯電話で同人の妻と通話させた行為については、被拘禁者の逃亡ないし罪証隠滅のおそれがあり、また、④拘置所内で撮影したデジタルカメラ及びビデオカメラの映像をDVDにコピーして外部の者に郵送した行為については、被拘禁者の逃亡や戒護及び刑事施設の秩序維持に支障を生ずるおそれがあるとして、正当な弁護行為の範囲を逸脱したものとして、弁護士としての品位を失うべき非行に該当するとされた事例

議決要旨（抜粋）：原弁護士会の認定と判断のうち、審査請求人によるデジタルカメラ、ビデオカメラ及び携帯電話（以下「本件機器」という。）の面会室への持込みとその使用を非違行為と認定し、弁護士の品位を失うべき非行に当たるとしたことについては、携帯電話の使用を除き、相当と認めることはできない。

---

*18　日本弁護士連合会弁護士懲戒事件議決例集（第17集・平成21年度）78頁。

　　　　しかしながら、審査請求人の面会室での携帯電話の使用と、デ
　　　ジタルカメラ、ビデオカメラの映像画像をDVDにコピーして郵
　　　送した事実についての原弁護士会の認定と判断に誤りはなく、原
　　　弁護士会のなした本件懲戒処分は結論において相当である。
　　（他の議決要旨は、以下の本文中にて引用する。）

　この事例では、興味深いことに、日弁連懲戒委員会は原議決である岐阜県弁護士会懲戒委員会の懲戒処分（戒告）の結論は維持したものの、上記各論点に対する判断につき、原議決とは大きく見解を異にしている。
　まず、原議決が、弁護人の接見交通権も無制約ではなく、未決拘禁者の逃亡・罪証隠滅の防止又は戒護について支障のある物の授受を防ぐために必要な措置を講ずることを法令に委ねており、刑事収容施設法はそのような措置を規定した法令であるから、弁護人も接見交通権を行使するにあたって、未決拘禁者について規定した諸規定を「敢えて……違反してまで実現しなければならない弁護行為で無い限り、これらの規定に反し、又はその趣旨を潜脱するようなものであってはならない」という判断基準を定立したのに対し、日弁連懲戒委員会は、憲法で保障された弁護人らの秘密接見交通権の行使の範囲を「敢えてこれらの諸規定に違反してまで実現しなければならない弁護行為」とそうでない弁護行為とに峻別する判断基準は相当ではなく、行為の是非の基準は、「基本的にはあくまで、未決拘禁者の①逃亡のおそれ、②罪証隠滅のおそれ及び③戒護についての支障の有無によって判断されるべきである。」と批判した。この批判は、接見交通権の構造を正確に反映したものであり、もとより正当である。原議決が「敢えて規定に違反してまで実現しなければならない弁護活動か否か」を判断基準とした理由は不明であるが、刑事収容施設法の「趣旨」の尊重までを弁護人に課するならば弁護人は一般人と同じ地位に置かれるわけで、両者の差異化のために超法規的に弁護人の特例が認められる場合のあることを示したかったのではないかと推察される（日弁連懲戒委員会は、狭義の弁護活動と広義の弁護活動とを対置させたものと理解しているが、そうではないと思われる）。
　日弁連懲戒委員会の議決は、自らが提示した上記判断基準に則り、機器の持込みにつき、「施設管理権を有する者によって、弁護人らの所持する本件機器の面会室への持込み及びその使用を禁ずるかのごとき要請がなされていたとしても、①逃亡のおそれ、②罪証隠滅のおそれ及び③戒護についての支

障のいずれにも該当する可能性が薄い本件機器の持込みは、秘密接見交通権の行使の範囲に属するものというべきである」と述べて適法とした。また、デジタルカメラ及びビデオカメラを使用しての撮影行為についても、「接見内容の記録化という点において筆記用具を使用したメモ書き等と本質的な差はなく、また、撮影記録は撮影者である弁護人らが管理、コントロールできるものであって、弁護人らのスクリーニングを通して、外部への流出も防げる」と述べて適法とした。これらはいずれも、日弁連の公式見解[*19]を反映したものである。

しかし、携帯電話を利用して被告人と外部の死期の迫った妻との直接通話を実現した行為については、「逃亡や罪証隠滅につながるおそれを排除することはできずこれを阻止できるだけの弁護人等によるスクリーニング機能も働かない可能性が強く残る」として、接見室内での携帯電話の利用は許されず、「正当な弁護活動」ではないとした。同様に、画像をコピーしたDVDを妻に郵送した行為も、「弁護人の管理を離れて外部に流出する」ことなので、「被収容者の逃亡や戒護及び刑事施設の秩序維持に支障を生ずるおそれのある行為」であり、「正当な弁護活動」ではないとした。結局、収容施設側の携帯電話使用の弊害論を弁護人のスクリーニング機能の限界という観点から容認したものといえる。

(4) 弁護人のスクリーニング機能と弁護目的との関係

刑訴法39条2項が意図する「逃亡および罪証隠滅の防止」のために、弁護人がどのようにスクリーニング機能を果たしたかが、最終的に懲戒の成否を決める分岐点になっている。

弁護人のスクリーニング機能と弁護目的との関係を考えるうえで、重要な問題提起をした事例として綱紀委員会の懲戒不相当の議決で終了した次の事例がある。

【事例4】 埼玉弁護士会綱紀委員会平成15年11月18日議決[*20]
事実関係：被懲戒請求者A及びBは、それぞれ保険金殺人事件の共犯として

---

*19 日本弁護士連合会2011年1月20日付「面会室内における写真撮影（録画を含む）及び録音についての意見書」。
*20 特別企画「接見禁止と弁護活動の自由」季刊刑事弁護31号（2002年）132頁以下参照。

起訴された被告人である甲及び乙の私選弁護人であったが、両被告人には刑訴法81条の接見禁止決定がなされていることを知りながら、甲の弁護人Aが、乙の弁護人Bから、乙の自白と取調状況に関する供述を含む乙作成のノートの写しを受領し、それを甲に差し入れた。また、乙の弁護人Bが、甲の弁護人Aから、このノートに対する甲のコメントを記載した文書の写しを受領し、それを乙に差し入れた。

懲戒請求申立の理由：「各弁護人によって敢行された接見禁止決定を潜脱する行為の結果、甲が、乙の自供の過程及びその内容等を知って、同人に自供を翻して罪証隠滅を指示したノート又はその写しを送りつけることが可能になったことは明らかであって、両弁護士の接見等禁止決定潜脱行為により、罪証隠滅の現実的おそれが生じた」ので、「偽証のそそのかし」を禁止した弁護士職務基本規程75条に「実質的に違反する行為」である。

議決主文と議決理由の要旨：被懲戒請求者である両弁護士の各行為は、接見交通権と不可分一体の関係にある弁護権の保障の範囲内の行為であるから、懲戒の手続に付さない。

　この事例では、検察官は、たとえ防御情報であったとしても、接見禁止下での共犯者の弁護人間の情報交換は接見禁止決定の潜脱にあたるとの一般論に加えて、共犯者甲の「否認の慫慂」を内容とする文書をそのまま共犯者乙に差し入れた乙の弁護人のスクリーニングが問題とされた。すなわち、検察官は、乙の弁護人の行為を甲による罪証隠滅工作の加担とみたわけである。これに対し、乙の弁護人は、自らの依頼者である乙の自律的判断（自己決定に基づく自白の維持）をさせるためには甲直筆の文書をそのまま見せることこそが重要であると判断して、文書を差し入れたことを明らかにした。この事件では、共犯者間の対応が、一方が否認、他方が自白と分かれており、それぞれの弁護人が依頼者の最善の利益を図るために、共犯者相互が作成した正反対の文書（「自白の慫慂」と「否認の慫慂」）をそれぞれの弁護目的に適う資料として利用したわけである。検察官の立場からみれば、乙の甲に対する「自白の慫慂」は検察のストーリーに合致するが、甲の乙に対する「否認の慫慂」は検察側のストーリーには反するので罪証隠滅工作に映るのであるが、乙の弁護人の弁護目的は、そのような表層的な理解を超えて、乙本人の自己決定

に委ねて自白を維持させることにあったのである。埼玉弁護士会の綱紀委員会は、調査活動の一環として共犯事件の弁護人間で相互に情報をやり取りすることは「正当な弁護活動」であり、接見禁止決定を潜脱するものではないとしたうえで、文書の入手後、双方の弁護人がそれぞれの依頼者に文書をそのまま差し入れた行為も、それぞれの依頼者の弁護目的に適った「正当な弁護活動」であるとして、懲戒に付さない旨の議決をしたのである。この事例が明らかにしているのは、弁護人のスクリーニング機能とは、類型的に「逃亡および罪証隠滅」の可能性を判断して第三者への通信を遮断することではなく、当該事件の弁護目的との関係で、弁護人の責任において罪証隠滅工作にはあたらないという判断をした場合には、その弁護目的が了解可能であり、かつ、弁護目的に適っている限り、当該弁護人の行為は懲戒事由にはあたらないということである。

【事例5】日弁連懲戒委員会平成21年懲(審)第22号(平成22年3月8日議決:審査請求棄却・原処分業務停止3月)[21]

議決事項:刑事事件の弁護人が、被告人との接見の際に録音テープを持ち込んで被告人の共犯者等に対する伝言を録音し、そのテープを共犯者等に聞かせた行為等が、犯罪行為のもみ消し又は証拠隠滅行為に加担し、弁護人の弁護活動ないし防御活動の範囲を著しく逸脱し、接見交通権を濫用したとされた事例

議決要旨(抜粋):審査請求人は、強要罪等で逮捕・勾留が繰り返されていた暴力団組長に対し、弁護人選任以前から、弁護人になろうとする者として接見を重ねていた。審査請求人は、接見の際、録音機器を接見室に持込み、被告人(筆者注:後に追起訴される業務上横領罪の関係では、いまだ被疑者でも被告人でもない。)の肉声を録音し、そのテープを被告人の従兄弟に預け、同人を介して被告人の愛人に聞かせたが、テープの内容は、金の流れの隠蔽を指示するものであり、審査請求人は、業務上横領など何らかの犯罪行為のもみ消し又は証拠隠滅のために口裏合わせを指示するものであることを理解した上で、上記行為に及んでいた。

接見(秘密)交通権といえども、無制約なものではなく、他の

---

[21] 日本弁護士連合会弁護士懲戒事件議決例集(第13集・平成22年度)25頁。

権利や法益との関係で自ら一定の制約に服することは当然である。かかる観点に立脚して判断すると、審査請求人の上記各行為は、弁護人の弁護活動ないし防御活動の範囲を著しく逸脱し接見（秘密）交通権を濫用しており、社会正義の実現を使命とし、真実を尊重し、信義に従い、誠実かつ公正に職務を行うべき弁護士の責務に違反するものであって、弁護士職務基本規程5条に違反し、「品位を失うべき非行」に該当するといわざるを得ない。

　この事例では、検察官が、被告人の肉声を録音してその内容が別の犯罪についての口裏合わせであることを理解しながら外部者に聞かせた弁護人の行為は罪証隠滅工作に加担したものだと主張したのに対し、弁護人は、録音テープの内容を第三者に聞かせるか否かについては、弁護人のスクリーニングが予定されており、「逃亡および罪証隠滅の防止」を阻害しない限り、弁護人において対外的に情報を第三者に提供することも許される。その判断は、弁護人の専権的な裁量事項であり、検察官のストーリーを基準に罪証隠滅と評価するのは不当で、検察官のストーリーとは異なる被告人の主張に沿う供述をするように第三者に求めるのは「正当な弁護活動」であると主張した。

　日弁連懲戒委員会は、原決定である大阪弁護士会懲戒委員会の以下の事実認定と判断に「誤りはなく、その処分の程度もやむを得ない」として審査請求を棄却した。「対象会員は、この時期に本件業務上横領事件が立件されることを確定的に予見していたものと認めることはできないが、被告人の伝言の内容が業務上横領など何らかの犯罪行為のもみ消し又は証拠隠滅のための口裏合わせを指示するものであることは明らかであり、対象会員はその意味を理解して第三者に伝えた」。「録音テープを第三者に聞かせる必要があったとは認められず、違法行為に加担してはならないという弁護士倫理に反する行為であると同時に、秘密交通権を濫用し、弁護人のスクリーニング機能に対する信頼を著しく損なうものであって、極めて悪質」である。

　注目すべきは、弁護人が外部の第三者に録音テープを聞かせるに至った目的につき、暴力団組長である被告人（後に追起訴される業務上横領罪の関係では、隠れた被疑者の立場にある。）が実質的なオーナーである警備業は公安委員会の許可がなければ営業ができず、被告人の関与が明らかになると許可が取り消されるので、予め「警察の嫌がらせを防ぐこと」にテープを聞かせた目的があり、この目的は弁護目的に適うと主張したのに対し、別罪の関係で「警察

の嫌がらせを防ぐ」目的と弁護人の防御権行使とは別問題であるとして、「弁護活動として許される情報伝達の範囲・程度を明らかに超え」ているとした点である。【事例4】の埼玉弁護士会綱紀委員会の懲戒不相当議決と【事例5】の日弁連懲戒委員会議決との分岐点は、懲戒請求の対象弁護士である弁護人の第三者通信が、弁護活動ないし防御活動の範囲を逸脱したか否かの判断の違いにあったことが分かる。

同様に、【事例3】でも、弁護人の外部の人間に対する人道的配慮（被告人と死期の迫った妻との間の対話を実現させてあげたいという惻隠の情）から出た行為は、いかに人間として賞賛に値する行為であったとしても、弁護活動ないし防御活動の範囲外であるとされた結果、「正当な弁護活動」ではないとされたのである。

こうして、懲戒相当とされた事例と懲戒不相当とされた事例を対比すると、接見禁止決定の有無に関わらず、弁護人の接見交通権の行使によって得た情報を弁護人において外部の第三者に送る場合、当該通信が「逃亡および罪証隠滅」の可能性に結びつかないという弁護人の判断が適切であったか否かが、「弁護の目的」に照らして判断されていることが分かる。弁護人のスクリーニング機能が適切に働いたか否かの判断にあたって、重要なのは、必ずしも捜査機関から見た「逃亡および罪証隠滅」なのではなく、飽くまでも、弁護人の当該事件固有の弁護目的に照らした要件判断なのである。

4．「弁護の目的」という基準

(1) 正当な弁護活動の不可罰性

弁護人の活動は、本質的に被疑者等の処罰を否定する方向で行われるものであり、憲法が保障する被疑者等の「弁護人の援助を受ける権利」の内実をなす「効果的な弁護」の一環として、弁護人において法令に認められた権利を行使する限り、たとえ、その結果として、国家刑罰権の発動に支障が生じたとしても違法となるものではない。実効的な弁護を保障することは、公正な裁判を実現するために法治国家の刑事手続に不可欠な構成要素であり、「正当な弁護活動」である限り、国家刑罰権（power）に対して「弁護人の援助を受ける権利」（right）の優越が導かれる。しかし、この弁護人の権利行使は、

---

*22　村岡・前掲注1論文30頁。

「濫用されてはならず、表向きは弁護活動の衣をまとっているがその内実は他の不当不法な目的に資するものであるような場合には、もはや正当と評価されるべき弁護活動とはいえない。」とされる。[*23] わが国の弁護士懲戒制度もこの考え方に立っている。そうすると、懲戒請求事件にあっても、弁護人の行為が「正当な弁護活動」といえるか否かが懲戒の成否の分岐点ということになるが、この判断基準としては、弁護人の行為の目的が「弁護の目的」といえるか否かということになる。すなわち、弁護人の違法行為が「正当な弁護活動」でないことは明らかであるが、弁護人の適法行為であっても、「弁護の目的」の範囲外と判断されるならば、それはもはや「正当な弁護活動」ではないと判定されることを意味するのである。そこで、問題は、「弁護の目的」とは一体何を指すのかということに還元される。[*24]

(2) 「弁護の目的」とは何か

　弁護の目的は、弁護人の役割をどう考えるかと大きく関わっている。仮に、弁護人の役割を、刑事訴訟における公判活動のみに限局すれば、弁護目的は有罪無罪を決する罪責認定過程および有罪の場合の量刑過程における被告人のための防御目的に限定されるから、弁護人との間の接見交通の範囲も防御情報のみに限定される。その結果、弁護人がなしうる第三者通信が可能な情報の範囲も、刑事訴訟上の公的記録に限定されそうである。しかし、今日では、捜査段階は公判の準備段階と位置づけられ、弁護人による被疑者のための防御活動は捜査弁護から始まると認識されているので、身体を拘束された被疑者等の接見交通によって交換される情報は捜査段階まで拡張された防御情報となる。憲法37条3項の弁護人の役割（「狭義の防御権」の担い手）からは、少なくとも、捜査・公判を通じた防御情報（身体拘束からの解放手続の防御情報も含まれる。）のすべてが接見交通権の保障の範囲内に含まれる。さらに、今日では、弁護人の役割は、「狭義の防御権」行使にとどまるのではなく、本来の訴訟主体である被疑者等の自律性を確保するために、可能な限り日常生活に近づけることを目指した外部交通を実現することも含まれると理解されている。これを「広義の防御権」という。この立場によれば、被疑者等と

---

*23　辻本典央『刑事弁護の理論』（成文堂、2017年）143頁。
*24　川崎英明「接見交通権と刑事弁護の自由」『鈴木茂嗣先生古稀記念論文集〔下巻〕』（成文堂、2007年）275頁。

の接見交通において、狭義の防御情報に限らず被疑者等の自律性を確保するための情報も広義の防御情報として交換されることになる。その結果、対外的な第三者通信の範囲も広義の防御情報にまで拡大しうることになる。このように、弁護の目的は、弁護人の役割をどのように理解し、何を実現しようとしているのかによって範囲は変わりうるのである。問題は、広義の防御権として「弁護の目的」に含まれる範囲の線引きをどこに求めるかにある。

⑶　懲戒請求事案へのあてはめ

　この観点から、先に検討した懲戒請求事例をみれば、【事例5】の別罪につき「警察の嫌がらせを防止するため」という第三者通信の目的は、弁護人の主観的意図はともかく、被疑者等の当該事件の弁護目的からは外れるので、「正当な弁護活動」として許される情報伝達の範囲を超えたと評価されたのである。【事例3】の惻隠の情から意図した夫婦間の携帯電話による通話も、被告人の自律性確保のための「広義の防御権」と見るには関連性が薄く、もはや弁護目的には含まれないと判断された結果、「正当な弁護活動」の対象外と認定されたのである。これらの事例に反して、【事例4】は、客観的かつ類型的に見れば「否認の慫慂」を内容とする文書であることを弁護人において認識しながらも、被疑者の自己決定を実現するために文書を差し入れた行為が、罪証隠滅ではなく依頼者本人の自律性を確保するための弁護目的に適うと判断された結果、「正当な弁護活動」の範囲内と認定されたのである。一応、事案ごとの結論の違いをこのように説明することは可能であるが、被疑者等の自律性の確保といった弁護目的の場合には、様々な態様の弁護活動があり得るので、依然として、「弁護の目的」の基準が明確になったとは言いがたい。今後も、懲戒請求事件において、「弁護の目的」をめぐって「正当な弁護活動」か否かが争われることは必至である。

5．おわりに

　以上、日弁連懲戒委員会の議決および関連する委員会の議決を素材に、懲戒請求事件において、接見交通権はどのように理解されているのかを見てきた。日弁連懲戒委員会の議決に接見交通権をめぐる判決や日弁連の公式見解が反映されていることが確認できた一方で、単位弁護士会の懲戒委員会の議決の中には、検察官の懲戒請求の論理を承認したものも見られた。検察官や

裁判官といった外部委員の影響があったことが強く推認されるが、弁護士が多数を占める懲戒委員会において、日弁連の公式見解や接見交通権確立実行委員会の訴訟支援の法理に反する論理が展開されたことは由々しき問題といわなければならない。接見交通権をめぐるこれまでの議論の蓄積が、必ずしも一般の弁護士とは共有されていないことを物語っているからである。懲戒事例を経年的に見てくれば、日弁連懲戒委員会のレベルでは、確実に、接見交通権をめぐる法理と弁護人の役割の理解は深化しているといえるが、弁護士会全体としてみたときに、未だ、一般の弁護士には浸透していないのである。接見交通権をめぐる理論闘争は、訴訟や懲戒審査の場のみならず、弁護士会の日々の実務の中にこそ求められているのではなかろうか。

（むらおか・けいいち）

■第7章

再審請求人と弁護人との接見
秘密交通権の理論的基礎

豊崎　七絵
九州大学教授

1．問題意識と本稿の課題

(1)　秘密交通権保障の普遍的意義

1)　刑事訴訟法は、憲法39条所定の二重の危険禁止の法理に基づいて、有罪の言渡を受けた者の利益のためにのみ、再審の請求を可能とする（435条・436条・437条。以下、刑訴法の規定については、原則、条文番号のみ記載する）。

再審の請求は、検察官がこれを行う場合と（439条1項1号）、検察官以外の者がこれを行う場合（439条1項2号～4号）とがあるところ、440条1項は、「検察官以外の者は、再審の請求をする場合には、弁護人を選任することができる」と定める。すなわち同条同項は、検察官以外の者に、再審請求前の段階も含め、弁護人選任権を保障する。この弁護人選任権は、弁護人の選任にとどまらず、その有効かつ適切な援助を受ける権利（以下、弁護権という）を保障するものと解される。

とりわけ有罪の言渡を受けた本人が、受刑者ないし死刑確定者として刑事施設で拘禁されながら再審の請求をする場合、その弁護権を実質的に保障したというためには、自由な秘密交通権を保障することが不可欠である。本稿は、かかる保障のうち、秘密交通権の保障に焦点を当てるところ、その実質的意義は、被疑者・被告人と弁護人（弁護人となろうとする者を含む）との秘密交通権保障に係る実質的意義と、次の意味において、同じである。すなわち、被疑者・被告人と弁護人であろうと、あるいは再審請求人（再審請求に向けた打ち合わせをしようという意思を持つ、再審請求前の者を含む）と弁護人で

あろうと、その接見内容が第三者に知られるという可能性があっては、当該内容が知られることによってもたらされる影響を慮ってコミュニケーションを差し控えるとの委縮効果が生じ、その結果、本人と弁護人との信頼関係を築くことは不可能となり、弁護人による有効かつ適切な援助を受けることができなくなる、というものである。

つまり、接見内容を第三者に知られることのない環境で、委縮することなく、身体拘束下にある本人と弁護人とが十分なコミュニケーションを交わし、両者の信頼関係が築かれてはじめて、有効かつ適切な弁護人の援助が可能になるというのは、裁判の確定如何に拘わらず、刑事手続全般に通じる、秘密交通権保障の普遍的な意義というべきであろう。

2) 秘密交通権保障の普遍的意義と同様の意義は、刑事手続の場面に限らず、民事事件における依頼者と弁護士との間の秘匿特権にも見出されるであろう。たとえば刑事収容施設及び被収容者等の処遇に関する法律（以下、刑事被収容者処遇法という）112条ただし書は、受刑者と「自己に対する刑事施設の長の措置その他自己が受けた処遇に関し弁護士法第3条第1項に規定する職務を遂行する弁護士」との「面会」について、「特段の事情」がなければ、立会い、録音、録画はできないとする。なぜなら、受刑者が処遇について救済を求める場合、こと刑事施設はその反対当事者であるから、施設職員が面会内容を知りうるならば、依頼者たる受刑者も弁護士も、相談等、十分行い得ないからである。

ただし刑事手続における弁護人は、代理人としての弁護士とは異なり、被疑者・被告人の正当な法的利益を擁護する者である。この点、判例は、被疑者・被告人と弁護人との接見交通権は弁護人の固有権であるとし、また再審請求人と弁護人との「秘密面会の利益」は弁護人の「固有の利益」であるという[*1]。

(2) 再審請求手続固有の理由

もっとも、再審請求人に弁護権ひいては接見交通権が保障されなければな

[*1] 最1小判昭和53年7月10日民集32巻5号820頁（「この弁護人等との接見交通権は、身体を拘束された被疑者が弁護人の援助を受けることができるための刑事手続上最も重要な基本的権利に属するものであるとともに、弁護人からいえばその固有権の最も重要なものの一つであることはいうまでもない」）、最三小判平成25年12月10日民集67巻9号1761頁（「秘密面会の利益も、上記のような刑訴法440条1項の趣旨に照らし、再審請求弁護人からいえばその固有の利益であると解するのが相当である」）参照。

らないことについては、再審請求手続固有の理由もある。

　通常手続において、その手続を提起し、手続の確保・遂行を追求するのは、捜査・訴追機関である。捜査・訴追機関によって応訴を強制される側にある被疑者・被告人は、その権利保障により主体性・当事者性を得て、身体拘束からの解放、訴追からの解放を追求するところ、弁護権はこの営みに深く関わる。黙秘権と弁護権との密接な関係は、その代表例である。

　これに対し、再審請求手続を提起し、その手続に主体的に関与しながら、手続の確保・遂行を追求するのは、再審公判での公正な裁判による救済を求める請求人にほかならない。すなわち請求人は、再審を請求するのはもちろん、再審理由も併せて主張する。裁判所は、「再審請求の理由の有無を判断するにあたり、再審請求者の主張する事実に拘束され〔る〕」[*2]。さらに請求人は、435条6号の場合には新規・明白な証拠の提出が求められ、また437条の場合には確定判決に代わる証明が求められる。

　このようにしてみれば、たしかに請求人は誤った確定判決からの救済という意味では手続からの解放を追求するのであるが、かかる解放の実現に向けて、再審請求手続ひいては再審公判という手続の確保・遂行を追求する。すなわち、通常手続の被疑者・被告人と異なり、請求人が再審請求手続・再審公判という手続からの解放（離脱）を求めるという構造は存在しない。

　再審請求手続における弁護権ひいては秘密交通権は、このような、再審公判での公正な裁判による救済という再審の目的に向けて、請求人に求められる営みと深く関わる。

　本稿は、秘密交通権保障の普通的意義もさることながら、この再審請求手続固有の理由に焦点を当てて、理論的な考察を進めるものである。具体的には、有罪言渡を受けた本人たる再審請求人の秘密交通権の保障を裏付ける理論的基礎について、憲法との関係や再審の構造・目的に照らし、検討する。

2．刑事訴訟法の解釈枠組み

(1) 問題の所在──最3小判平成25年12月10日判決

　1）石口・武井国家賠償請求訴訟に係る最3小判平成25年12月10日民集67巻9号1761頁（以下、25年判決という）は、死刑確定者及びその再審請求のた

[*2] 最1小決昭和50年5月20日刑集29巻5号177頁（白鳥決定）。

めに選任された弁護人(以下、再審請求弁護人という)との立会いのない面会を許さなかった事案について、「死刑確定者又は再審請求弁護人が再審請求に向けた打ち合わせをするために秘密面会の申出をした場合に、これを許さない刑事施設の長の措置は、秘密面会により刑事施設の規律及び秩序を害する結果を生ずるおそれがあると認められ、又は死刑確定者の面会についての意向を踏まえその心情の安定を把握する必要性が高いと認められるなど特段の事情がない限り、裁量権の範囲を逸脱し又はこれを濫用して死刑確定者の秘密面会をする利益を侵害するだけではなく、再審請求弁護人の固有の秘密面会をする権利も侵害するものとして、国家賠償法１条１項の適用上違法となると解するのが相当である」とし、本件について「特段の事情があることをうかがうことはできない」から違法となると判示した。

　25年判決は、立会いなしの面会はごく例外であった従来の実務を転換させ、死刑確定者と再審請求弁護人との秘密面会は、「特段の事情」がない限り、許されるべきであるとした点で、画期的であった。もっとも「特段の事情」という言辞に表れている通り、秘密性が絶対的に保障されると断じたものではない。

　2）25年判決は、440条１項との関係で、「死刑確定者が再審請求をするためには、再審請求弁護人から援助を受ける機会を実質的に保障する必要がある」ことを確認した上で、その「必要があるから、死刑確定者は、再審請求前の打合せの段階であっても、刑事収容施設法121条ただし書にいう『正当な利益』として、再審請求弁護人と秘密面会をする利益を有する」という。つまり刑事被収容者処遇法121条ただし書所定の「正当な利益」を解釈するにあたって、刑訴法440条１項の解釈を斟酌している。

　葛野尋之は、「本判決が秘密面会の保障を相対化したのは、刑訴法のなかにそれが権利として明記されておらず、また、刑事被収容者処遇法において秘密面会の絶対的保障の規定がなく、死刑確定者の面会に関する同法121条ただし書が上記のような枠組みにおいて職員立会等の措置をとらないこととしているからのことであろう」と分析する[*3]。もっとも、葛野も指摘する通り、

---

*3　葛野尋之「再審請求人たる受刑者と再審請求弁護人との面会をめぐる法的問題」一橋法学14巻１号（2015年）61頁。なお原判決である広島高判平成24年１月27日民集67巻９号1831頁は、「刑訴法39条１項を死刑確定者について当然に適用することはできない」としつつ、「刑訴法39条１項が身体の拘束を受けている被告人又は被疑者に秘密交通権を保障した趣旨・意義を考慮すれば、死刑確定者の身柄拘束の目的・性質等に抵触しない範囲で、再

刑訴法における明文規定の欠如を、保障の相対化に結び付けるべきでない。

　3）　25年判決は死刑確定者の事案であるものの、同判決の基本的な論理は、受刑者と再審請求弁護人との秘密面会についても該当しよう。なぜなら25年判決は、再審請求人一般の弁護権を保障する刑訴法440条１項に基づき、「再審請求をするためには、再審請求弁護人から援助を受ける機会を実質的に保障する必要があるから……再審請求弁護人と秘密面会する利益を有する」という論理を辿るものであり、ここには、死刑確定者か受刑者かという区別は存在しないからである。[*4]

　そうすると、死刑確定者と再審請求弁護人との接見に係る刑事被収容者処遇法121条ただし書の解釈だけでなく、受刑者と再審請求弁護人との接見に係る同法112条の解釈としても、「特段の事情」がない限り、立会い等の措置はできないというべきである。葛野尋之は、処遇に関する弁護士面会についての112条ただし書２号の準用が可能であり、立会い等の措置が執られるためには、同条ただし書にいう「刑事施設の規律及び秩序を害する結果を生ずるおそれがあると認めるべき特別の事情」がなければならないという。[*5]

　ゆえに受刑者と再審請求弁護人との面会についても、刑事施設の規律及び秩序の維持のため必要であるとの理由、あるいは、受刑者の処遇を適切に実施するために必要であるとの理由では、立会い等の措置を執ることはできないというべきである。[*6]

　　審の請求をしようとする死刑確定者も弁護人と立会人なくして接見する法的利益を有する」とした。

　[*4]　最高裁判所判例解説民事篇平成25年度593頁〔中島基至執筆〕は、「基本的には、死刑確定者についての前記の違法性の判断基準は、一般受刑者にも当てはまるというべきである」とする。

　[*5]　葛野・前掲注３論文68-70頁。

　[*6]　これに対し、林真琴ほか『逐条解説　刑事収容施設法〔第３版〕』（有斐閣、2017年）571-572頁は、受刑者と再審請求弁護人との面会について、処遇に係る弁護士面会と同じ法的枠組みではなく、刑事被収容者処遇法112条本文の枠組みが当てはまることを示唆しつつ、立会い等の必要性と秘密面会の利益との「比較考量」により、立会い等の措置を執らないことが適当な場合があるとする。

　　また東京地判平成26年10月６日LEX/DB文献番号25521975は、「死刑確定者の場合とは異なり、受刑者の面会については、受刑者の矯正処遇など処遇の適切な実施のために、面会の際の発言に表れる受刑者の心情に影響を与える事情や改善更生の意欲の程度などを把握する必要があると解されるところであって、このことからすれば、受刑者が再審請求や民事訴訟に係る打合わせをする場合であったとしても直ちに面会の立会を付することができなくなるものということはできず、この点は受刑者の状況等に応じた千葉刑務所長の裁量判断に委ねられているというべきである」とする。同判決も112条本文の枠組みを前提とするもので

4)　25年判決は、秘密面会を許さない刑事施設の長の措置が適法とされる「特段の事情」として、①「刑事施設の規律及び秩序を害する結果を生ずるおそれがあると認められ〔る〕」場合、そして、②「死刑確定者の面会についての意向を踏まえその心情の安定を把握する必要性が高いと認められる」場合を挙げる。このうち②は死刑確定者にのみ該当しうるところ、心情の安定を理由として本来保障されるべき権利利益や自由を制約するのは相当でない。「死刑確定者の面会についての意向を踏まえ」その心情の安定を把握する必要性が「高い」という本判決の文言に照らせば、少なくとも本人が秘密面会を求めている場合に②は適用されない。また、仮に本人が秘密面会を求めていなかったり、その意向があいまいであったりしても、それだけで、心情の安定を把握する必要性が「高い」ことに直結しないというべきである。

他方、受刑者にも該当しうる①については、「そうした結果が生ずる高度の蓋然性が認められる場合や、予想される刑事施設の規律秩序を害する結果が重大なものである場合」との指摘がある。ここで想定されている具体的な事態とは何か、明らかにされていないものの、強いて言えば、逃走の計画あるいは犯罪の教唆等の刑罰法令違反が挙げられるかもしれない。しかし、プロフェッションたる弁護士がこれらに加担することは、想像しがたい。また、接見でのやりとり自体が逃走を直接招くものではなく、犯罪の教唆にしても、一般の犯罪と同様、事後的な統制に委ねるべきである。そうすると、①は有名無実なものと解すべきである。

5)　このようにしてみれば、25年判決のいう「特段の事情」が認められる余地は狭いはずである。もっとも25年判決は、「特段の事情」について①②に限ると明言せず、より広がりうる含み（「など」）も残した。このようにして「特段の事情」や秘密面会の（権利ではなく）利益という概念が用いられるのは、刑訴法440条に秘密交通権が明記されていないことに加え、刑事被収容者処遇法に（未決被拘禁者とは異なり）秘密面会を想定した規定がないことによるのであろう。

しかし刑事訴訟法ひいては憲法の解釈によって、再審請求人に秘密交通権が保障されることが導き出されるとすれば、刑事被収容者処遇法によって、

あるところ、注視されるのは、秘密面会の利益を衡量した形跡がないことである。
＊7　中島・前掲注4判解591-592頁、葛野・前掲注3論文63-64頁。
＊8　林ほか・前掲注6書573頁、中島・前掲注4判解591頁。

この手続的権利を制約することはできないというべきである。[*9]

ところで富永国家賠償請求訴訟に係る福岡高判平成23年7月1日判時2127号9頁（以下、23年高裁判決という）[*10]は、刑訴法39条1項所定の被疑者・被告人と弁護人との秘密交通権について、憲法34条の保障に由来するものであるが、「刑罰権ないし捜査権に絶対的に優先するような性質のものとはいえない」と判示した。かかる論理を前提とするならば、再審請求人と弁護人との秘密交通権が承認され得たとしても、その保障も同様に相対化される懸念があろう。しかし、秘密交通の「利益」にとどまらず、その「権利」性が承認されてはじめて、刑罰権・捜査権に対するその絶対的優先を論じる道が開かれるし、少なくとも、再審請求人か被疑者・被告人かを問わず、秘密交通権保障の普遍的意義に照らした権利保障のあり方を、シンプルかつストレートに論じる土台ができる。このような議論を可能にするためにも、まずは、再審請求人の秘密交通権の保障を阻んできた固有のロジックを解消する必要がある。

(2) 刑事訴訟法の解釈枠組み

1）　再審請求人と弁護人との接見は、本来、刑事訴訟法上、どのように位置付けられるべきか。

たしかに再審請求手続に被告人は存在しない。このことは、ⓐ再審請求手続は、訴追者も被訴追者も存在しない手続という意味で、当事者主義ではないこと、ならびに、ⓑ再審請求手続は、判決確定後の手続という意味で、一般の公判手続とは異なること、を意味する。これらの特徴を表面的にみれば、捜査手続・公判手続を前提とする総則中の弁護に関する規定は、再審請求手続には適用されないようにみえる。

しかし、被疑者・被告人と再審請求人、それぞれの弁護権保障の意義について、共通するところがある。ことに秘密交通権については、接見内容を第三者に知られることのない環境で、萎縮することなく、本人と弁護人とが十

[*9]　後藤昭『捜査法の論理』（岩波書店、2001年）117-119頁、同「未決拘禁法の基本問題」福井厚編『未決拘禁改革の課題と展望』（日本評論社、2009年）13頁は、訴訟法自体が権利制約の内容を限定している場合に、施設法によってそれを超える制約をすることは矛盾であるという（一元主義）。

[*10]　この上告審決定である最1小決平成25年12月19日LEX/DB25502950は、被疑者の弁護人であった上告人兼申立人による上告を棄却し、上告審として受理しないことを決定した。

分なコミュニケーションを交わし、両者の信頼関係が築かれてはじめて、有効かつ適切な弁護人の援助が可能になるという、刑事手続の段階を問わず通底する、その普遍的な意義に照らせば、39条1項の適用を積極的に排除しなければならない理由はない。[*11]

　なお再審請求人と弁護人との秘密交通権の保障について、刑訴法における明文規定の欠如がネックでないとすれば、もっぱら440条1項から秘密交通権の保障を直接的に導き出すという解釈枠組みもありうる。[*12]もっとも、明文規定の欠如によって安定性を欠くことは否めないとすれば、39条1項の適用がベターである。また、その適用が認められるというのであれば、39条1項以外の、総則中の弁護の規定の適用もありうる。[*13]

　2）　もっとも、総則中の弁護の規定が適用されるというならば、なぜ刑訴法は440条を別途設けたか。それは、次に述べる4点の再審請求手続に係る特殊性が考慮されたからである。

　第1点目。440条1項は「再審の請求をする場合」の弁護人選任権ひいては弁護権を定める。つまり、この選任権・弁護権は、検察官以外の再審請求

[*11] 田宮裕は、適用に消極的である一方（田宮裕『注釈刑事訴訟法』（有斐閣、1980年）489頁）、準用については肯定する（田宮裕『刑事訴訟法［新版］』（有斐閣、1996年）509頁）。
　　松尾浩也監修『条解　刑事訴訟法［第4版増補版］』（弘文堂、2017年）1141頁は、総則中の弁護に関する諸規定は原則として適用がないとしつつ、刑事訴訟法440条は「再審請求者の利益保護のために弁護人の関与を認めたものであるから、本条の趣旨に副う規定、例えば、39条の適用はあるものと解すべきである」という。
　　河上和雄ほか編『大コンメンタール刑事訴訟法［第二版］第10巻』（青林書院、2013年）116頁［高田昭正執筆］は、総則中の弁護に関する規定は、30条・32条を除き、再審に適用されるという。
　　葛野尋之「再審請求人と弁護人との接見交通権」一橋法学8巻3号（2009年）151頁以下は、犯罪事実に関する合理的な疑いが生じうるかどうか、判断を行う点で、公判手続と再審請求手続とには共通性があること、また、再審請求手続においても当事者主義的構造がとられ、そのもとで請求人の実質的関与が強化され、その手続的権利が保障されるべきであることから、「公判手続における弁護権に関する規定は、刑事訴訟法39条1項を含め、規定内容から明らかに適さない場合を除き、再審請求手続に準用されるべきである」という。

[*12] 葛野・前掲注11論文は、再審請求人と弁護人との自由な秘密接見が保障されるべきであるとの結論に至るうえで、4つのアプローチに沿った法的問題の検討を進めるものであるところ、その第1のアプローチで、440条1項の弁護権は自由な秘密接見の保障を内包するという（同143頁）。

[*13] 田宮・前掲注11書509頁は、「弁護人である以上、39条、40条の規定も準用されよう」という。河上・前掲注11書116頁［高田昭正執筆］は、30条、32条を除いた規定が再審に適用されるという。また同117-118頁、葛野・前掲注11論文180-182頁は、再審請求人の国選弁護権を導く解釈論を提示する。

権者あるいは弁護人が、再審請求前も含め、再審請求に向けた打ち合わせをしようという意思を抱いた時から発生する。これに対し、30条所定の被疑者・被告人のための弁護人選任権・弁護権は、国家によって犯罪の嫌疑をかけられ、あるいは起訴されて、被疑者・被告人となった時から発生する。440条1項は、このような違いを考慮して、設けられたものである。

　第2点目。30条2項は、被疑者・被告人以外の者に弁護人選任権を認める。これらの選任権者は、被疑者・被告人本人の意思とは無関係に、「独立して」弁護人を選任することができる。これは、被疑者・被告人の権利保障をより充実・実効化させるものである。

　これに対し、440条1項は、検察官以外の者が再審の請求をする場合に、その者に弁護人選任権を認める。したがって、たとえば有罪の言渡を受けた本人が再審の請求をする場合、本人の意思とは無関係に、本人以外の者が弁護人を選任する事態は想定されていない。つまり、この場合、国家によって提起される確定前の手続と異なり、再審の請求をするのは本人であるから、弁護人選任も本人の意思に委ねてよい、と法は考えたのであろう。[14]

　第3点目。有罪の言渡を受けた本人が死亡し、又は訴訟無能力たる心神喪失の状態にあるという場合、配偶者・直系親族・兄弟姉妹は、本人の再審請求権を承継して、再審を請求することができる（439条1項4号）。その再審請求権は、配偶者等の固有権ではなく、本人の権利の独立代理権である。[15]

　そうであるならば、配偶者等の再審請求権者が弁護人を選任し、その援助を受けることができるのも、死亡ないし訴訟無能力の本人の弁護人選任権・弁護権を承継しているからである。かかる「死亡者本人の弁護権」や「訴訟無能力者本人の弁護権」というのは再審の特殊性に基づくものであり、被告人の場合と全く異なる。なぜなら、被告人について、死亡したときには公訴棄却の決定が言い渡されなければならず（339条4号）、また訴訟能力がなく、

---

[14] 立法論としては、再審を請求する本人以外の者にも弁護人選任権を認める（なお、その選任が本人の意に沿わない場合、本人はその弁護人を解任できる）ことによって、権利保障の充実・実効化を図るのが望ましいという議論はありうる。

[15] これは、本人の明示の意思に反することはできない。なぜなら本人の意思に反する請求は二重の危険禁止の法理に抵触するからである

　もっとも再審請求の申立てを、二重の危険禁止の法理に基づく抗弁権の放棄とみるべきではない。むしろ二重の危険禁止の法理は基本的に維持されていることを前提に、再審請求人は再審の誤判救済という目的に資する限りで手続的負担を甘受していると理解するべきである（豊崎七絵「再審開始決定に対する検察官の不服申立てについての法理論的検討」『浅田和茂先生古稀祝賀論文集〔下巻〕』（成文堂、2018年）404-408頁）。

かつ回復の見込みがないときには338条4号に準じて公訴棄却の判決が言い渡されなければならないとして、いずれも手続自体が打ち切られてしまい、ここに被告人やその弁護人選任権・弁護権を想定する余地はないからである。*17 このようにして、有罪の言渡を受けた本人以外の者も、死亡ないし訴訟無能力の状態にある本人のために、本人の権利を承継できるという再審の特殊性に対応するために、440条1項を設ける必要があったということである。*18

第4点目。32条2項所定の審級弁護の原則は、上訴（appeal）によって段階的な審理・裁判を求めうるという審級制度を前提とする。これに対し、再審請求手続と再審公判とは、二段階構造であるといっても、そのような審級関係にない。これは、「裁判所は、再審開始の決定が確定した事件については……更に審判しなければならない」とする451条1項からも明らかである。少なくともこの意味において、再審請求手続と再審公判とには連続性があることに、異論はないであろう。刑訴法は、このような連続性を踏まえ、有効かつ適切な弁護人の援助を実現するため、32条2項とは別に、再審請求段階での「弁護人の選任は、再審の判決があるまでその効力を有する」という440条2項を設けたと考えられる。

3) たしかに、再審請求人の接見交通問題を複雑にしている現実的な要因は、再審開始決定に対する検察官の不服申立てや証拠開示など、他の手続問題と同様、刑事訴訟法の再審規定の乏しさ、すなわち明文規定の欠如にあることは否めない。

しかし、仮に将来、立法により再審請求人の秘密交通を明示する規定が設けられる機会が到来したとしても、権利として定められるか、それとも比較衡量を許す利益にとどまるか、なお対立が生じることは予想される。

そうすると、解釈論としてどの枠組みを採るか、あるいは立法論か、とい

---

*16　最１小判平成28年12月19日刑集70巻8号865頁。

*17　なお再審公判において、本人が死亡もしくは訴訟無能力の状態であるからといって、339条4号適用もしくは338条4号準用によって手続が打ち切られたり、314条1項本文によって手続が停止されたりするようなことがあれば、本人の名誉回復の機会は喪失し、再審の目的と齟齬するのは言うまでもない。これについては451条2項という明文の規定があり、実際、死後再審であった徳島ラジオ商殺人事件の再審公判では、亡くなった本人を被告人として無罪判決が言い渡された（徳島地判昭和60年7月9日判時1157号3頁）。つまり、死亡ないし訴訟無能力の状態にある本人のための再審公判における弁護権・防禦権の根拠も、通常公判とは異なるところがあるといえる。

*18　河上ほか・前掲注11書115頁［高田昭正執筆］参照。

うことに拘わらず、いずれにしても最終的に問われなければならないのは、再審請求人に保障されるという弁護権、そしてその弁護権の一環である接見交通権と、憲法との関係如何ということになろう。すなわち再審請求人の弁護権は憲法上保障される権利であり、自由な秘密交通権はその一環として位置付けられるか、という問題が解かれなければならない。

3．憲法との関係

(1) 接見交通の役割と目的

被疑者・被告人と弁護人との接見交通の役割と目的は、①インコミュニカド（外界からの遮断）の解消によって、主体性を回復すること、②身体拘束事由を晴らして、人身の自由を回復すること、③黙秘権を中心とする防禦権の行使によって、適正手続を担保すること、そして、④公判の準備によって、公正な裁判を実現することである。

このうち、①②は身体を拘束されていること自体から生じる要請であるのに対し、③④は被疑者・被告人として応訴を強制されていることから生じる要請である。つまり③④は、身体拘束の有無に拘わらず、被疑者・被告人一般に通じる要請であるものの、ことに身体拘束下では困難となるため、弁護人との接見交通によってその実現を図るとされているものである。

他方、再審請求人と弁護人との接見交通の役割と目的は、主に、⑤再審請求手続ひいては再審公判という、いずれも訴訟であるところの手続の準備によって、再審公判での終局判決、すなわち、誤判を正して公正な裁判を実現することにある。[19]

なるほど、再審請求人と弁護人の接見交通の役割と目的については、受刑者ないし死刑確定者として身体を拘束されていることに着目すれば、上述①②も挙げられなければならない。しかし、再審請求人と弁護人の接見交通というとき、最も重要なのはやはり⑤である。すなわち再審請求人は、人身の自由の回復についても、再審による公正な裁判の実現と必然一体のものとして、これを求めているのである。

そして、これらの①〜⑤の役割・目的が果たされるためには、⑥接見内容を第三者に知られることのない環境で、萎縮することなく、身体拘束下にあ

＊19　刑訴規285条は、再審請求手続が「訴訟手続」であると規定する。

る本人と弁護人とが十分なコミュニケーションを交わし、両者の信頼関係を構築するということが、不可欠である。すなわち、手続の段階如何を問わず、秘密交通権が保障されてはじめて、①〜⑤の役割・目的が達成されるという意味で、改めて秘密交通権保障の普遍的意義が確認されなければならない。

(2) 憲法との関係
1) 憲法34条の趣旨

以上の①〜⑥、すなわち接見交通の役割・目的ならびに秘密交通権保障の普遍的意義に照らし、以下、憲法と接見交通権との関係について検討してみたい。

まず憲法34条前段は、身体拘束(「抑留又は拘禁」)それ自体にともなう権利として、弁護人の有効かつ適切な援助を受ける権利を保障するところ、かかる援助に不可欠なものとして、自由な秘密交通権をも保障すると解される。

同条同段が、まず念頭に置いているのは、①②⑥という、身体拘束それ自体から生じる要請であろう。そして「何人も、正当な理由がなければ、拘禁されず……」という同条後段も考え合わせると、自由な秘密交通によって弁護人の有効かつ適切な援助を得て、人身の自由の回復(②)が目指されていることが分かる。

2) 被疑者・被告人の場合

被疑者・被告人の人身の自由の回復というとき、刑事手続上のそれに限っても、その方法は大きく2類型に分かれる。1つは、勾留取消しや保釈といった、依然として被疑者・被告人ではあるけれど、拘束からは解放されるというものであり、もう1つは、手続打切や無罪放免といった、被疑者・被告人であること自体から解放されるというものである。すなわち後者は、応訴からの解放と拘束からの解放とが一体化している。さらに無罪放免は、拘束からの解放であると同時に、公正な裁判の実現という局面でもある。

被疑者・被告人は、応訴強制という点では、身体拘束の有無に拘わらず、③の黙秘権をはじめとする防禦権との関係では憲法38条1項・31条の保障が、また④の公正な裁判を受ける権利との関係では憲法32条・37条の保障が及ぶ。もっとも、それらの権利は、とりわけ身体拘束下にある者にとっては、自由な秘密接見を通して弁護人の有効かつ適切な援助が提供されてこそ、実質的に保障されうる。

そうすると、被疑者・被告人の接見交通権は、直接的には憲法34条によっ

て保障されており、またこの保障は、とりわけ逮捕・勾留されている被疑者・被告人にとって、黙秘権等の防禦権保障や公正な裁判保障を実質化するという関係にある。

3) 再審請求人の場合

再審請求手続は訴追過程ではないから、請求人は応訴を強制される者ではない。むしろ請求人は、再審開始決定ひいては再審公判での公正な裁判を求め、自ら再審を請求し、その訴訟手続に関与する。したがって（受刑者ないし死刑確定者であるとして）拘禁されている請求人が、弁護人の有効かつ適切な援助を必要とし、かかる援助に不可欠なものとして自由な秘密交通が求めるのは、何よりも再審公判での公正な裁判を実現するためである（上述⑤）。ゆえに、請求人が求める人身の自由の回復も、再審による公正な裁判――典型的には再審無罪――によってこそ、果たされるという関係にある。これは、被疑者・被告人が求める人身の自由の回復が無罪放免に限定されないことと比較しても、再審固有の特徴といわなければならない。

そうであるならば、再審請求人の弁護権ひいては接見交通権は、憲法32条所定の公正な裁判を受ける権利による要請であり、憲法37条の要請でもある。[*20] 憲法37条との関係では、なるほど請求人は被告人ではない。しかし、再審を請求し、さらに再審開始決定の確定を得られなければ、再審公判ひいては終局裁判による誤判救済に至り得ないという二段階構造において、開始決定確定後、被告人となってから初めて弁護人の援助を受ける権利が保障されるというのでは、時機を失し、それらの保障に実質を欠くといわざるを得ない。これは、440条が、1項で「再審の請求をする場合」の弁護人選任権を規定し、また2項で、再審請求段階での弁護人選任の効力について、再審の判決があるまで存続すると定めていることとも符合する。

また、再審請求人が刑訴法435条6号所定の新規・明白な証拠という再審理由を主張できるよう、弁護権が保障されなければならないとの観点からは、有利な証拠へのアクセス権を裏付ける規定という意味で、憲法37条2項との

---

*20 葛野・前掲注11論文178頁は、「刑訴法435条による再審請求の権利は、憲法32条による裁判にアクセスする権利を具体化したものにほかならず、刑訴法440条1項による再審請求人の弁護権も、憲法32条のもと、裁判にアクセスする権利を実質化するために保障されるべき法的援助を受ける権利を具体化したものとして位置づけられる。このとき、憲法32条からも、弁護人の実質的援助を確保するために、自由な秘密接見の保障が要請されるのである」という。関連して葛野・前掲注3論文79頁も参照。

関係が改めて想起される[*21]。これは、多くの著名事件が435条6号所定の再審理由を主張するものであり、また証拠開示が再審開始決定の起動力になりうるという現状とも適合する。

さらに（受刑者ないし死刑確定者であるとして）拘禁されている再審請求人の弁護権ひいては接見交通権は、憲法34条の要請でもあるというべきである。なぜなら同条前段は、およそ身体拘束下にある者には、自由で秘密の接見をとりわけ注意深く保障して、弁護人との信頼関係の下、その有効かつ適切な援助を受けうるようにするという、普遍的な意義があり（⑥）、これは再審請求人と弁護人との接見交通にも、当然、当てはまるからである。

4）小括

被疑者・被告人と弁護人との接見交通権と、再審請求人と弁護人との接見交通権とでは、本人が応訴を強いられる手続か、それとも、本人が自ら提起し関与する手続か、という相違があることとの関係で、それぞれの役割・目的に異なるところはある。しかし、いずれも、自由な秘密交通権として保障されてはじめて、弁護人の有効かつ適切な援助が受けることができるという普遍的意義を持つ点で、憲法34条の要請であると解される。

そのうえで、ことに再審請求人と弁護人との接見交通権は、公正な裁判を受ける権利と深く結び付いていることも注目されなければならない。すなわち、弁護人の援助を得て再審請求人が求める人身の自由の回復は、再審公判での公正な裁判の実現と必然一体とみなされる点で、憲法32条・37条の要請でもあると解される。

そうであるならば、現行刑訴法の解釈論として、刑訴法39条1項所定の自由な秘密交通権も、被疑者・被告人と弁護人との接見交通権としてことさら限定することなく、再審請求人と弁護人との接見交通権の根拠規定として理解することに支障はないというべきであろう。

また以上の考察を踏まえれば、立法論を展開するにあたっても、再審請求人の接見交通は、憲法の要請に基づく権利として、刑訴法上規定されるべきだということになる。

[*21] 関連して伊藤睦「被告人に有利な証拠を得る権利」小田中聰樹先生古稀記念論文集『民主主義法学・刑事法学の課題』（日本評論社、2005年）266頁以下参照。

4．再審の構造と弁護権・秘密交通権保障との関係

(1) 再審請求手続の構造との関係

1) 25年判決の原判決である広島高判平成24年1月27日民集67巻9号1831頁は、「1審原告らは、再審請求手続においても当事者主義的構造が要請され、弁護人選任権の保障の目的に鑑み、刑訴法39条1項の準用を認めるべきであ〔る〕」と主張するが、「再審の請求手続は、既に判決が確定した後のものであるから、検察官と被告人とが対立する当事者として存在する一般の公判手続とはその性格を異にし、当事者主義の構造がとられていない。このような……再審請求手続の構造等を考えれば、刑訴法39条1項を死刑確定者について当然に適用することはできない」と指摘していた。

たしかに、再審請求手続は「検察官と被告人とが対立する当事者として存在する一般の公判手続とはその性格を異に」する。しかし当事者主義構造か否かという、通常審と全く同様の枠組みで再審請求手続の構造を論じ、当事者主義構造ではないという理由で総則中の弁護の規定の適用を否定するという論法は、妥当でない。その理由は、次の通りである。

2) 再審請求手続において、検察官は当事者たる攻撃者ではない。ゆえに、この手続は訴追過程ではなく、この意味においてたしかに当事者主義構造ではない。このことは、検察官が「公益の代表者」として再審を請求した場合はもとより、有罪の言渡を受けた者をはじめとする検察官以外の者が再審を請求した場合も、同様に当てはまる。ゆえに、再審開始決定に対する検察官の不服申立て権も正当化される余地はない。

他方で、再審請求手続は——検察官の公訴提起によってではなく——請求人の提起によるのはもちろん、最1小決昭和50年5月20日刑集29巻5号177頁（白鳥決定）が明示したように、裁判所は「再審請求の理由の有無を判断するにあたり、再審請求者の主張する事実に拘束され〔る〕」という意味で、職権主義的構造でもない。また請求人が435条6号所定の再審理由を主張する場合には、新規・明白な証拠の提出が求められ、437条所定の再審理由を主張する場合には、確定判決に代わる証明が求められる。このようにして請求人は、再審請求手続・再審公判という手続の確保・遂行に、主体的に関与する。

このようにして確保・遂行される再審の目的は、誤った裁判を正して公正な裁判を実現させることによって、有罪の言渡を受けた者を救済することに

ある。以上の、再審請求手続固有の構造的特徴と再審の目的とに照らせば、再審請求手続の構造は「請求人関与の構造」であり[*22]、かつ、とりわけ請求人が検察官以外の者である場合、刑訴法440条に象徴されるように、弁護権ひいては接見交通権をはじめ、公正な裁判の実現に必要な諸権利の保障が不可欠であるといわなければならない。

(2) 再審の二段階構造との関係

再審開始決定の確定後、弁護に関する総則規定の適用があることに異論はない。つまり再審公判では、被告人であるから、刑訴法39条1項の秘密交通権も保障される。なお刑事被収容者処遇法上は、145条が適用され、112条ないし122条によらない。

これに対し、再審請求手続では、秘密交通の権利ではなく利益にとどまるという見解が、25年判決をはじめ、有力である。その実質的な理由とされているのは、先に述べた通り、再審請求手続が当事者主義構造も、公開主義・口頭主義・弁論主義も採らないことであり、その意味において、再審公判と再審請求手続は性格を異にする二段階構造を採用するということにある。

しかし、上に述べた通り、再審請求手続は「請求人関与構造」を採用しており、この構造との関係で秘密交通権の保障は不可欠であると理解すべきである。また弁護に関する総則規定は、公開主義・口頭主義・弁論主義を採らない捜査手続もカバーするのであるから、現行の再審請求手続がこれらの主義を採らないことは、何ら総則規定の適用を否定する理由とはならない。[*23]

ゆえに再審請求手続と再審公判の二段階構造は、それだけで、再審請求手続における権利保障を制限する根拠にはならない。むしろ、かかる制限の淵源は、次に述べる通り、一定の確定力論にあるといわなければならない。

5．秘密交通権と確定力問題

(1) 前提的確認

1)　前掲の23年高裁判決は、被疑者・被告人と弁護人との秘密交通権につ

---

　　*22 三井誠「再審手続の構造」鴨良弼編『刑事再審の研究』(成文堂、1980年) 166頁以下参照。
　　*23 河上・前掲注11書115頁 [高田昭正執筆]。

いて、憲法34条の保障に由来するものであるが、「刑罰権ないし捜査権に絶対的に優先するような性質のものとはいえない」と判示した。ここでは、秘密交通の権利性を確認しつつ、ことに刑罰権・捜査権との関係で絶対的保障を否定したことの妥当性が問題となる。

　もっとも再審請求人と弁護人との秘密交通をめぐる問題と比較する上で、ここで指摘しておきたいのは、この判決にいう「刑罰権ないし捜査権」という御旗は「手続の確保・遂行」という大義名分に基づいているということである。

　2）この被疑者・被告人と弁護人との秘密交通と異なり、再審請求人と弁護人との秘密交通は、再審請求手続・再審公判という「手続の確保・遂行」と、何ら対立関係にない。それどころか、「手続の確保・遂行」を真摯に追求するのであれば、再審請求人と弁護人との秘密交通権が漏れなく保障されるべきだという結論に至る。なぜなら、繰り返しになるが、再審請求手続は捜査・訴追機関のアクションによって開始・遂行される手続ではなく、再審請求人によって提起され、確保・遂行される手続であるから、とりわけ再審請求人が検察官以外の者である場合、その秘密交通権の保障は、再審請求手続ひいては再審公判という「手続の確保・遂行」を果たすものとして、むしろ積極的に評価されて然るべきだからである。

(2)　再審請求人の秘密交通権に対する消極的評価の根源

　そうすると、再審請求人の秘密交通権に対する消極的評価をもたらしているのは、かかる「手続の確保・遂行」に対する否定的評価ということになるところ、これは何に由来するか。この問題に関して、次の言説が注目される。

　「<u>有罪の判決が確定している以上</u>、弁護士と再審請求の相談をするために面会する場合に、<u>再審の理由が認められる可能性を問わず</u>、<u>直ちに</u>、<u>秘密交通まで保障する必要があるとも考えらない</u>。もっとも、少なくとも、再審請求をしている場合には、刑事施設の職員に面会の際の発言の内容を知られることになれば、弁護士（弁護人）との相談を十分に行えないおそれもないではなく、したがって、立会いなどの措置を執る必要性があるときであっても、その必要性と、受刑者の面会の際の発言の内容を知られない利益を比較考量して、立会いなどの措置を執らないことが適当な場合があると考えられる」

(下線は引用者付加)[*24]

　この言説は、「再審請求の相談をするために面会する場合」と「再審請求をしている場合」とを分けたり、「受刑者の面会の際に発言の内容を知られない利益」に言及したりするなど、一見、様々な要素を考慮しているようにもみえる。しかし、その本質は、「有罪の判決が確定している以上」、「再審の理由が認められる可能性を問わず、直ちに、秘密交通まで保障する必要があるとも考えられない」という一貫した思考にある。ここには、有罪判決の実体的確定力（確定判決の無謬性）に対する強固な信奉と、この信奉から発するところの、再審請求の濫発や再審請求に名を借りた権利の濫用に対する懸念とが、潜在している。

　しかし再審は、上訴によって争うことはできないという意味で形式的確定力と対抗する（ゆえに再審は確定後救済手続と位置付けられる）としても、当然に実体的確定力とも厳しい対立関係に立つ訳ではない。すなわち確定力とは裁判制度の維持という訴訟法上の制度的効力にすぎないのであるから、再審による公正な裁判の実現（憲法の要請）がむしろ優位に立つ。

　また実際、再審をめぐる状況は一進一退とはいえ、相当数の開始決定ひいては無罪が言い渡されている[*25]。「確定判決の無謬性」は、この現実に照らしても、説得力がない。

6．結びにかえて

　手続の段階を問わず、被疑者・被告人にも、再審請求人にも、等しく保障されるべき権利、その典型が秘密交通権である。すなわちそれは、およそ身体を拘束されている者が、弁護人との信頼関係を築き、弁護人の有効かつ適切な援助を受ける上で、必要不可欠である（秘密交通権保障の普遍的意義）。

　他方、再審請求手続は、再審請求人によって提起され、手続の確保・遂行が追求されるという意味で、確定前の刑事手続とは異なる、固有の性格を持つ。また有罪の言渡を受けた者の人身の自由の回復は、この手続の確保・遂

---

*24　林ほか・前掲注6書571-572頁。
*25　2010年以降に再審無罪が確定した著名事件に限っても、足利事件（2010年）、布川事件（2011年）、東京電力女性社員殺害事件（2012年）、東住吉事件（2016年）がある。

行の結果としての、再審公判での公正な裁判の実現と必然一体である。ゆえに、再審請求人に求められる主体的な手続関与の程度は、被疑者・被告人のそれを上回るとすら言えるところ、その主体的関与に不可欠な弁護権、ならびにその一環としての自由な秘密交通権が、被疑者・被告人に保障されるレベルにすら届かなくてよいとの言説は、大きな矛盾を孕むものであり、到底、看過できない。

　最後に、実体的確定力――確定判決の無謬性（確定判決は真実とみなされる）――なるものを真摯に信奉するというならば、接見を契機とする再審請求の濫発など、何ら恐れるに足りないはずである。したがって確定力（真実）を援用した権利制限の合理化は、それ自体、レトリックにすぎず、再審請求人の秘密交通権を阻むことに成功していない。

〔附記〕本稿は、2017-2019年度科学研究費補助金（基盤研究（B））「刑事再審手続法改革のための実証的、比較法的研究」（課題番号17H02464）による研究成果の一部である。

　　　　　　　　　　　　　　　　　　　　　　　　（とよさき・ななえ）

■第8章
接見妨害国賠を実践する

金岡　繁裕

弁護士

1．はじめに

　接見交通権めぐる国家賠償事案（以下、単に「国賠」と略記する場合がある）は、指定権行使をめぐるような、会える会えないの局面から、接見交通内容への干渉の局面へ移行していると感じる（本書赤松論文も同様の認識を示されている）。筆者自身の国賠の経験も、対刑事施設のものは、ほとんどが、差入れや宅下げを巡る案件や、接見室内での電子機器利用を巡る案件ばかりであるし[*1]、その他の類型として、近時、世上で話題となるのも、取調べにおける接見内容聴取、被収容者の私物の差押えによる接見内容の露呈といった捜査過程における接見秘密侵害が多い[*2]。

　本稿では、上記問題関心に沿い、「実践する」の観点から、主張立証を含む実務実践上で直面するであろう諸点を取り上げる（勢い、筆者自身の経験を踏まえた記述が中心的になる。歴史的経緯や論点の俯瞰は、赤松論文に譲らせて頂く）。

　まず、なぜ国賠訴訟を起こすのか、について取り上げる。接見交通内容への干渉の局面は、秘密裏に進行するか、さもなくば「施設管理権」の名の下

[*1] 厳密にいうと、既決の被収容者が被疑者の身分を得たにもかかわらず、拘置所が「接見」を認めず立ち会いを付した「面会」しか認めようとしなかった措置が問題となった国賠事案の原告となった経験がある。同措置の違法性を認めて請求を一部認容した名古屋地判平成26年8月28日（LEX/DB25504634）が後に確定した。

[*2] 取調べにおける接見内容聴取の事案としては、いわゆる志布志事件国賠等があり、被収容者の私物の差押え案件としては大阪地判平成27年3月16日（LEX/DB25505941）等がある。

に強度の実力行使を受け、一介の私人に過ぎない弁護士が不本意にも譲歩を迫られる場合も多い。行訴法の活用を除くと事後救済に賭けるしかなく、争いの場は国賠訴訟に求めるしかないし、もう少し積極的に言うなら、問題の総論的解決を図るべく次に繋げるためにも、国賠訴訟に依るしかない。

　次に、いざ接見秘密侵害に遭遇した場合の心構えを取り上げる。その場で接見秘密侵害に屈しないよう振る舞うことは、かなりの困難を伴うことも事実である。安易な譲歩は、依頼者の権利擁護に悖り当該事件における刑事弁護上の弊害を伴う上、刑事弁護制度全体への負荷をもたらすが、そう言ってばかりもいられない実態がある。後日の国賠訴訟に備え証拠方法の確保を考えることも大事である。関連して、国賠訴訟の実践についても簡単に言及する。結論的に、さして特殊な問題があるわけではないものの、余り経験しない訴訟であることも事実であろう。

　最後に、未解決の論点を取り上げる。近年、研究が進められている論点は、刑訴法上の絶対秘密の保護を受ける「接見」が、なにをどこまで含むかであろう。狭い方から、口頭による意思疎通、意思疎通の補助として証拠資料を示すことまでは当然として、更にどこまで広げて解することが必要なのかは、優れて実践的問題である。刑事弁護人が、自らの経験を通じ法廷に「接見」の意義を持ち込むことの有用性は言うまでもない。仮に「接見」に含まれないにしても、高次の法的保護を受けるべき論理の探求もまた、現代的課題である。

２．なぜ国賠訴訟を起こすのか

⑴　事前救済の困難さ〜行訴法の活用について

　1）　秘密裏に進行する場合は別として、再審弁護人における無立会面会や電子機器持ち込み問題について言えば、刑事施設側が事前にどのような対応に出てくるかということは予想が付く。予想は付くが、それに対して事前に効果的な手を打つことは中々、難しい。

　少なくとも、組織的に確信的な対応をされている場合、事前に何をいおうと、先方の対応に従わないなら接見自体ができなくなりかねないのが現実である。

　2）　強いて言えば、法律家の発想として事前に予期される妨害を排除するには、仮処分を用いることになろう。行訴法上、刑事施設長の面会に関する

処分については、仮の差止め訴訟類型が用意されており、その実例としては、東京地裁平成28年12月14日LEX/DB25544701決定がある。

主文は「東京拘置所長は、申立人の、……確定判決に対する再審の請求の打合せを目的とした申立人とXとの面会につき、第1事件の本案事件の第1審判決の言渡しまで、仮に、刑事収容施設及び被収容者等の処遇に関する法律121条に基づき職員を立ち会わせる措置を執る旨の処分をしてはならない。」というものである。

3) この方法は、しかし、おそらく相当長期間にわたり一律に認められるほどの訴えの利益がある局面に活用が限られ、無立会問題や、いつも持ち込みたい電子機器については応用が利くと思うが、一回的に必要になるような録音録画、撮影の場合には難しいかも知れない。一回的に必要になるような録音録画、撮影の場合には、結局、こっそりとやりおおせるのでなければ（録音録画にせよ撮影にせよ、もとより何らの問題はないと主張して差し支えないが、殊更に目立つように振る舞う必要もなく、監視窓ではない小窓から見えないように立ち居振る舞うことも実践的な工夫には違いない)、妨害後の国賠訴訟しか、打つ手がない。本来的には、事前に対策を打てることが望ましいのはもちろんであるが、多くの場合は、その場で紛争状態になり、施設管理権の実力行使に有無を言わさず被害を受け、その違法を問うには国賠訴訟しか方法がない。だから国賠訴訟を起こす、のである。

(2) 次に繋がる国賠訴訟

1) 先人の国賠訴訟により接見指定制度が相当程度根絶されたように、頻発する妨害類型に対しては、国賠訴訟の場で論争し、高い次元の裁判例（主として最高裁）で決着をつけるしかない。国賠訴訟で勝訴することは容易ではないかもしれないが、事案の個性がものをいう場合もあるから、躊躇せず何度でも挑めば良い。

近時で言えば、なんといっても再審弁護人の秘密面会を認めた最判平成25年12月10日（民集67巻9号1761頁）であろう。これにより、大部分の刑事施設で、再審弁護人の秘密面会が妨害されないようになった。歴史的に見れば大きな話題ではないが、筆者が原告の案件で、刑事施設側の用意した申告書式が違法とされた事案もある（後掲脚注4参照）。

2) これに反し、施設管理権の実力行使に屈服した上で国賠訴訟の提起もしなければ、最悪の場合、他の弁護士による国賠訴訟において、証拠として

図表1　　　図表2

逆用されることも懸念される。接見妨害の現場では「皆さん、そうしていますよ」が先方の常套句であるが、そのように付け入る隙を与えることは、結果的に自らの刑事弁護の首を絞めることにしかならない。

3) かくして、国賠訴訟は次に繋がるし、次に繋げなければならない。

3. 接見秘密侵害に遭遇した場合の心構え

(1) はじめに

本項では、接見秘密侵害に遭遇した場合の心構えについて述べる。

多くは、第一線で活躍する弁護士にとっては当然のことと思うが、心覚え的にまとめてみる価値はあるだろう。また、主に理論面で支えていただく研究者の方には、接見秘密侵害の実態を知っていただく縁となろう。

(2) 形式面は整えておく

接見の申し込みには、施設ごとに異なった取り決めがあり、場合によっては地元単位会と刑事施設とで一定の話し合いが出来ている場合もある。[*3]そ

---

*3　愛知県弁護士会の場合、名古屋拘置所との間で取り決められた接見申込票があり、同弁護士会において配布している（図表1）。他方、名古屋拘置所は名古屋拘置所で、別途、接見申込票を用意している（図表2）。後者には、刑訴法上の接見申込みには不要なはずの過剰な記入事項を求められる（例えば私選国選の別及び依頼人名等）問題があり、刑事施設の秘密交通権に対する浅薄な姿勢が垣間見える。

第8章　接見妨害国賠を実践する　157

の内容自体に問題があるなら格別、そうでないのなら、そのような取り決めに従い、適式な接見申し込みを行うよう、心がける必要がある。[*4]

　なお、前掲最判平成25年12月10日の場合、再審弁護人が秘密面会の利益を享受するには「死刑確定者又は再審請求弁護人が再審請求に向けた打合せをするために秘密面会の申出をした場合」という枕詞が付されている。揚げ足を取られないようにするためにも、こういった形式面を整えることも大事である。

(3) 証拠の確保

　1）　接見秘密妨害が事前に予測される場合は、先読みして証拠を確保できよう。

　例えば、前述した、「死刑確定者又は再審請求弁護人が再審請求に向けた打合せをするために秘密面会の申出をした場合」の要件を満たす申込みをした事実については、事前に内容証明郵便で送付しておけば堅実であるし、あるいは、これに沿う記載をした面会申込票を作成した後、スマートフォンなどで撮影しておいても良い。

　2）　これに対し、接見秘密が突発的に起きる場合は、同時並行的に証拠を確保することは難しい場合が多々ある。

　ア）　例えば、接見室で電子機器を用いていて、刑事施設職員が入ってくる場合がある。そのような場合に、すかさず録音録画して状況を記録すること

[*4]　典型的なのは、電子機器持ち込みの事前申告であろう。今時は、ほぼ全ての刑事施設で、電子機器持ち込みの事前申告を要求する張り紙があるが、本稿が、これに従うことを要求するものでないことは言うまでもない。

　なお、刑事施設側は、電磁的記録の持ち込みに関する事前申告制を敷き、これは少なくとも平成28年当時、「弁護人等が刑事被告人との接見時にビデオテープ等の再生を求めた際の対応について」という平成19年4月17日付け矯成2501矯正局成人矯正課長通知により運用されていたが、図表3のような事前申告書を備え置き「その他を選んだ場合、内容を簡単に記載して下さい」としていた点について、筆者が原告となった国賠訴訟で違法と断じられている。曰く、「弁護人に対し、本件申告書への記載又は口頭により、接見の際に持ち込もうとする電磁的記録媒体の内容を申告させ、その申告の態様ないし方法として、当該記録媒体の内容が証拠物等である場合にはその旨を告げれば足りるが、それ以外の場合には、弁護事件についての弁護人との打合せに必要不可欠か否かという観点から個別に持込みの許否の判断が可能な程度にその内容を具体的に(例えば「犯行現場の映像」などと)明らかにするよう求められていることが認められる。そうすると、記録媒体の内容申告は、弁護人が接見の際に持ち込もうとする電磁的記録の有無等にとどまらず、その内容を覚知しようとするものであるから、秘密交通権を侵害するといわざるを得ない」(名古屋地判平成28年2月16日LEX/DB25542429) というものである。

図表3

> 別紙
>
> 接見時に再生するビデオテープ等の内容に関する申告書
>
> 弁護人等氏名 _____
>
> 1 ビデオテープ等に記録されている情報の内容について、該当するものにチェックして下さい。その他を選んだ場合、内容を簡単に記載して下さい。
>   - ☐ 弁護事件の証拠物又は証拠物として提出を検討しているものである。
>   - ☐ その他（　　　　　　　　　　　　　　　　　　　　　　　）
>
> 2 持ち込まれる機器の機能について、該当するものにチェックして下さい。
>   - ☐ 再生機能のみである。
>   - ☐ 録画機能が付いている。
>
> 3 2で録画機能が付いていると答えられた場合、該当するものにチェックして下さい。
>   - ☐ 接見内容の録画をしない。
>   - ☐ 接見内容の録画をする。

＊上記は、『矯正実務六法』収録の書式を編集部で再現したものである。

は、通常、無理がある。接見室を出た後に、刑事施設職員に取り囲まれるような場合もあるが、その場合にも同様に、仮に必要な機器を所持していたとしても、これを用いることは難しい。

とはいえ、国賠訴訟において事実関係自体を争われては、いろいろと不都合である。前提事実を誤認されたり、少なくとも争点が拡散することは避けるべきである。

このような場合、実践的には、できる限り手控えを作成した上で、直ちに、当該手控えに依拠した抗議文を作成し、送付することである。「てにをは」を変えれば訴状に記載できる程度に具体的明確な抗議文を作成すれば、そのような記憶に基づく事実主張が覆ることは、さほど懸念されない。時計を睨んで、時間的経過を記録することも重要である。「何分間に及び妨害を受けた」等ということは、できるだけ正確に書ける方が良い。

イ）もし同行者がいる場合は、できるだけ直ちに、陳述書を作成させてもらうと良い。[*5] 接見室内の出来事であれば被収容者に、接見室外であれば行き来する弁護士を捕まえて、陳述書の作成を申し込むこともできる。

(4) 安易に妥協しない

接見したい、接見を続けたい、次の予定が迫っている等々の理由から、とりわけ施設管理権の実力行使を受けては妥協の選択肢も浮かぶところである。しかし、一度、妥協的な選択をすると、自由意思により応じたと主張される余地を与えることになり、やはり、国賠訴訟で争うことの障害となる。

電子機器持ち込みについて質問を受けても回答しない対応をするべきであるし（被収容者処遇法上、弁護人等は身体検査の対象外であり、回答を強制することは違法になる）、接見室に立ち入られた場合は、そこが絶対秘密の場であることを指摘して退去するよう要求するべきである。ことが接見の（一時）中止処分に及ぶ場合、接見目的を達成できない被害は著しいものがあり、究極の選択を迫られるが、具体的状況下で可能な限り、妥協しない対応を行うべきである（としか言いようがない）。

[*5] 同行していた通訳人の陳述書を作成し、書証で提出した経験が複数ある。無理強いはできないし、通訳人の立場というものにも配慮する必要はあるが、市民感覚でおかしいと共感して頂ければ、案外、応じていただけるものである。

(5) 嘘はつかない

いざ接見秘密侵害を受けた場合に、嘘をついて、その場をしのごうとすることはよろしくない。国賠訴訟の場で問題を世に問おうとしている時に、事実認定上の争いや、無用な争点の拡散を来さないよう工夫すべきことは前述もしたとおりである。

例えば電子機器持ち込み予定があるかと問われ、これあるのに「ない」と答えることは、嘘であり、その嘘が攻撃対象とされかねない。かといって、予定がない場合には「ない」と答え、ある場合は濁すようでは、答えているのと同じである。正解は、どのような場合であっても何も答えない、というに尽きよう。

接見室に踏み込まれ、電子機器を用いていたのではないかと質問を受けた場合も同様である。用いてようといまいと、接見室内での出来事を回答すべきではないのであり（依頼者にとっての接見の秘密でもある）、絶対秘密の場から退去するよう求める以外の遣り取りなど、不要である。

(6) おわりに

捜査弁護において、不当な取調べを覚知した場合は、即時抗議し、それも後日の立証に備え、痕跡が残る形で抗議すべきだと言われる。

我々が被害者である場合も、これに通じるものがあり、即時抗議し、それも痕跡が残る形で抗議すべきである。それによって初めて、後日の立証に備えられるというものである。

4．国賠訴訟

(1) はじめに

接見秘密侵害が問題となる国賠訴訟は、弁護士が被害者であり、加害者が国家であるというだけで、特別な訴訟類型というわけではない。

敢えて注意則的なところを挙げるとすれば、以下の3点が参考になるかも知れない。

(2) 証拠収集手段としての情報公開請求

刑事施設と紛争状態になった場合、刑事施設側も種々の記録を残していることが考えられる。

筆者が、接見室への通路を封鎖されて接見妨害を受けた時は、10分程度、

その場で大騒ぎをしていたが、途中からは刑事施設職員がハンディカムで撮影を行っていた。後に、撮影記録の情報公開請求を行ったが、報告書作成後に動画は破棄したという回答で、報告書のみが開示された。

意識的に証拠を確保してあれば、このような証拠収集手段まで駆使するまでもないと思われるが、知っておいて損はない。

(3) 訴訟代理人の起用

余りなじみのない議論や裁判例が飛び交う訴訟であり、一人で遂行するには荷が重い場合もあるだろうし、とりわけ事実認定を争われるような場合は、自らの主張が虚偽でないことの論証を迫られ、勢い、自己弁護的なやりづらさがある。

地元単位会や日弁連に相談し、支援を受け得ること（赤松論文でも言及されているとおり）も、知っておいて良い。

(4) 要件事実論

接見秘密侵害が問題となる国賠訴訟では、国賠訴訟に付きものの加害者側の裁量論は余り気にならない。違法行為が行われ、法益が侵害されていれば、基本的に過失は認定されると考えておいて、大きな問題はない。法を正しく運用する義務のある行政機関が、法に反して法益侵害をすれば、基本的に過失はあるだろうという発想なのかも知れない。

限られた経験ではあるが、違法かどうかがほぼ全てという感覚である。

5．「接見」の定義と国賠訴訟を支える理論について

(1) 「接見」の定義

1) 「接見」に、接見室内での口頭の遣り取りが含まれることは当然として、接見を補助するための諸手段がどこまで含まれるかについては、接見室内での証拠保全的な撮影行為、電子機器持ち込みをめぐる一連の国賠訴訟において、問われている。幸か不幸か、現時点で最高裁判所は明確な見解を示しておらず、今後も問われることとなろう。

2) 少なくとも、後藤国賠により、口頭での打合せに付随する証拠資料の提示が「接見」に含まれることは確定的であり（しかし、脚注4で紹介した裁判例においては、意思の疎通を図り援助を受けるについて、携帯電話は使用しなくて

も可能であるという理由で、携帯電話の持ち込みは「接見ではない」とされた。必要不可欠な付随手段でない限り「接見」に含まれないとすることは非論理的である)、付随行為に着目するなら、接見内容を電磁的に記録することも付随行為であるし、提示すべき証拠資料をその場で調達するウェブ検索も付随行為と言って差し支えないはずである。

接見室で何がどのように行われているかについて、裁判官は実地に経験するところがないから、ここでこそ、国賠訴訟によって「接見」の定義を世に問う意味がある。我々、刑事弁護人は、接見室において口頭で遣り取りし、予め持参した証拠書類を示し、筆記により手控えを作成するだけでは全く不足であり、即時その場で情報収集をしたり、証拠作成をしたりしなければ、実質的弁護を提供できないことを知っているから[*6]、このことを国賠訴訟を通じ、的確に主張立証すべきである。「接見」とは、最低限の手段ではなく、充実した効果的な手段であるべきであり、接見室内における実質的弁護の提供に有用な手段は、全て「接見」に含まれなければ背理である。

(2) 施設管理上の支障の「具体的なおそれ」

1) 接見室内に持ち込んだ電子機器を活用した「接見」が絶対秘密の対象となることと、刑事施設側が持ち込みを規制することとは、厳密には別の問題と考えられる。持ち込まれた以上は、その内容への干渉は接見秘密侵害であるが、持ち込む前の段階で、これを禁止すること自体を接見秘密侵害と構成することには違和感がある(脚注4で指摘したように、禁止の仕方次第では接見秘密侵害を構成する)。

したがって、接見秘密侵害自体の問題ではないものの、この種の国賠訴訟には付きものの論点であり、以下で検討を加えたい。

2) 持ち込み規制については、施設管理上の支障を根拠とした施設管理権

---

*6 例えば一日一日を無駄に出来ない身体拘束からの解放を目指す(準)抗告事案で、刑事施設の宅下げ対応時間を過ぎてから依頼者の誓約書を作成したような場合、写真撮影に依らなければ、申立作業が遅れよう。

また例えば、問題となる特定の日の天気を調べるのに、いちいち接見を打ち切り調査するというのは不合理である。その場でウェブ検索をすることが、最も効率的である。

接見室内からの電話を用いた情報収集とて、いわゆるスクリーニング論者においても見解に分かれがあるが、筆者は積極である。結局のところ、弁護士倫理に基づき、弁護人が自覚的に対応する限り、最大限、弁護人に委ねられて良く、且つ、そういった諸手段は絶対秘密の保護を受けるに相応しいと解されるところである。

の行使として行われるが、施設管理権の行使が無条件に許されるわけではなく、ましてや、弁護権が対立利益である場合、施設管理側の裁量も大幅に制約されると考えて良い。

一般的な議論として参考価値があるのは、第一に、上尾市福祉会館事件の最二小平成8年3月15日判決（民集50巻3号549頁、LEX/DB28010411）であろう。公共施設の利用について、施設管理権を根拠としてこれを禁じる場合に、施設管理上の具体的おそれを要求した判例である。そして、近時、大阪高裁で出された、刑事施設におけるパソコン使用等の事案についての大阪高判平成29年12月1日（LEX/DB25548250）が注目される。同判決は、パソコン使用や面会時間制限について、これが許されるには「刑事施設の規律および秩序を害する結果を生ずる具体的なおそれがあると認められることが必要」と断じている。

3) 我々、弁護士は、接見により施設管理の規律や秩序を乱そうなどとは些かも考えないし、接見室内での電子機器利用により施設管理の規律や秩序が害されるなどということは、撮影行為であっても抽象論ですら成り立ち得ない。「具体的なおそれ」に立脚した議論が有益であろう。

(3) 結論

以上については、接見秘密侵害の国賠事案では間違いなく関わってくるが、まだ未解決の論点である。

国賠訴訟により、解決していく価値がある。

6．おわりに

筆者は今でこそ、国賠訴訟の原告となることは当たり前と心得ている（何れも一部認容で確定したものが3件、現在係属中のものが5件以上）が、そのような意識が確立したのは、せいぜい、ここ6〜7年のことである。

しかし、刑事弁護を生業とする限り、代用刑事施設なり刑事施設なりで「おかしい」と感じることは日常茶飯事であるし、そのような感覚がまだまだ裁判の場で問われている事例は多くないことも理解してきた。

本稿は、いわば国賠訴訟の勧めである。濫訴を勧めるのではなく、おかしいと思えば国賠訴訟の場で問うことを躊躇うべきではない、という勧めである。本稿が、その一助となれば幸いである。

（かなおか・しげひろ／愛知県弁護士会）

第 2 部
接見妨害ケース研究
（国賠訴訟の争点と実務）

■総論 ||||||||||||||||||||||||||||||||||||||||||||||||||||||||||||||||||

接見妨害を争う国賠訴訟の到達点

赤松　範夫
弁護士

1．接見交通権の重要性と接見妨害

(1)　弁護人は拘束された被疑者・被告人（以下、被疑者等という）との接見を通して始めて、被疑者等との信頼関係の構築を図れると共に、事案の真相に迫ることができる。弁護人が被疑者等との初回接見の際には、被疑事実の概要程度以上の情報を有していないことが一般的であり、被疑者等も弁護人の役割等について十分に理解をしていないことが多いため、弁護人が接見を通じて弁護人の任務や役割について説明し、被疑者等のために尽力することを信頼してもらわない限り、弁護人に対しても本当のことを説明してくれないことも多い。

そのため弁護人が被疑者等から信頼を得て、事案の真相に迫るためには、被疑者等との接見交通は、必要と考える際には自由にいつでも行うことができ、そのやり取りは誰にも、そして事後的にも、内容を聞知されることがないという制度的担保の下でなしうることが必要である。そのような保障のもとでこそ、被疑者等は委縮することなく、自由に意見交換をしたり、信頼して助言を受けることができるようになるのである。

ここからも、被疑者等と弁護人との接見交通権については、「自由に」、「いつでも」、「どこでも」、「時間制限なく」かつ「秘密性が絶対的に保障」されることが必要不可欠である。

(2)　しかし、捜査機関は、歴史的にも種々の態様でこの接見交通権に対す

る、制限、妨害をしてきた。

　その妨害の典型的態様が刑事訴訟法39条3項の規定を悪用し、接見の自由や時間についての妨害を加えてくることであった。

　刑訴法39条1項は、弁護人と被疑者等との自由な接見交通権を保障しているが、同条3項ではこの例外として、検察官、司法警察職員らは「捜査の必要があるときは」接見の日時、場所及び時間を指定できると規定している。そして捜査機関は、この規定により、検察官が一般的指定書を発行した場合には、弁護人は検察官の発行する具体的指定書を検察官から交付を受けて接見場所に持参しなければ被疑者との接見ができない、という運用をしていた。この具体的指定書は、これを持参しなければ接見できないという意味から面会切符と呼ばれていた。

　ひとたび一般的指定書が発行されれば、弁護人接見は原則的に禁止され、具体的指定書を検察官から受領して拘束場所に持参した場合に限り具体的指定された時間内のみ禁止が解除されて接見できるという仕組みとされていたのである。

　しかも、この一般的指定が発せられるときは、刑訴法81条の接見等禁止決定も併せて出されることが常であった。そのため、弁護人以外の者と被疑者との接見や文書の授受も許されず、家族や勤務先との連絡などの外部交通の確保という弁護活動を全うするためにも弁護人接見が一層重要となっていた。このためもあってか、弁護人の中には、唯々諾々と検察官のもとに出向いて具体的指定書の交付を受けて接見を行う人も多かった。

　しかしながら、一般的指定がなされれば原則的に弁護人接見が封殺され、検察官に具体的指定書の発行をお願いして、これの交付を受けなければ禁止は解除されず、なおかつ検察官の認めた10分とか15分だけしか接見が認められないという運用は、接見交通権に関する原則と例外の逆転現象であり、検察官の認めた範囲内でしか弁護人の被疑者に対する援助権は行使できないとする運用は改善されるべきと考える弁護人も多く存在した。

2．接見の自由（機会）をめぐる闘い

(1)　このような運用を潔しとしない弁護人は、接見現場に直行して即時の接見を求め、これを拒否された場合には、検察官等に対し一般的指定制度の不当性を追及し、指定の要件の存否について論争するなどして接見を確保し

たり、刑訴法に従って準抗告の申立てを行ったりしてこの逆転現象を打破しようとした。準抗告申立てに関しては1967〔昭和42〕年3月7日鳥取地方裁判所は「一般的指定によって被疑者と弁護人との間の接見を一般的に禁止することは許されない」として一般的指定に対する準抗告を認めて一般的指定を取消した決定もなされたが[*1]、多くの裁判所は具体的指定に対する準抗告しか認めず、また認容されても準抗告決定の翌日や翌々日に僅かの時間の接見しか認めないとするものが多く一刻を争う接見の確保という要請には十分に応えられるものではなかった。

このため、一般的指定制度そのものの廃止を求めて各地の弁護人は国家賠償請求訴訟を提起して民事訴訟の中で一般的指定制度の違憲性、違法性を問うたのは必然の流れであった。

刑事手続では行えなかった一般的指定制度の運用の違憲性、違法性は民事裁判での論争の中では行えたからであった。

ここから、当時、全国各地で接見指定を口実とした接見妨害が不当であるとした国賠訴訟が燎原の火の如く、相次いで提訴されていった。

浅井国賠（1973〔昭和48〕年提訴）、若松国賠（1986〔昭和61〕年提訴）、幣原国賠（1986〔昭和61〕年提訴）、伊神国賠（1987〔昭和62〕年提訴）、安藤・斉藤国賠（1988〔昭和63〕年提訴）など、いずれも具体的指定書の持参要求がなされて接見拒否され、国賠訴訟提起に至ったのである。

(2)　そして1978（昭和53）年7月10日の杉山国賠最高裁判決[*2]では、指定の要件につき、捜査機関の主張する捜査全般説を否定し、「現に取調中であるとか、実況見分、検証等に立ち合わせる必要がある等捜査の中断による支障が顕著な場合」には指定権の行使ができるが、弁護人等と協議してできる限り速やかな接見のための日時等を指定し、被疑者が防禦のため弁護人等と打ち合わせることができるような措置をとるべきである、とする物理的限定説を採用することを明言して、指定の要件を厳しく限定し、指定要件が存する場合でも捜査機関には弁護人との協議義務を負わせるという判決がなされた。その後の接見現場ではこの判決理論を武器として、指定の要件が存していないことや協議義務を尽くしていないことなどの不当性を追及して接見の確保

　＊1　下刑集9巻3号375頁、LEX/DB27930468。
　＊2　民集32巻5号820頁、判例時報903号20頁、判例タイムズ372号67頁、LEX/DB27000237。

に向けた捜査機関との論争が行いうるようになったのである。

この当時、検察官の発行する具体的指定書の受領を潔しとしない弁護人は、接見現場に直行して警察官、検察官と論争し、埒があかない場合には準抗告を申立ててその結果を待つという1日がかりの接見となることもいとわなかった。

これらの接見現場での攻防や怒り、その記録化などが国賠訴訟においても大きな原動力となった。

また杉山判決では、接見交通権を弁護人の固有権でもあるとされたため、弁護人も原告として国賠訴訟の提起ができることへの途が開かれた。

3．日弁連接見委員会の活動

(1) このような接見現場での争いや接見国賠訴訟の提訴を受けて、日本弁護士連合会では1983年に接見交通権確立実行委員会（接見委員会）を設置した。

この委員会は冠せられた名前の示す通り、接見交通権の確立のための実行部隊であって、各地での接見妨害の実情を調査したり、接見指定制度と闘っていた弁護人に対する弁護実践の指針を示すために接見交通権マニュアルを発行することや、各地で相次いで提起されていた接見国賠訴訟における理論的問題点を整理し、訴訟上の立証方針、立証方法等の検討、協力を行うなどを行うと共に、同委員会委員が互いに弁護団員となって国賠訴訟を支援することによって国賠訴訟を実質的に支えていった。

他方、80年代からは、主として東京地方裁判所令状部における接見指定に対する準抗告審においては、一般的指定は捜査機関の内部的な通知であり処分性がないとして準抗告の対象とはならない旨の決定が相次ぎ、これが全国的に波及したため、刑事弁護の現場における刑事法的救済の途が閉ざされたことから、この国賠訴訟による権利の回復に一層重点がおかれることとなった。この間に前記杉山判決の示した指定の要件について、現に取調べ中などだけでなく「間近い取調べ等の確実な予定があって申出に沿った接見を認めたのでは取調べ等が予定通り開始できなくなるおそれがあって捜査に顕著な支障」がある時も含むとされる（1991〔平成3〕年5月10日民集45巻5号919頁浅井国賠最高裁判決[*3]）などの後退もみられたが、他方で初回接見の重要性を認

＊3　判例時報1390号21頁、判例タイムズ763号150頁、LEX/DB27808497。

めさせる（2000〔平成12〕年6月13日内田国賠最高裁判決[*4]）などの多くの前進も得られた。そして、これらの国賠訴訟で得られた理論武装と国賠判決の成果などをもとに、接見委員会委員を中核とする日弁連協議団として法務省との接見に関する協議を1988（昭和63）年2月より開始し、1991（平成3）年3月までの間に合計15回にわたる協議を行い[*5]、接見現場における闘い、国賠訴訟による運動とあいまって理論的にも法務省、捜査当局を追い込んでいった。

　この間、1988年4月には、一般的指定書に関する法務大臣訓令、事件事務規程は改正、施行されて、一般的指定書が廃止され、純粋な内部的通知たる「指定をすることがある旨の通知」を発することとされ、他方接見指定と接見等禁止決定との連動もなくなったことから[*6]、以後具体的指定がなされる事件は大幅に減少することとなり、また指定がなされた事件についても具体的指定書の受領、持参要求もなされなくなった。しかし、この連動がなくなったことから、皮肉にも逆に接見等禁止決定が多発されることともなった。

　⑵　このようにして、同委員会委員を中心とした全国の弁護士が各地の接見現場で準抗告等の法的手続を含めた闘いや、これら接見国賠訴訟で勝ち取られた判例からの理論武装により、一般的指定制度を打破し、接見の自由を勝ち取る闘いを継続して捜査権力を追いつめていった。

　そして、2008（平成20）年5月には、警察庁、最高検察庁が相次いで「接見に対する一層の配慮」と題する通達を発するに至った[*7]。

　その通達の内容はいずれも大要、

1　弁解録取の際に、取調べ中に被疑者から弁護人と接見したい旨の申出があれば直ちに弁護人に連絡する旨を被疑者に告知する
2　取調べ中に被疑者から弁護人と接見したい旨の申出があった場合直ちに弁護人に連絡する
3　取調べ中の被疑者について弁護人から接見の申出があった場合、できる限り早期に、遅くとも直近の食事又は休憩の際に接見の機会を与える

[*4]　民集54巻5号1635頁、判例時報1721号60頁、判例タイムズ1040号113頁、LED/DB28051168。
[*5]　この詳細については日弁連接見交通権確立実行委員会『接見交通権マニュアル18版』（日弁連、2017年）139頁以下にも掲載している。
[*6]　事件事務規程は同『接見交通権マニュアル18版』103頁以下にも掲載している。
[*7]　その全文は同『接見交通権マニュアル18版』107頁以下、117頁以下にも掲載している。

よう配慮する

というものであり、これらの通達では弁護人からの接見の申出がなされた場合に「直ちに」接見させなくても良く、「できる限り早期に」で足りるとされている点は捜査権が接見交通権に優先するかの如き表現であるなどの問題は残るが、接見の自由（機会の確保）に関する限り大幅に前進したし、この通達を用いて前進させることが可能となった。

また現在では時間外接見の拒否や接見時間の制限を加えられるという事例も殆どなくなり、留置施設に関する限りは執務時間外接見拒否事例の報告にも接していない。

こうして接見の機会の確保や接見時間の制限に関する限り、逮捕段階における弁解録取を口実とした接見拒否（川目国賠2014〔平成26〕年3月6日東京高裁判決）や、検察庁特捜部事件などでの特別な具体的指定事案を除いて接見の指定がなされることも接見時間に関する接見妨害がなされることも殆どなくなっている。但し、裁判員裁判等の連日開廷のもとで、その必要性が高い刑事施設における夜間・休日接見については、文書の授受も含めて一定の範囲でしか許容されておらず、これの拡大も今後の課題として不可欠なものである。

4．新たな接見国賠の諸相

現在、接見についての紛争は接見の場所の問題とか、接見の内容、すなわち秘密交通権に関する分野に焦点が移りつつある。

いうまでもなく、弁護人と被疑者等間ではいつでも、どこでも接見が認められるべきであり、接見内容については事後的にであっても聴取がなされたり、信書内容が検閲されたりした場合、その萎縮的効果によって十分な信頼関係が構築できず、適切な助言や援助がなしえなくなるからであり、接見の秘密性に関しては捜査権との衝突もありえないことから、絶対的な保障がなされるべきである。

現在の国賠訴訟は接見の自由（機会）の確保から接見の秘密性（内容）に移りつつある観があり、その諸類型は以下の通りであるが、その詳細については、それぞれの弁護団からの報告（本書第2部「接見妨害ケース研究」）を参照されたい。

(1) 検察庁、裁判所での接見妨害

接見室のない検察庁での秘密接見拒否に関する定者国賠（最高裁2005年4月19日判決）では面会接見についての特別配慮義務を検察官に課し、裁判所構内接見拒否に関する小川（光）国賠での東京高裁2009〔平成21〕年12月21日成立の和解では、裁判所構内接見に関しても速やかな接見が実現されるべきとした。[*8]

これらを受けて、その後各地の検察庁、裁判所での接見室の整備が進められて行った。

しかし、現在でも横浜家庭裁判所での秘密接見拒否（東京地裁係属中の第2次井上国賠）、鳥取地方裁判所倉吉支部での秘密接見妨害（鳥取地裁係属中の倉吉松本国賠⇒本書第2部〔ケース5〕）などが存する。

また、児童自立支援施設においても、少年が身体拘束を受けている場合に準じて、付添人と立会人なしで面会できることの確認をした井上国賠（東京高裁2015〔平成27〕年11月27日和解）もある。

(2) 高見・岡本国賠（大阪地裁2000年5月25日判決）

弁護人と被告人間の信書を拘置所が検閲して要旨化し、これを検察官から証拠請求したことが違法とされた。[*9]

(3) 後藤国賠（大阪地裁2004年3月9日、大阪高裁2005年1月25日判決）

証拠採用されたビデオテープを拘置所において再生して被告人と打合せをしようとしたところ、検閲しなければ許さないとした措置が違法とされた。

同事件の大阪高裁判決では、刑訴法39条1項の接見とは、口頭での打合せに限られるものではなく、口頭での打合せに付随する証拠書類等の提示等を秘密裡に行う権利と判示された。[*10]

[*8]　和解条項全文は同『接見交通権マニュアル18版』裏表紙に掲載している。
[*9]　高見・岡本国賠弁護団編『秘密交通権の確立』（現代人文社、2001年）。
[*10]　後藤国賠訴訟弁護団編『ビデオ再生と秘密交通権――後藤国賠訴訟の記録』（現代人文社、2004年）、同『ビデオ再生と秘密交通権――後藤国賠訴訟の記録2【控訴審編】』（同、2005年）、同『ビデオ再生と秘密交通権――後藤国賠訴訟の記録3（完）【上告審編】』（現代人文社、2008年）。

⑷　接見内容の取調べなど

鹿児島接見国賠（鹿児島地裁2008〔平成20〕年3月24日判決⇒本書第2部〔ケース2〕）、富永第2次国賠（福岡高裁2011〔平成23〕年7月1日判決⇒本書第2部〔ケース1〕）などがある。

取調べにおいて被疑者・被告人と弁護人間の接見内容について聴取し、これを供述調書化して証拠請求をしたことが原則として違法とされた。

鹿児島接見国賠判決では、捜査妨害的行為等接見交通権の保護に値しない事情等特段の事情のない限り弁護人固有の接見交通権を侵害するとされ、富永第2次国賠判決では、捜査機関は被疑者等と弁護人との自由な意思疎通ないし情報伝達に萎縮的効果を及ぼすことのないよう留意すべきであり、接見内容について質問することは原則として差し控えるべきであり、弁護人との接見内容については話す必要がないことを被疑者等に告知すべきであるとしている。

また、黒原・畝原国賠事件（⇒本書第2部〔ケース9〕）での宮崎地裁2017〔平成29〕年1月20日判決では、接見内容につき、弁護人が被告人の家族宛メール送信にて報告した内容についても捜査機関が取調べることは許されないとされた。

⑸　再審請求弁護人の秘密接見交通権

再審請求を行っている死刑囚と再審請求弁護人との間の接見に関し、拘置所側では被収容者処遇法121条に基き、立会人を付しても違法でないとしていた。

しかし再審請求においても秘密接見交通権は保障されるべきであるとして、立会人を付された事件で多数の国賠訴訟が提起されている（石口・武井国賠⇒本書第2部〔ケース10〕、高野国賠⇒本書第2部〔ケース11〕、和歌山カレー再審事件国賠など）。

このうち、石口・武井国賠において、最高裁2013年12月10日判決では、死刑確定者は再審請求前にも弁護人と秘密面会する利益を有し、弁護人にも固有の秘密面会の利益が認められ、特段の事情のない限り立会人を付すことは違法であると判断した。しかし、その後も拘置所側は、この最高裁判決に従

---

*11　判例時報2008号3頁。
*12　控訴審判例評釈として葛野尋之・判例時報2148号152頁など。

わずに立会人を付す事例（東京地裁係属中の吉田国賠など）も散見される。

　このうち、吉田国賠においては、死刑囚と再審請求弁護人との打合せに立会人が付されたのは違法であるとした国賠訴訟の提起と併せて、事前救済を求める刑事施設職員の立会い禁止の差止訴訟と、仮の差止めの申立てを行っていた。このうち、仮の差止め申立事件について東京地裁2016年12月14日決定[*13]では、死刑確定者が再審請求弁護人と秘密面会をする利益もまた、重要な利益であるとして、死刑確定者と再審請求弁護人との面会に関して、本案判決言渡しまで仮に職員を立会わせる措置を執る旨の処分をしてはならない、との決定がなされたが、東京拘置所はこの決定にもかかわらず、その後も面会に立会人を付していた。

(6) 接見室内への電子機器の持込み、使用など

　接見の際には、口頭でのやり取りだけでなく、これを電子機器などで記録化したり、証拠資料等を提示したりするなどして打合せを行う必要がある。

　また外国の詳細な地図などの電子化された各種情報を示したりする必要性も高い。特に今日、捜査が電子情報によって行われ、捜査記録も電子化されることが多くなっているため尚更のこととなっている。

　精神状態の不安定な被告人の様子を撮影しようとして接見を中断させられたため、国賠訴訟を提起していた竹内国賠（東京高裁2015〔平成27〕年7月9日判決）や拘置職員などから暴行を受けたと訴えた被疑者等の暴行の痕跡などを保全するため接見室内において写真撮影しようとしたところ、接見を中断させられたりしたことの違法性を問う国賠訴訟として提訴していた、田邊国賠（福岡高裁2017〔平成29〕年10月13日判決）ではいずれも接見は意思疎通に限定するとし、稲村・半田国賠（福岡高裁2017〔平成29〕年7月20日判決⇒本書第2部〔ケース4〕）では写真撮影は接見及び接見補助行為には含まれないとして、接見中断や接見拒否を違法ではないとした。

　しかし、その後、和歌山カレー再審事件接見国賠大阪高裁2017年12月3日判決では、前記後藤国賠判決に準じて、秘密交通権には口頭での打合せのみならず、書類等を閲覧したり、電子データをパソコン画面に表示して閲覧しながらの打合せも含まれるとして、パソコン持込みを許さなかった拘置所の措置を違法と断じている。

---

　*13　判例時報2329号22頁、判例タイムズ1437号148頁。

また、電子データの外国地図アプリを閲覧しながらの打合せを許さなかったことの違法性を問う遠藤国賠（千葉地裁係属中）、検察官請求証拠である音声データをパソコンで再生していたところ接見を中断された第3次足立国賠（広島地裁係属中）、携帯電話を所持していることを理由に接見させなかった井上明彦国賠（広島地裁係属中）なども存する。
　これらの電子機器の持込み等を巡る接見に関する国賠訴訟は現下での重要な争点となっており、今後の動向に注目されるべきである。

(7)　文書の授受妨害

　本来、勾留によっては防止できない罪証隠滅の高度の蓋然性がある場合に限定的に認められるべき接見等禁止決定が一般的指定制度の廃止により逆に増加している現状においては、接見等禁止決定下での弁護人の弁護活動としての外部交通の援助の重要性が増している。
　しかし、被疑者等の弁護人への文書につき、身体拘束期間機関が文書内容を精査したうえで、弁護人以外の者への意思表示が含まれているとして宅下げ拒否を行う例が多発している。
　村岡国賠（大阪高裁2012〔平成24〕年10月12日判決⇒本書第2部〔ケース6〕）や湯原国賠（鳥取地裁2017〔平成29〕年6月16日判決）などでは、被収容者処遇法により弁護人宛文書でも内容を検査しうるとの規定が存することなどを理由として、文書授受に関する秘密交通権の重要性や弁護人倫理の存在を無視するかのように、宅下げ拒否は違法でないとする判決をなしている。
　しかし他方、第2次大崎国賠（東京高裁2013〔平成25〕年11月25日判決）や第2次井上国賠（東京地裁2017〔平成29〕年10月17日判決）では、留置担当官が文書の内容により弁護人宛てか否かを判断しうるとすると、主観的判断によって書類の授受が不当に妨げられるおそれがあることや、どのような場合に弁護人以外の者に発するものと判断されるのかといった客観的基準を明確にされない限り書類の授受を恣意的に制限することになりかねないとして秘密交通権に一定の配慮を示す判決も見られ、今後の判例の蓄積が待たれるところである。
　その他、裁判資料として使用を予定している被告人の母からの書類の差入れを求めたところ、被収容者処遇規則80条所定の信書に該るとして郵送以外の方法での差入れを拒否したことの違法性を問うた亀舎国賠（広島高裁2017年〔平成29〕11月28日判決）では、郵便法上の信書はすべてが被収容者処遇法

上の信書には該らないことを前提に、当該書類を証拠として請求する予定である旨の弁護人の説明を疑うべき事情はないのに差入れを拒否したことは違法とした。

　また、他方、被疑者等と弁護人間の文書につき差押えがなされたことが違法とされた宮下国賠（大阪高裁2016〔平成28〕年4月22日判決⇒本書第2部〔ケース8〕）や、任意提出させたことが違法とされた南川・岩永国賠（東京高裁2016〔平成28〕年7月14日判決⇒本書第2部〔ケース7〕）なども文書授受をめぐる秘密交通権の重要性に関して注目されるべきである。

5．まとめ

　被疑者等が弁護人との接見を求める局面は、身体拘束直後で被疑者が動揺したり、混乱していることが多い。そのような時にこそ、弁護人は被疑者から正確な情報を得て、適格な助言をすべきである。

　また、そのような局面であるからこそ、捜査機関は弁護人との十分な接見交通をさせないような方途を取ることも多い。

　接見交通権こそが、憲法上も被疑者等に保障されるべき防御権行使の最も重要な手段のひとつであることは明らかである。

　私達弁護人としては、接見交通権が被疑者等を援助するための重要な権利であることに十分に思いを致し、接見現場での闘いや刑事手続に従った権利の実現を図ると共に、国賠訴訟による権利確保の途を検討すべきであり、その意味では接見国賠訴訟の重要性は今後も高まることはあっても低下することはないというべきである。[*14]

（あかまつ・のりお／兵庫県弁護士会）

---

*14　これらの各接見国賠の概観や主要事件の判決要旨については、前掲注4『接見交通権マニュアル18版』156頁以下。

■ケース1

富永国賠訴訟
[取調官による接見内容の聴取]

・第一審：佐賀地裁平22・12・17訟務月報57巻11号2425頁、
　　　　　LEX/DB25470563
・控訴審：福岡高判平23・7・1判時2127号9頁、LEX/DB25471538
・上告審：最決平25・12・19LEX/DB25502950

富永　洋一
弁護士

半田　望
弁護士

1．事案の概要

(1)　本国賠は、2006年に佐賀県唐津市で発生した殺人未遂事件（自動車事故で負傷した小学生を自動車の運転者である被疑者Ａが山中に運び置き去りにしたという被疑事実）の捜査過程において発生した接見妨害事案である。

　Ａは知的能力の問題があり、捜査官の誘導・威迫等に迎合する傾向が比較的強い人物であった。そのため、取り調べにおいても逮捕当日は殺意を否認していたが、翌日になって殺意を認める内容の調書が作成され、新聞等でもＡが殺意を認めたとの警察発表に基づく報道がなされた。

　ところが、Ａの弁護人であるＴ弁護士がＡと接見した際、Ａが殺意を否認したため、Ｔ弁護士は報道機関の取材に対し「Ａは、被害者が『死んだ』と思い山中に放置した旨供述している」と回答し、複数の新聞でその旨報道された。

　本事件では、「この報道を知った担当検察官が、Ａに対し、弁護人に対して新聞報道にあるように弁護人に殺意を否認したのか確認した（質問①）ところ、Ａはこれを認めた。検察官がその理由を質問すると（質問②）、Ａは罪が重くなると思ったため弁護人に虚偽の説明をしたと伝えた。さらに検察官はＡに対し罪が重くなるとは弁護人から言われたのかどうかを質問すると（質問③）、Ａは弁護人からも聞いたが、もともと知っていた旨答えた。検察

官が殺意の否認が虚偽である旨を弁護人にも伝えたのかどうかと確認した（質問④）ところ、Aは弁護人には後に本当のことを話したと答えた」ことが前提事実とされている。

　しかし、この取り調べでのやりとりは可視化されておらず、専ら検察官の陳述書に基づくものである上、その陳述書も問題の取り調べから3年以上経過した後に作成されたものである。

　実際の取り調べでは担当検察官による相当の誘導や作文があったであろうことは、当該刑事事件における被告人質問において、Aの知的能力や表現能力の低さに加えて、その独特の方言の強さなどから、検察官とAとのコミュニケーションがほとんど成立していなかったことからも容易に推察された。なお、これらの事情から、当該刑事事件の一審判決においては、Aの一連の自白調書について、任意性は否定されなかったものの、自由心証主義により事実認定からは排除され、実質的に信用性が否定されている。

　検察官はAの各供述を録取した供述調書を作成し、公判前整理手続において当該調書を「生きていた被害児童を殺そうと考えたこと、逮捕直後は警察官に『死んだと思った。』旨嘘をついたこと、その理由、弁護士にも嘘をついていたこと等」との立証趣旨として証拠請求した。

　本件国賠訴訟の原告である富永洋一弁護士は、証拠開示により始めて当該供述調書の存在を知り、証拠請求に対して不同意との意見を述べると共に、証拠採用に対しても異議を述べたが、裁判所は異議申立を棄却し、当該供述調書を証拠として採用した。

(2)　その後、富永弁護士は2009年5月13日付けで前記刑事事件における検察官による被疑者と弁護人との接見内容の聴取行為、聴取内容を供述調書として作成した行為、当該供述調書を証拠として請求した行為それぞれが弁護人と被疑者との秘密交通権（刑訴法39条1項）を侵害し違法であるとして、佐賀地方裁判所へ国賠訴訟を提起した。

(3)　第一審判決は、刑訴法39条1項は被疑者等と弁護人との接見に捜査機関が立ち会ってはならないという意味に止まらず、接見終了後においても接見内容を知られない権利までも保障したものであると判示し、またかかる秘密交通権は弁護人固有の権利として保障されるとした。

　しかし、佐賀地裁判決では、捜査機関に対し「身体の拘束を受けている被

告人又は被疑者が有効かつ適切な弁護人等の援助を受ける機会を確保するという刑事訴訟法39条1項の趣旨を損なうような接見内容の聴取を控えるべき注意義務」があることは認めたものの、「捜査機関が同義務に違反したか否かは、聴取の目的の正当性、聴取の必要性、聴取した接見内容の範囲、聴取態様等諸般の事情を考慮して決すべきである」として、結論として本件における検察官の質問①乃至④はいずれも違法ではないと判断した[*1]。

(4) これに対し、控訴審は原判決を変更し、検察官による秘密交通権侵害を認めて原告の請求を一部認容した（上告審は上告棄却・不受理となり確定[*2]）。

2．争点

(1) 本件の争点は、刑訴法39条1項が被疑者等と弁護人が「立会人なくして」接見できることを保障したことの内容をいかに解するか、及びかかる秘密交通権の制限が許されるか否かである。

(2) 刑訴法39条1項の「立会人なくして」の意味については、本件に先行して判断がなされた鹿児島国賠第一審判決（鹿児島地判平20・3・24判時2008号3頁⇒本書第2部〔ケース2〕）において接見時の捜査機関の立ち会いを否定するに止まらずおよそ接見内容について捜査機関はこれを知ることができないとの接見内容の秘密を保障したものといえる旨判示し、また学説上も刑訴法39条1項は接見内容の秘密性それ自体をも保障していると理解されていたが[*3]、その限界については明示的に示されていなかった[*4]。

本件は、秘密交通権について捜査権や刑罰権との優劣や調整の要否、その規範が問題となった初の事例である。

[*1] 第一審判決の評釈として、葛野尋之・速報判例解説（法学セミナー増刊）9号（2011年）189頁、岡村佳明・行政関係判例解説平成22年265頁。
[*2] 控訴審判決の評釈として、葛野尋之・判例時報2148号152頁、細田啓介・別冊ジュリスト232号〔刑事訴訟法判例百選第10版〕82頁など。
[*3] 後藤昭＝白取裕司編『新・コンメンタール刑事訴訟法』（日本評論社、2010年）111頁。
[*4] 鹿児島国賠第一審判決ではいかなる場合に秘密交通権侵害となるかについての基準は示されていない。

3．弁護活動のポイント（弁護側の主張）

(1) 第一審において、原告側は、①刑訴法39条1項の「立会人なくして」とは、およそ接見内容についても捜査機関はこれをうかがい知ることはできないという「秘密交通権」を保障したものである、②刑訴法39条2項は「立会人なくして」の部分にはかからず、秘密交通権は法律によっても制約はなしえない絶対的に保障される権利である、③秘密交通権は弁護人固有の権利であり、被疑者が自発的に接見内容を供述したとしても捜査機関が接見内容を聴取することは許されない、④相弁護人による報道機関への接見内容の公表によっても接見の秘密性は放棄されていない、と主張し、本件での検察官の各行為は違法であると主張した。

(2) これに対して、国側は被疑者の供述が変遷した場合、その理由を聴取することが供述の信用性判断の上で不可欠であると主張し、①接見交通権には内在的制約があり、捜査権との調整は当然に予定されている、②被疑者が自発的に供述した場合には接見内容を聴取することも許される、③相弁護人による接見内容の公表により秘密性が消失している旨主張し、本件検察官の行為は適法である旨主張した。

(3) 第一審の佐賀地裁判決では、「捜査機関は、刑訴法39条1項の趣旨を尊重し、被疑者等が有効かつ適切な弁護人等の援助を受ける機会を確保するという同項の趣旨を損なうような接見内容の聴取を控えるべき注意義務を負っている」としたが、注意義務違反の判断基準として「聴取の目的の正当性、聴取の必要性、聴取した接見内容の範囲、聴取態様等諸般の事情を考慮して決すべき」とした。また、例外的に接見内容を聴取できるか否かについては、「秘密交通権が究極的には被疑者等の防御の利益を保障するものであることからすると、秘密接見におけるコミュニケーションの一方当事者である被疑者等が、真に自由な意思で接見内容を供述した場合には、もはや秘密性保護の必要性は低減したといえ、その態様によっては接見内容を聴取することが許容される場合もあるものと解するのが相当」であるとした。

そして、本件においては担当検察官が「将来公判において重要な争点となる可能性のある殺意の有無に関する本件被疑者の供述について、その信用性

を判断するため、新聞記事に掲載されたような供述をしたか否か、あるいは、その動機について聴取する高度な必要性があると判断したことは、その目的において不当な点があったとはいえな」いとし、また供述内容を聴取することの必要性、聴取方法の相当性もあったと結論づけた。

(4) 控訴審において、原告側は上記佐賀地裁判決が判示した規範の不当性を主張し、過去の接見国賠判決にも整合しないことを主張した。その要旨は以下のとおりである。

1) 大阪地裁平成12年5月25日判決（LEX/DB28061430）は、接見において秘密交通権が保障されている趣旨に鑑み、「被拘禁者とその弁護人との間の接見において、仮に訴追機関や収容施設側が重大な関心をもつと考えられる被拘禁者側からの罪証隠滅の希望や示唆、さらには被拘禁者の心情の著しい変化等の内容にわたる可能性があったとしても、それを理由に右の接見についての秘密交通権自体を否定することは法的にはできないというべきである」と判示して、検察官側における聴取目的の正当性、聴取の必要性、聴取した接見内容の範囲、聴取態様等がいかなるものであっても、秘密交通権を侵害する行為は当然に禁止されるべきことを宣言している。

2) 大阪地裁平成16年3月9日判決（後藤国賠第一審〔LEX/DB28091018〕）は、「秘密接見交通権は、前記のとおり、単に被告人等が弁護人から援助を受ける機会を確保するためだけのものではなく、かかる機会を確保することが、憲法の予定する刑罰権の発動ないし捜査権の行使を適正なものとし、実体的真実の発見に資する点にその実質的根拠が求められ、かつ、秘密接見交通権が憲法上の保障に由来することに鑑みれば、秘密接見交通権の行使と刑罰権の発動ないし捜査権の行使との間の調整場面として、上記のような制限の必要性及び合理性を検討するに当たっては、秘密接見交通権を可及的に保障する方向性が要請され、秘密接見交通権が保障された趣旨を没却するような制約を加えることは、刑訴法上のみならず憲法上も許されない」との原則論を展開したうえ、「弁護人が被告人等と直接接見するに当たって持ち込もうとしている書類等の事前検査としては、刑訴法39条1項及びそれが由来するところの憲法の保障の趣旨に照らし、罪証隠滅ないし逃走の用に直接供される物品ないし収容施設内の規律ないし秩序を著しく乱す物品の持ち込みの有無について、外形を視認することによって確認したり、書面又は口頭で質問する程度の検査を実施することは格別、持ち込まれる書類等の内容にまで及ぶ

検査については、秘密接見交通権が保障された趣旨を没却する不合理な制限として許されないと解するのが相当である」と判示しており、結局、秘密交通権の内容にはほとんど踏み込んではならないとの具体的結論を示している。

後藤国賠判決は、本来接見交通権で実現されるべき防御権とは直接的な対立を生じない拘置機関との関係においてでさえも、極めて厳重に秘密交通権を保障したものであるところ、本件は、防御権との直接的な対立関係にある捜査機関との関係が問題となった事例であって、それだけより厳格な秘密交通権の保護が図られなければならない場合というべきであるのに、原判決においては、このような配慮は全くなされておらず違法である。

3) 被疑者が自発的に供述したからといって弁護人の秘密交通権が消失したとはいえない。

4) 佐賀地裁判決のいう「聴取の目的の正当性、聴取の必要性、聴取した接見内容の範囲、聴取態様等諸般の事情」などという極めて不明確な「諸般の事情」によって、取調べにおいて接見内容の聴取が許されるとすれば、弁護人は、常に接見内容が聴取されるかもしれないことを慮って、被疑者との接見において有効かつ適切な助言を行うことを躊躇するという萎縮的効果が生じてしまい、被疑者が弁護人から援助を受ける機会を持つことが実質的に損なわれてしまうことは明らかである。

(5) また、木谷明・法政大学教授（当時）からも意見書の提供をいただくことができ、これを証拠として提出した。

4．判決の概要

(1) 控訴審である福岡高裁判決は、原判決を変更し、以下のとおり判示した。

1)「刑訴法39条1項所定の秘密交通権は、憲法34条の保障に由来するものであり、同条にいう『立会人なくして』との文言は、接見に際して捜査機関が立ち会ってはならないということを意味するにとどまらず、弁護人等の固有権として、接見終了後においても、接見内容を知られない権利を保障したものであると解するのが相当である」。「他方で、憲法が刑罰権の発動ないし刑罰権発動のための捜査権の行使が国家の権能であることを当然の前提としていることに照らし、被疑者等と弁護人等との接見交通権は、刑罰権ない

し捜査権に絶対的に優先するような性質のものとはいえない」。

「しかしながら、捜査機関は、刑訴法39条1項の趣旨を尊重し、被疑者等が有効かつ適切な弁護人等の援助を受ける機会を確保するという同項の趣旨を損なうような接見内容の聴取を控えるべき注意義務を負っているといえ、捜査機関がこれに反して接見内容の聴取を行った場合、捜査機関の接見内容の聴取行為は国賠法上違法となると解すべきである」。「また、起訴後も、検察官は、公判において、証拠調べ請求や被告人質問等の職務行為をするに当たり、被疑者等が有効かつ適切な弁護人等の援助を受ける機会を確保するという同項の趣旨を損なわないようにすべき注意義務を負っており、これに違反して職務行為を行った場合に、当該職務行為は、国賠法上違法となると解すべきである」。

2)「もとより、被疑者等と弁護人等との接見交通権は、身体を拘束された被疑者等が弁護人等の援助を受けることができるための刑事手続上最も重要な基本的権利に属するものであるとともに、弁護人等にとって、その固有権の最も重要なもののひとつであるから、捜査権の行使と秘密交通権の保障とを調整するに際しては、秘密交通権の保障を最大限尊重すべきであり、被疑者等と弁護人等との自由な意思疎通ないし情報伝達に萎縮的効果を及ぼすことのないよう留意することが肝要であって、刑訴法39条1項の趣旨を損なうことになるか否かについても、かかる観点から慎重に判断すべきものといわなければならない。

また、一般に法的知識に乏しく、あるいは逮捕、勾留等捜査官憲による身柄拘束を体験したことがなく、時には捜査官と勾留担当裁判官や弁護人との区別も正確に認識できない被疑者等に対し、唯一の後ろ盾といってよい弁護人の援助を受ける機会を実質的に確保する目的で、秘密交通権を弁護人等の固有権と位置づけている以上、取調べの際に被疑者等が自発的に接見内容を供述したとしても、そのことをもって、弁護人固有の秘密交通権を保護する必要性が低減したということはできないというべきである。

したがって、捜査機関は、被疑者等が弁護人等との接見内容の供述を始めた場合に、漫然と接見内容の供述を聞き続けたり、さらに関連する接見内容について質問したりすることは、刑訴法39条1項の趣旨を損なうおそれがあるから、原則としてさし控えるべきであって、弁護人との接見内容については話す必要がないことを告知するなどして、被疑者等と弁護人等との秘密交通権に配慮すべき法的義務を負っているものと解するのが相当である」。

2)「本件において、T弁護士は、接見の際の本件被疑者の供述の一部を報道機関に対して公表しているところ、秘密交通権保障の趣旨は、接見内容が捜査機関に知られることによって、被疑者等と弁護人等との自由な意思疎通が萎縮し、被疑者等が有効かつ適切な助言を得られなくなることがないようにするためであり、被疑者等と弁護人等との意思疎通の過程全体が秘密交通権の対象となるというべきであるから、T弁護士が報道機関に対し、本件被疑者の供述の一部を公表したからといって、供述過程を含む秘密交通権が放棄されたとは到底認めることができない。しかしながら、一方、本件被疑者がT弁護士との接見の際に同弁護士に対し、『被害者が死んだと思い放置した』と供述した事実それ自体については、前記報道機関に対する公表をもって、秘密性が消失したものといわざるを得ない」。

検察官が「本件被疑者に対し、本件被疑者がT弁護士に『（被害者が）死んだと思った』と供述した事実の有無を確認した点（質問①）は、当該事実につき既に秘密性が消失していることに照らし、接見交通権に萎縮的効果を及ぼすおそれはなく、弁護人に対して捜査機関に対する供述と異なる供述をした理由を尋ねた点（質問②）についても、本件被疑者が接見内容に関わる回答をする可能性はあるものの、本件被疑者とその弁護人との間の意思疎通の内容を尋ねたわけではなく、その意味では接見内容と無関係に供述が変遷した理由を尋ねたにすぎないとみてよいから、直ちに刑訴法39条1項の趣旨を損なうとまではいえない」。

「しかしながら、検察官が、さらに、本件被疑者に対し、殺意を認めると罪が重くなることは弁護人から言われてわかったことか、もともと知っていたことかを確認した点（質問③）、『死んだと思った』旨の供述が虚偽であることを弁護人に対して伝えているか否かを確認した点（質問④）については、未だ秘密性が消失していない本件被疑者と弁護人との間の情報交換の内容を尋ねるものであり、本件被疑者と弁護人との意思疎通の過程を聴取したものにほかならず、被疑者等と弁護人等との自由な意思疎通ないし情報伝達に萎縮的効果を及ぼすおそれがあるというべきであるから、検察官は、刑訴法39条1項の趣旨を損なうような聴取を控えるべき注意義務に違反したといわざるを得ず、本件聴取行為は、国賠法上違法となる」。

3)「聴取行為によっていったん侵害された接見内容の秘密が、供述を調書に録取する行為及び当該調書に署名・指印を求める行為によって新たに侵害されたと解することは困難である」ので、検察官が接見内容を調書化した

行為は、接見内容を聴取した行為と一体のものとして国賠法上違法となるにすぎない。

4）「被疑者の起訴後においても、刑訴法39条1項の趣旨は妥当し、検察官は、公判において、証拠調べ請求や被告人質問等の職務行為をするに当たり、刑訴法39条1項の趣旨を損なわないようにすべき注意義務を負っており、これに違反した場合には、当該職務行為は、国賠法上違法となる」。

検察官が、「本件供述調書の証拠調べ請求をするに際し、あえて『弁護人にも嘘をついたこと』をまでも立証趣旨とする必要があったとは、被疑者の殺意を巡る供述にそれなりの変遷があったことを考慮にいれても、到底認めることができず、かかる訴訟活動は、控訴人と本件被疑者との信頼関係を破壊するおそれのある行為であって、控訴人に対し、今後の公判における審理準備のため弁護活動をなす際においても、実質的弁護権としての秘密交通権を行使する機会を持つことについて、心理的な萎縮効果を生じさせたものと認めることができるから、聴取行為それ自体とは別個に、国賠法上違法」となる。

5．今後の課題

(1) 従前、接見交通権に関しては、接見指定や接見拒否等に対する国賠訴訟は行われていたが、本件以前に接見内容の秘密性そのものが争われた事件は鹿児島国賠（⇒本書第2部〔ケース2〕）のみであり、最高裁はもとより高裁レベルでの判断はなされていなかった。

本判決は、捜査機関による接見内容の聴取の違法性を認めた初めての高裁判決であり、秘密交通権の意義を高く評価していることとあわせ、重要な意義を有するものである。[*5]

特に、本判決において秘密交通権を「弁護人固有の権利」として認めた上で、「捜査権の行使と秘密交通権の保障とを調整するに際しては、秘密交通権の保障を最大限尊重すべきであり、被疑者等と弁護人等との自由な意思疎通ないし情報伝達に萎縮的効果を及ぼすことのないよう留意すること」を要件とした点は、今後の同様の接見交通権侵害事案においてもその違法性を判

---

*5　葛野・判例時報2148号154頁。

断する上で重要な規範となるものと思われる。*6

　本判決により、秘密交通権の効果として、捜査機関等が被疑者と弁護人との間での自由な意思疎通や情報伝達に対して萎縮的効果を及ぼしてはならないという理解はほぼ確立したものと考えてよく、ここから捜査機関が事後的に接見内容を覚知しようとすることは、実際に接見内容を知ったか否かにかかわらず違法となると考えるべきであり、この点は秘密交通権保障のうえで非常に重要であると考える。また、本判決は捜査機関に対し「被疑者等が弁護人等との接見内容の供述を始めた場合に、漫然と接見内容の供述を聞き続けたり、さらに関連する接見内容について質問したりすることは、刑訴法39条1項の趣旨を損なうおそれがあるから、原則としてさし控えるべき」としたうえで、「弁護人との接見内容については話す必要がないことを告知するなどして、被疑者等と弁護人等との秘密交通権に配慮すべき法的義務を負っている」ことも判示しており、これまでの接見交通権に関する判例を一歩進めたものと評価すべきである。

(2)　もっとも、弁護人が報道機関に公表した事実については秘密性が消失したとして、その部分についての捜査機関による聴取を違法ではない、としたことはなお問題を残すものである。
　弁護活動においては、捜査機関からの一方的な報道発表に対抗し、被疑者の主張を適切に知らしめるために報道対応を行う必要性がある場合も想定される。特に裁判員裁判対象事件については、報道により裁判員候補者を含む市民に一定の偏った先入観が形成された場合、それが判断に影響しないという保障はない。その場合において報道機関が報道した範囲について秘密性が消失するとした場合、弁護人としては報道機関の取材に答えることは被疑者に対する取調べの範囲拡大につながるものとして消極的な対応をとらざるを得ず、事実上報道機関の取材に対して接見内容を含む被疑者の言い分を公表することは不可能となる。捜査機関の一方的な報道発表への対抗策として取材に応じることは、特に被疑者段階では、捜査機関による報道発表部分の接見内容の聴取がなされることを覚悟して取材に応じるか、対抗策としての取

---

*6　黒原・畑原国賠（宮崎地判平成29年1月20日）においても、本判決の規範を用いた判断がなされ、弁護人が被疑者との接見内容を被疑者の家族にメールで送信したものを捜査機関が探知することは違法である、との判断がなされている（詳細は本書第2部〔ケース9〕）。

材を一切拒絶するかの二者択一を強いられる結果となる。

　また、公表事実に関する内容聴取を許すとしても、捜査機関がその範囲を超えて聴取が広がる危険が生じることは否定できない。結果として、秘密性の消失を理由とした内容聴取を許容することはその限界が不明確であると言わざるをえないのである。

　さらに、報道機関ではない第三者へ接見内容を開示した場合に秘密性の消失が認められる余地があるのか、秘密性の消失が認められるとしてそれはいかなる場合によるのか、については本判決からは明らかになっていない。[*7]

　弁護人が弁護活動上接見内容を明らかにする必要が生じた場合に、いかなる場合に秘密性が消失するか、及び秘密性が消失した場合に内容聴取の対象となる範囲が不明確であれば、接見内容の開示について本判決が判示する「萎縮的効果」とは異なる意味での萎縮的効果が生じてしまう結果となり、弁護戦術の幅を狭める結果となることが危惧される。[*8]

　また、そもそもの枠組みとして秘密交通権を捜査の必要性による調整原理に服することが妥当であるかどうかという問題や、聴取した接見内容を調書化した行為について独自の違法性を認めなかったことなど、本判決にはなお検討すべき課題が残されている。

(3)　しかしながら、本控訴審判決は原審である佐賀地裁判決が採用した単純な利益衡量による違法性判断を行わず、秘密交通権の意義や重要性に十分配慮した規範を用いた点、及び捜査機関に対し高度の注意義務を課した点については高く評価されるべきものであり、今後の秘密交通権をめぐる闘いにおいて重要な意義を有する判決であるということができよう。

（とみなが・よういち／佐賀県弁護士会＋はんだ・のぞむ／佐賀県弁護士会）

[*7]　なお、黒原・畝原国賠判決においては、被疑者の家族に対する接見内容の報告によっても秘密性が消失したと判断することはできない旨の判断がなされており、一つの参考となる。

[*8]　半田望「秘密交通権の保障と第２次富永国賠控訴審判決の意義」季刊刑事弁護68号（2011年）114頁、葛野・判例時報2148号158頁。

■ケース2

志布志国賠訴訟
[取調官による接見内容の聴取]

・第一審：鹿児島地判平20・3・24判時2008号3頁、
　LEX/DB28141808（確定）

野平　康博
弁護士

1．事案の概要

(1)　いわゆる志布志事件は、2003（平成15）年4月13日（以下、特に断らない限り、月日は、2003年である）に施行された鹿児島県議会議員選挙で選挙買収が繰り返されたとして、当選した新人候補者である中山信一ら15名が逮捕・勾留され、さらに多数の一般市民が任意同行と称する強制的な密室取調べを長時間・長期間にわたって受け、さらに強制捜査を受けた公職選挙法違反被疑・被告事件である。

(2)　志布志事件の捜査の経緯について
　同年4月14日から始まる捜査着手時点でも、捜査の端緒（合理的嫌疑）はなかった。志布志町内にあるホテル経営者の川畑幸夫は、いわゆる「踏み字」をさせた刑事（以下「踏み字刑事」という）から、ビール口事件（建設会社の事務所に年始の熨斗のついたビール1箱が置いてあったという事件〔a事件〕）で志布志警察署への強制的な同行を求められ、様々な違法取調べを受けた（いわゆる踏み字国賠訴訟参照）。この時点でも、信一の買収嫌疑は認められなかった（検察官送致なし）ものの、警察は、信一や幸夫が懐集落の鶴雄に焼酎2本を配ったとする、鶴雄の自白調書を作成し（いわゆる鶴雄の焼酎口事件〔b事件〕）、幸夫にこれを認めるよう自白を迫った。この過程で、4月16日、刑事は、幸夫に対し親族の名前などを書いた紙を踏ませるという、踏み字を強制した（いわゆる踏み字事件）。

しかし、鶴雄に対する買収事実は認められなかった（検察官送致なし）ので、警察は、この捜査を断念し、取調班長は、鶴雄の住む四浦集落の公民館長宅を訪問し、四浦集落で信一による選挙買収がなされているなどとする虚偽の報告をして、4月17日から、四浦集落の住民7名以上を警察署等に連行し、「選挙違反をしただろう」など自白を迫った。しかし、この時点でも、信一の選挙買収の嫌疑は認められなかった。警察は、なおも同行対象を拡大して取調べを継続し、4月19日に、刑事は智津子を脅迫して、智津子に、いち子から焼酎と現金を貰ったなどとする虚偽自白をさせ、この自白に基づき、鶴雄及びいち子からも、同様に虚偽自白を得た（いち子の焼酎口事件〔c事件〕。但し、c事件では、その後、被疑者とされた者13名のうち、大半は検察官送致なし）。この虚偽自白に基づき、さらに四浦集落の住民を含む多数の住民を次々に取調室に連行して、自白を迫まった。踏み字刑事は、いち子に対し、机を叩き、怒鳴り立てて、自白を迫った。結局、取調室で得られた各供述は、相互に矛盾し、c事件の立件は、不能となった（後に不起訴処分となった）。しかし、智津子は、連日の取調べで病院で点滴を受けるほど体調を崩していたが、4月30日、刑事は智津子を取調室に連行し、体調不良の智津子を簡易ベッドに横にさせたまま取調べを継続し、「いち子宅で集まりがあり1万円をもらった」とする虚偽自白調書を作成させた。
　この虚偽自白を端緒として、警察は、懐集落の住民を中心に、取調室に連行して取調べを継続した。取調班長は、取調官同士の情報交換を禁止し、いわゆる箝口令を敷いて、5月6日まで取調べを継続したところ、いち子宅で4回の買収会合があり、3万円、5万円、5万円、10万円の買収金が配られ、信一から直接貰った（買収会合事件〔d事件〕）などとする虚偽自白調書が作成された。しかし、この箝口令の取調べ手法は、叩き割り国賠訴訟控訴審判決で明白に違法とされた。この強制的な取調べでも、自白の重要な部分での変遷もあり、供述者相互の矛盾もあり、客観的事実に反することも判明したため、信一の買収嫌疑は全く認められなかった。しかし、それでも信一に対する訴追を諦めず、1回目買収会合により、5月13日に、いち子ほか5名を逮捕し、勾留を継続した。なお、5月18日から、本部長の指揮を受けずに捜査に着手したものの、本部長の許可が得られず、途中で終了した「浜野20万円事件〔e事件〕」の違法捜査も平行して進められた（検察官送致なし。そして、叩き割り国賠訴訟の控訴審判決で、e事件捜査の違法が認められた）。
　その後も、警察は、検察官送致のため、自白獲得のため身体拘束を利用し

た取調べや任意という名の強制連行による取調べを継続したものの、供述は重要部分で変遷し、供述者相互の供述も矛盾し、更には、その供述も客観的事実（主に信一・シゲ子のアリバイ）にも反する供述が積み重ねられていたにも拘わらず、検察官は、最終的に13名を総額191万円の買収金の受供与があったとして、五月雨的に起訴した（1名は10月10日付けの在宅起訴）。

その後、7月23日及び31日の公判廷で自白した、いち子、邦雄及び俊裕は、検察官の「しかるべく」の意見で、直ぐに保釈されたが、否認した9人は、検察官の徹底抗戦で保釈が認められず、信一は395日間も身体拘束を受けた。3年8ヶ月もの審理の後、「違法な」箝口令下の自白が全く信用できないことや信一のアリバイ等が証明され、全くの虚偽自白であることが明白となり、12人全員無罪（1名は公判中に死亡したため公訴棄却）の判決（鹿児島地裁平成15年（わ）第217号平成19年2月23日判決・判タ1313号285頁、LEX/DB28135108。以下「志布志事件無罪判決」という）が平成19年2月23日に宣告され、検察官は控訴できず、同年3月10日に確定した。

(3) a事件ないしe事件は、そもそも捜査着手段階で「選挙買収の嫌疑あり」とする警察の判断は明らかに誤っており（捜査途中で、c事件ないしe事件の嫌疑が限りなく存在しなくなっていたことは、後の国賠訴訟で明確に認定されている）、通常の捜査官であれば「捜査」（とりわけ任意同行・取調べ）に着手するべきではなく、着手しても、この誤捜査に早期に気づき、捜査を終結すべきであった。

b事件の捜査は、当初から中山派摘発目的のものであり、何としても中山派を摘発しようとする現地本部、とくに志布志署長及び取調班長の思い込みにより進められたものである。そして、c事件の端緒情報が得られたなどとして、強行に四浦地区住民の取調べを継続したものである。そして、その過程で、取調室での智津子の自白という端緒情報が得られたとして、追及を強めた。このようにc事件に関する嫌疑の合理性を判断する上で、端緒情報を取得するに至った経過を把握しておくべきであった。

さらに、d事件の捜査の端緒情報は、4月30日から始まる「智津子の虚偽自白調書」であるが、このd事件の捜査は、嫌疑がないなかで強引に進めたc事件も、到底立件できないことが判明し、現地本部は捜査を打ち切るべきであった。しかるに、志布志署長ら現地本部の思い込みで強行に捜査を進めるなかで、取調べに耐えられなくなって簡易ベッドに横になるほど疲弊して

いた智津子に任意性を欠く取調べを受忍させ、金品をもらっていないと否認している智津子に「いっちゃんちで集まりがあり、1万円をもらった」旨の虚偽自白をさせた。この自白が虚偽であることは、捜査機関が描いた構図（4回買収会合で3万円、5万円、5万円、10万円の選挙買収がなされたとする構図）とも異なり、共犯者とされるいち子らの虚偽自白調書の記載内容とも異なることなどから明白であった。この虚偽自白を端緒情報とした現地本部の判断が、全く合理性を欠く違法なものであった。

いずれの事件についても、端緒情報は信用に足るものではなかった。しかし、a事件ないしd事件の捜査に着手し継続したことが、捜査当局の判断に合理性があるか否か（つまり違法かどうか）を判断する上で、重要な考慮要素であり、この一連の異常で異様な捜査過程を断片化して捉えることは、問題の本質に目をつむるものである。

志布志事件の捜査に着手した段階から嫌疑がなく（したがって、任意同行・取調べと称する捜査に着手してはならないものであった）、その後の箝口令下の違法捜査を継続しても嫌疑は高まらず（この手法も国賠訴訟で違法と断罪された）、さらに強制捜査に着手しても、結局、起訴するだけの嫌疑がなかった。捜査機関は、既に得ていた虚偽自白を維持するために、あるいは、この虚偽自白の信用性評価を誤っていたのに、この虚偽自白に添うように、虚偽自白を獲得するために、弁護人との接見状況を聴取したのである。下記の国賠判決は、このように評価してもよいものである。

2．4つの国賠訴訟

上記捜査過程では、捜査機関による様々な違法行為が判明したため、冤罪被害者及びその弁護人は、下記4つの国賠訴訟を提起して争い、事件発生から13年の歳月がかかったが、全ての訴訟で勝訴判決が確定した。

(1) **踏み字国賠訴訟**（鹿児島地方裁判所平16年（ワ）第263号、判時1977号120頁、LEX/DB28132119）

幸夫が、刑事事件の係属中の2004（平成16）年4月9日には、鹿児島県を被告とする国家賠償請求訴訟を提起した。鹿児島地方裁判所は、2007（平成19）年1月18日に、2003（平成15）年4月14日から、いち子を取り調べた踏み字刑事が幸夫に対して、同月16日の取調べの際に、志布志警察署取調室で、

親族の名前などを自ら書き記した紙三枚を十数回踏ませ（国賠訴訟では少なくとも3回と認定）、いわゆる踏み字を強制するという不法な有形力を行使し（以下「本件踏み字」という）、また、任意捜査における退去の自由を制約し、令状なしに身体の捜索をするなどの違法行為により、幸夫さんに精神的苦痛を与えたとして、鹿児島県に対して、金60万円の支払いを命じる判決を言い渡した。

本件踏み字事件の判決は、取調べにおける踏み字刑事の違法行為、とりわけ踏み字においては、その取調手法が常軌を逸し、公権力をかさにきて幸夫や関係者を侮辱するものであると、厳しく指弾した。本件踏み字が、一般市民は誰でも嫌悪感を抱く取調手法であり、このような前近代的な刑事の密室取調べが今なお横行し、これを是認する警察組織に対し、警鐘をならした画期的な判決である。上記判決は、踏み字を強制した警部補を庇い、正当化しようとする警察組織の態度を厳しく非難し、警察組織の体質自体の改革が必要であることを明らかにした。

(2) いち子らの弁護人による秘密交通権侵害国賠訴訟（鹿児島地方裁判所平成16年（ワ）第294号事件、判時2008号3頁、LEX/DB28141808）

いち子らの弁護人らが原告となり、捜査機関が弁護人の有する固有の権利である秘密交通権を取調べで聴取し、これを調書化したことが、弁護人に対して絶対的に保障されている秘密交通権を侵害する違法な行為であるとして、2004（平成16）年4月16日に、国家賠償請求訴訟を提起し、鹿児島地裁は、①秘密交通権が絶対的に保障される弁護人固有の権利ではないが、②必要性・相当性が認められない限り、聴取することは許されないとして、2008（平成20）年3月24日に、捜査機関による組織的な秘密交通権侵害の事実を認定して、弁護人の賠償請求を認める判決を言い渡し、国も県も、これを争わず、判決が確定した。

(3) たたき割り国賠訴訟（鹿児島地方裁判所平成18年（ワ）第772号事件、判時2263号189頁、LEX/DB25541141、福岡高等裁判所宮崎支部平成27年（ネ）第153号事件LEX/DB25543984）

踏み字国賠訴訟と併行して、警察による取調べの被害に遭った志布志町の住民8名が、2006（平成18）年10月27日には、総論として、志布志事件そのものが捜査の着手段階から買収嫌疑がなかったこと、その違法な取調べに

よる虚偽自白を端緒とした取調べの違法を訴え、さらに、原告らに対する個別の叩き割りによる取調べの違法を主張して、鹿児島県を被告として、国家賠償請求訴訟を提起した。

　刑事事件が進行中の2006（平成18）年10月27日、提訴し、2015（平成27）年5月15日原告らの一部勝訴判決となったことから、控訴し、学者の意見書等を提出して争ったところ、2016（平成28）年8月5日午後1時30分、箝口令による取調べの違法が認められ、全員勝訴の判決が言い渡された。結局、叩き割りという取調べ方法により被害を受けた者全員の訴えが認められたのである。

⑷　無罪国賠訴訟（鹿児島地方裁判所平成19年（ワ）第1093号事件、判時2262号232頁、LEX/DB25540969）

　2007（平成19）年10月19日には、無罪判決を受けたえん罪被害者及びその遺族が、捜査着手段階からの嫌疑なき捜査（特に取調べ）の違法、起訴等の違法（及び公訴を維持したことの違法）を主張して、鹿児島県及び国を被告として、国家賠償請求訴訟を提起したが、これも全員について、2015（平成27）年5月15日に、警察・検察の違法行為（主に取調べの違法と公訴維持の違法）が認定されて、その請求が認容された。

3．秘密交通権侵害の取調べ

　⑴　a事件ないしe事件は、そもそも到底立件できるような事件ではなかった。しかし、現地本部は、何としても自白させて立件しようとし、自白調書を大量（600通以上）に作成させたが、上記国賠訴訟において、被疑者・被告人及び弁護人に対する検察官及び警察官の違法な取調べがあったことが明らかにされた。取調官は、いわゆる「叩き割り」と呼ばれる違法取調べを繰り返し、虚偽自白をさせ、その自白を得るため、あるいは自白を維持させるために、弁護人との接見内容等を執拗に聞き出していたことが判明した。検察・警察は、長期間にわたる接見禁止のため、弁護人だけを頼りにしている被疑者・被告人を精神的に動揺させることで、虚偽自白をさせたり、虚偽自白を維持させるため、一体となって、組織的・計画的に行った弁護人選任権、とりわけ秘密交通権侵害の取調べを行い、被疑者・被告人から弁護を受ける権利自体を奪って行ったのである。

この点、捜査機関は、弁護人と接見したあとでも自白を維持したとして、自白の任意性を担保するために、接見内容を聴取したなどと弁解した。しかし、弁護人との関係を聴取した経緯・事情は、上記秘密交通権侵害の国賠訴訟判決が詳細に認定するとおり、実際は、下記(A)ないし(D)の態様のものであって、そのようなものではなかった。また、いち子らに保障されている秘密交通権については、国及び県は、いち子らが自らの意思でこれを放棄し、自発的に接見内容等を供述したのであるから、その侵害はないと主張した。しかし、そもそも放棄できる権利と言えるか疑問があるが、取調官による弁護人との接見内容の聴取は、組織的かつ継続的であり（この指示が捜査会議等でなされていたことは、取調官らの陳述書等から明らかであった）、弁護人による「否認の慫慂」があるなどと、全く根拠なく決めつけて、弁護人との信頼関係に容喙していたことも明らかになった。
　取調官が弁護人との接見内容を聞き出し調書化した理由は、次のようなものであった。
　(A)　被疑者・被告人は、捜査着手段階から、選挙買収事実はないとして、頑なに否認していた。しかし、取調官の「叩き割り」という違法・不当な取調べに耐えられず、虚偽自白したものの、事実がないので、小出しに否認したり、取調官に迎合して供述内容を変遷させたりしていた。取調官は、それまで被疑者が否認したり、供述内容が変遷するのは、弁護人からの否認の慫慂があったことが否認の理由等であると決めつけ、被疑者・被告人に弁護人と何を話していたか、執拗に接見内容を聞き出して、それまでの否認の理由とする供述調書を作成させた。その際に、弁護人と接見しても自白を維持したとして、自白の任意性の担保とすることとした。
　しかし、捜査着手時点から、金品等の選挙買収について、自白していた者は存在しないので、「自白→接見→否認→自白」の類型は存在しない。全て、志布志事件では、最初の取調べは、全て否認から始まっている（しかも、自白しても、金額や回数などの根幹部分で変遷し、共犯者供述は符合せず、しかも、変遷したことなどは弁護人の接見とは無関係であった）。
　(B)　公判準備段階で、弁護人から裁判所に対する照会回答書により、被告人の公判廷での認否が裁判所・検察官に明らかにされた段階で、それまでの間に、虚偽自白させられていた被告人のうち、いち子、鶴雄、忠及び智津子が、公判廷で否認に転じること（あるいは、弁護人が否認を留保とするとの意見を述べている）が明らかになったときに、公判期日直前の公判準備の重要な

時期に、弁護人と被告人の接見で何が話されているか、被告人から執拗に聞き出し、接見禁止に違反したなどとする供述調書を作成した。

(C) 被疑者・被告人が、警察や検察に虚偽自白をしているものの、実際に公判が開かれるたびに、諸要因（早く釈放を望む心理、買収会合集会などないのに、会合を開いて金をもらったと公判廷での自白に対する抵抗感や集落に人々や家族へ申し訳ないという罪悪感）から精神的に動揺し、次回公判廷で否認するかどうか対応に苦悩しているときに、その精神的動揺の理由が、弁護人との接見が原因であるなどとして、組織的に接見内容を聞き出し、さらなる動揺をさせ、公判廷で自白に戻るように仕向けた。そして、いち子、俊裕、邦雄が公判廷自白をした。

(D) 被疑者ノートの差押え（弁護士の指示によるノート作成であることから、秘密交通権の侵害事例のひとつである）など。

(2) いち子の接見内容の聴取について。

なお、5月13日の1回目買収会合で逮捕した6人のうち、その時点では、いち子、忠、鶴雄、俊裕は、自白（虚偽）をしており、トメ子と邦雄は否認であった。ただ、その日までに逮捕されていない、安義、成美、忠義及びヒナ子は、積極的に否認しており、智津子は自白（虚偽）していた。

1) いち子と弁護人との関係等について。

ア　いち子は、4月22日に逮捕され、志布志署に留置された（その後、保釈時まで接見禁止が継続した）。同月24日には、佐々木健弁護士がいち子の私選弁護人に選任され、いち子に取調べ状況をノートにメモするよう指示し、いち子は、この指示にしたがって、いち子ノートを作成して、自己の無実や取調べの違法を訴えていた。

いち子ノートには、取調べの状況も克明に記載されていた。しかし、5月13日に、いち子が鹿児島南署に勾留されると、いち子は看守からボールペンを貸してもらえず、いち子はノートをつけることが殆どできなくなった。しかも、捜査機関は、6月2日には、裁判官の令状により、いち子ノートを差し押さえてしまった。

イ　いち子は、佐々木弁護士、さらには5月13日以降、新たに選任された新納幸辰弁護士には、接見時、毎回、金品供与事実はないと否認を続けていた。

ただ、踏み字刑事は、執拗な違法取調べを継続したが（留置記録等にもいち

子の訴えが記載されていた)、弁護人の接見後は、いち子は積極的に否認に転じ、頑強に否認した。すると、踏み字刑事は、取調室で、利益誘導しながら、弁護士と何を話したか、いち子に執拗に聞くようになった。このため、6月3日の1回目会合の起訴後、6月4日の4回目買収会合事件の逮捕後である6月15日には、いち子は「認めると釈放される」と思うようになり、虚偽自白に転じ、その上、警察から、佐々木弁護士と新納弁護士を解任させられた。この解任手続には、龍造寺秀仁検事が積極的に関与した。

　ウ　この解任後、熊谷光司弁護士が、弁護士会の推薦手続を経ずに、裁判所の一本釣りにより国選弁護人に選任された。この時点では、いち子は、捜査機関の言いなりに、虚偽自白調書を作成していた。

　ところが、熊谷弁護士は、6月30日の接見で、いち子の供述について不自然さを感じ、7月3日の第1回公判では認否留保、請求証拠についても、意見留保との話をいち子にした。そして、熊谷弁護士は、いち子に対し、認めても認めなくても、10月ころまでは保釈されないなどと説明した。子ども達もいち子の無実を信じていることなどを伝えた。刑事は、接見内容を聴取した。

　エ　熊谷弁護士は、第1回公判期日の前日である7月2日には、励ましの言葉を記した子ども達の手紙をアクリル板越しに読ませ、1回目買収会合の起訴事実に関する公判時の対応をあらためて説明した。

　オ　ところが、翌日、第1回公判期日が開始される直前の午前9時頃に、検察官は、前日作成した供述調書をもとに、子ども達の手紙を見せた熊谷弁護士は接見禁止に違反したとして、裁判所に弁護人解任予告をするに至った。このため、第1回公判は延期されるに至り、接見禁止も継続するに至った。

　カ　その後、熊谷弁護士は、検察官から呼び出しを受けるが、これを拒否し、裁判所から7月4日に呼び出しを受けて出頭したところ、担当裁判官だけでなく、担当外の部総括裁判官も同席の上で、子ども達の手紙を見せたかどうかなどを熊谷弁護士から事情を聴取した。

　キ　すると、熊谷弁護士は、裁判所に国選弁護人解任を拒否していたにも拘わらず、7月7日には、裁判所は国選弁護人を解任するに至った。この際に、いち子に解任の意思確認を行わなかった。

　ク　その後、弁護士会は、特別案件として、いち子に2名の国選弁護人の推薦を行い、裁判所は、これを認めて、7月9日、窪田雅信弁護士と野田健太郎弁護士を選任した。

ケ この後も、いち子は、7月17日、4回目会合により起訴された後も、いち子が否認と自白を繰り返していたことから、取調官は、繰り返し、接見内容を聴取し続け、いち子は、その後も、虚偽自白調書を作成した。

コ そして、いち子は、7月23日の期日で、1回目会合について、虚偽の公判廷自白をし、7月31日の期日でも、4回目会合について、虚偽の公判廷自白をした。国選弁護人は、いずれも、認否留保・証拠意見留保とした。

サ いち子に対する最終の起訴が終わると、いち子は、国選弁護人の8月14日付け1回目の保釈請求により、検察官が然るべくの意見を述べたことから、同月15日に保釈許可決定がなされた。

シ 9月3日の公判で、いち子は、全ての公訴事実について、否認し、国選弁護人も全ての請求証拠を不同意として争った。

2) 弁護人との接見内容の聴取について

ア いち子ノートの4月30日欄に、「貴方は刑事に何回も嘘を言うから何回も逮捕する。……貴方は嘘を言っている、本当のことを言わない。嘘を言っているから弁護士さんに言っても弁護士さんの方も逮捕する」と記載している。いち子の心理学的特性（いち子は知的障害はあるものの、メタ認知な問題は認められない者である。これは、いち子が自分の体験を一貫して主張していて、立場がぶれないためとされていること）からも、この記載内容はその体験を記載したものと十分に認められた。そうすると、踏み字刑事の発言は、いち子の弁護権及び秘密交通権を正面から否定するものである。

イ 5月18日午前11時30分、いち子は、それまではd事件について虚偽自白をしていた（この時点での、いち子の大まかな認否は、違法な叩き割りによる取調べにより、否認→自白→否認→自白→否認と否認と自白が交錯していた）が、新納弁護士と接見した直後、刑事の取調べにおいて、いったん、c事件やd事件を明確に否認した。すると、踏み字刑事は、いち子の「否認の理由」は、弁護士との接見にあると考え、いち子を取調べて、新納弁護士との接見内容を執拗に聞き出した。「鶴雄、俊裕、忠は金を貰ったことを認めているが、邦雄、トメ子は貰ったことを否認していると弁護士から言われたこと、お金や焼酎はやったことはないといいなさいと弁護士から言われた。それで、私は昼からの取調べで否認しました。これまで説明したことが全部嘘だと説明しました」などとする事実と異なる供述調書を作成させた（前記(A)の類型）。龍造寺検事は、この供述調書の作成直後に、刑事から、この調書を送ってもらって読んだ。龍造寺検事は、接見国賠の陳述書で「5月18日ころ、私は、

いち子の警察官に対する供述調書を読んでいたところ、その供述調書には接見した弁護人から「『お金や焼酎をやったことはないと言いなさい』と言われた」という内容の供述が録取されていました」と述べている。しかし、いち子は「弁護人には、『ずっと』やっていないと言い続けていた」のであり（いち子の６月18日付け検察官調書）、そうすると、否認する被疑者に「お金や焼酎はやったことはないと言いなさい」と弁護士が助言することは何ら違法ではない。

　ところで、５月19日、警察は、弁護人の接見について、検察庁と協議した。その内容は、「５月18日、いち子が否認に転じたことで、否認の理由として接見調書を録取したこと、その否認理由は弁護士の接見にあったこと、その時の状況（邦雄の否認理由が弁護士の接見にあったことも判明したことも含めて）」、翌19日に当時の三席検事に報告した。このとき、警察は、検察庁に、弁護人との接見を制限できないか相談した。検察庁からは、「各被疑者の接見状況一覧表」を作ってくれとの指示を受けた。しかし、この席上、検察庁からは接見交通に関する具体的な指示（否認の理由を調書化しなさいなどの指示）はなかった（参事官説明）。この点について、龍造寺検事は、陳述書で、「参事官及び同捜査第二課課長補佐である情報官から『弁護人の接見が頻繁である上、事前の連絡がないのに接見の申出があるので、その都度取調べを中断している。接見時間も長時間であり、取調べに支障を来たしている。接見指定を行つてもらえないか』という相談を受けました」と記載されている。龍造寺検事は、検事正から「接見指定を行うべきではない。弁護人と自由に接見している状況で自白を維持していれば、それは自白の任意性及び信用性を担保することになる」旨の指示を受けた。

　龍造寺検事は、５月20日頃、本件について捜査本部が置かれていた志布志署にいた取調班長に電話で連絡を取り、「警察の取調べにおいで、自白していた被疑者が弁護人との接見後に否認に転じて、その後再び自白に戻った場合、否認に転じた理由について詳細に聴取して、それを調書化するよう指示した」とされるが、邦雄の５月19日の供述調書も、いち子の供述調書も、これに該当しないものであり、その後、作成された弁護人との接見状況に関する供述調書は、いずれも、龍造寺検事の指示に反するものであった。つまり、龍造寺検事の指示は、自白→否認→自白の場合に、自白に戻ったときに、否認の理由を聞けというものだったはずだからでいる。しかし、否認する者に接見内容を聴取しているからである。しかも、邦雄は終始否認であり、その

後の取調べで接見内容を聴取し、自白させたというもので、否認していたのは、弁護人の否認の慫慂があったからだというものである。

　ウ　6月9日、9：23～10：03、新納弁護士は、いち子と接見した。いち子は、新納弁護士に、「6月7日に刑事に認めた。6月8日には4回の会合を認めた」と話した。認めた理由は、本当はやっていないのだけど、否認を続けると逮捕者がどんどん増える、他の人に迷惑を掛けることになるなどと刑事から言われて、認める調書を作成したと訴えた。刑事にはかなわないと諦めた状態となっていた。いち子は、同時に、否認した理由についての調書も作成されたことを伝えた。

　いち子は、踏み字刑事から「認めれば早く出られる」等と利益誘導され、虚偽自白するに至ったが、その理由についても「2回目の逮捕事実の期限が切れる前頃には、新納弁護士さんから『貴方はこのままだったら、裁判もなくて留置場から出られますよ』と言われましたので、私も、信じている弁護士さんから、このように言われたから、ここから出られる、もう少しだから、頑張ってこのまま本当のことは言わないでおこうと心に決めました。しかし、信じていた新納弁護士さんが言ったようなことにはならず、6月4日には、また逮捕されてしまいました。ですから、今の私の気持ちは、弁護士さんのことを本当に信じていいのかという気持ちもあって、とても複雑な気持ちです」「今の私の気持ちは、長い間、逮捕された懐集落の人などに迷惑をかけたと思うことと、これからは、全てのことを正直に話していこうと思っています」との供述調書を作成させられた。

　しかも、この日、龍造寺検事は、いち子が留置されている鹿児島南警察署にわざわざ出かけていき、いち子に対し、1回目会合事実について、他の虚偽自白者の調書と付合するような虚偽自白調書を作成させた。

　エ　第1回公判期日直前（6月30日時点）の証拠状況からは、いち子らの自白が相互に矛盾し、その裏付けも得られず、客観的証拠とも矛盾しており、全く信用できない状況となっていた。

　しかし、捜査機関は、何としても、虚偽自白者に対して、公判廷で自白を維持させようとして、被告人等の弁護人の有効・適切な弁護を受ける権利を侵害して、弁護人を排除して、公判を維持しようとした。

　参事官（2課長兼務）は、星野敏検事と協議し、星野検事から、「被告人が公判に対する不安や心配事はないかと率直に聞いてやったらどうか、これまで供述してきたことが事実であるという前提での心配事であるなら、その状

況を調書化すれば、従前の供述の信用性を高めることになる」との指示を受けたので、その夜の捜査会議で、認否を確認し、これを調書化するようにと指示した（前記Ⓑ類型）。

　６月30日ころ、参事官は、情報官を通じて、例えば、俊裕の担当刑事に、「公判に家族や四浦集落の住民が多数傍聴に来ることが予想されることから、被告人が心配している状況が認められる。被告人の了解が得られれば、公判に関する心境を聴取し、その中で、起訴事実を認めるようなら、その旨も調書化すること」と指示していたのである。公判準備段階での弁護権を実質的に奪うものであった。

　この状況で、いち子は、６月30日14：23～57まで熊谷弁護士と接見した。踏み字刑事は、熊谷弁護士との接見内容について、「認めれば刑務所に行くこともないし、早く釈放される」などと誘導して、いち子に対し、「さっき、弁護士さんが面会に来ましたので、取調べを一旦中止してもらって面会しました。この弁護士さんは、私が佐々木弁護士と新納弁護士に辞めてもらった後から来ている国選の弁護士さんです」「弁護士さんは、以前私がお願いしていた佐々木弁護士とそれまでの経緯を電話でやり取りしていたと言っていました。私は弁護士さんから、裁判にかけられた事件の事実について間違いないですかと尋ねられましたので、私は、はい間違いないですと答えました。しかし、弁護士さんは持ってきた調書を台の上に置いて開いてから、裁判にかけられている人でトメ子さんだけは認めていません。他の鶴雄、邦雄、忠、俊裕の４人も話が合わなくて、裁判の時に事実を認めるか認めないか決まっていない、４人は裁判で、お金を貰ったと言うか、貰っていないと言うかまだ決まっていないと説明しました」「認めても認めなくても10月頃までは出られないよ。保釈金も300万円位で、裁判が始まっても保釈される人とされない人がいるよと言われました」「都城の佐々木弁護士のところに昨日お姉さん達が行きました。明日は、鹿児島の私の事務所に貴方のお姉さん達が来ます。お姉さん達と会って話をしてから、また夕方頃、面会に来ますからということも言われました」「弁護士さんは帰り際に中山さんは、弁護士費用や生活費を出してくれないのですかと聞きましたので、いや、それは出してくれないと思いますと答えました。そして、中山さんのところを何で辞めるのですか、と聞かれましたので、もう、行きたくないから辞めますと答えました」、「貴方は刑務所に行くよということも言われました」旨の供述調書を作成した。

オ　7月15日、刑事は、いち子から窪田雅信弁護士との接見内容を聴取し調書化した。刑事は、いち子が窪田弁護士に対して否認していることを知っていたが、弁護士との接見内容を執拗に聞き出し、窪田弁護士に対して、警察・検察には自白をしていることを伝えるよう慫慂した。7月10日（本件公職選挙法違反事件にかかる被疑事実について否認していた期間中）、いち子は刑事に「昨日、弁護士が来た。弁護士には志布志からのことをずっと言った。お金は貰ってないと言ったら、『一緒に戦っていきましょう』と弁護士が言ってくれた」などと供述したことから、参事官（2課長兼務）に、いち子の供述状況を報告したところ、参事官は、7月14日、捜査会議において刑事に、いち子に対し、弁護人に捜査機関には事実を認めているということを伝えるよう勧める指示をしていたが、これにしたがって、刑事は、いち子に、その旨勧めた。その結果、いち子は、接見内容を供述させられた。刑事が接見内容を聞くことは、起訴勾留のみで公判準備段階にある被疑者の接見交通権を侵害した違法があるとされた。

カ　7月30日、刑事がいち子に対する取調べを行い、窪田弁護士との接見内容について「昨日、弁護士さんの面会があって、弁護士さんからまだ取調べをしているのかと、やかましく言われました。私は日が長いからお願いして取調べ室に行っていますと言ってやりました」との供述させた。

刑事は、7月29日夜の捜査会議で、弁護士との接見内容に関するいち子とのやり取りを報告したところ、松元昭人参事官から「取調べに応じるようであれば、その内容を明日再度確認して、公判前の心境も併せて調書化するように」との指示を受け、7月30日付け供述調書を作成した。

松元参事官らの指示に基づき、再三再四にわたり捜査機関は組織的に接見内容を聴取しており、その捜査経過から刑事は安易に窪田弁護士の接見内容をその事実が窺われないのに捜査妨害的行為として、接見内容を殊更に聴取した。これまでの長期間の取調べで警察・検察に屈服しているいち子に対し、殊更に、接見内容を聞き出して、弁護人とのやり取りを聴取したものであり、およそ自発的な供述とはいえないものであった。公判に望む心境を聴取しておく必要も理由もないもので、接見状況自体を聞くこと自体違法である。

4．おわりに

上記以外にも、秘密交通権侵害の取調べが繰り返し行われいたことは、弁

護人による秘密交通権侵害の国賠訴訟や無罪国賠訴訟判決からも明らかである。

　志布志事件は、嫌疑なき捜査着手から、違法な叩き割りによる虚偽自白調書を端緒として、違法な箝口令を敷いて、取り調べた末に、買収会合事件があったなどとして強制捜査に着手し、起訴したが、結局、会合があったとされる日に、供与者の信一の明確なアリバイがあり、12名全員無罪となった。この嫌疑なき取調べを糊塗するために、自白者が積極否認に転じたのは弁護人の否認の慫慂があったなどとして、あからさまに弁護権を組織的に侵害した事案である。4つの国賠訴訟判決が明らかにするように、実際は、皆、否認をしていた冤罪被害者であった。

　裁判所も、概ね、秘密交通権を侵害された弁護人や冤罪被害者の訴えを認めたが、取調べが可視化されず、事件指揮簿やその他の捜査資料も文書提出命令を却下したため、裁判所は、捜査の着手自体の違法を積極的には認定しなかった。

　志布志事件の再発防止のためには、任意段階からの被疑者・参考人取調べの可視化は不可欠である。令状審査も厳格になされるべきである。人質司法は撤廃されなければならない。秘密交通権侵害の温床にもなるからである。身体拘束後は、弁護士が早期に秘密交通権侵害の事実を察知し（被疑者との強い信頼関係の構築、そのための接見の充実）、その事実を裁判所に提示するため、勾留理由開示裁判や勾留の取消請求などをルーティンとして行うことが重要である。事後的には、再発防止のため、捜査資料を全て公平な第三者機関が精査検討し、誤捜査・誤起訴・誤判の原因を徹底究明するべきである。そして、2度と秘密交通権を侵害させないよう、弁護人と被疑者・被告人が一体となり秘密交通権侵害による国賠訴訟を積極的に提起して、その責任を明確化することによって秘密交通権を確立することこそが、真の当事者主義の刑事司法（弁護側の公判準備の充実）を実現するために不可欠である。

（のひら・やすひろ／鹿児島県弁護士会）

■ケース3

竹内国賠訴訟
[接見時における電子機器等の利用の可否、それに伴う接見の一時停止・終了措置]

・第一審：東京地判平26・11・7判タ1409号306頁、判時2258号46、LEX/DB25505290
・控訴審：東京高判平27・7・9LEX/DB25540787
・上告審：最決平28・6・15LEX/DB25543533

前田　裕司
弁護士

1．事案の概要

　2012（平成24）年3月30日、海賊法違反の罪で起訴されたソマリア人の被告人につき精神障害が疑われて責任能力を争う旨の主張をしていた弁護人が、東京拘置所の被告人と接見した際、被告人の様子を写真撮影したところ、接見の様子を垣間見ていた拘置所職員から接見を停止させられた上、その画像の消去を拒否したことを理由に、接見を終了させられるという出来事が発生した。
　弁護人は、接見室内での写真撮影を理由に接見を停止させ、画像の削除を拒否したことを理由に接見を終了させた東京拘置所職員の行為が違法であるとして、2012年10月、国家賠償請求訴訟を東京地裁に提起した。これが竹内国賠訴訟である。

2．接見室での写真撮影をめぐる争点

　訴訟の争点は、第1に、接見の際の写真撮影が刑訴法39条1項の接見交通権の保障の及ぶ範囲であるか否かである。接見の際の写真撮影が接見に含まれるとすれば、これを拘置所側が制約できる法的根拠は、同条2項による逃亡や罪証隠滅等の防止という拘禁目的に反するおそれのある行為に対する法

令による必要な措置以外にはないことになる。しかし、現行法では写真撮影を制約する法令は存在しないので、制約できないというのが弁護人の主張である。一方で、写真撮影は接見に含まれないとする国の主張では、刑事施設の規律及び秩序を維持する観点からの庁舎管理権による規制が可能であり、接見室での写真撮影は、規制の対象となる。

　第2に、仮に写真撮影が接見には含まれないとした場合であっても、接見室での写真撮影や録画は弁護人による弁護活動であり、その弁護活動に対して、刑事施設の規律及び秩序の観点から、一般人と同様の規制を及ぼし得るのか、その場合の制約原理は何かが、さらに検討されなければならない。これが弁護人の主張した第2の争点である。

　第3に、接見室での弁護人の写真撮影が、接見の一時停止、終了の根拠となっている刑事収容施設法の「刑事施設の規律及び秩序を害する行為」に、該当するか否かである。写真撮影が接見に含まれるとすれば、規律及び秩序を害する行為には該当しない。したがって、接見での写真撮影がなされたことを理由に接見を一時停止又は終了させることは許されない。しかし、接見に該当しないとする立場からは、禁止に違反して撮影すれば規律及ぶ秩序を害する行為となる。ただ、「規律及び秩序を害する行為」に該当すれば、直ちに、接見を一時停止させ、終了させることができるかどうかは、また別の問題であり、以下に述べるように竹内国賠一審判決は、この点に関する制限的解釈を示した。

3．争点に対する裁判所の判断

(1) 東京地裁2014（平成26）年11月7日判決

　一審判決は、写真撮影は接見に該当せず、拘置所は撮影行為を禁止できるとし、これを禁止することが接見交通権の侵害にも、また、弁護活動の不当な制約にもならないとした。一方で、弁護人に対する面会終了の措置は、本件撮影行為によっては逃亡のおそれや罪証隠滅のおそれ等が生ずる相当な蓋然性があるとは認められないから、「規律及び秩序を害する行為」の該当要件を欠く違法なものであったと判断して、国に10万円の賠償を命ずる判決をした。

　一審判決は、面会終了の措置の要件に関し、刑事収容施設法117条が準用する同法113条1項及び同2項をもって、接見交通権を制限できる法令、す

なわち、刑訴法39条2項に規定する「法令」であると解釈した上、その要件について、「（拘置所の制定した）遵守事項に違反する行為等をすることにより、具体的事情の下、未決拘禁者の逃亡のおそれ、罪証隠滅のおそれ、その他の刑事施設の設置目的に反するおそれが生ずる相当の蓋然性があると認められる場合」に限定されるとして、刑訴法39条2項に規定された制約原理を持ち込んでいる。

　未決拘禁の目的を定めた刑訴法の原理を、その執行に関する法である刑事収容施設法に優先させて解釈し、刑訴法での権利を執行法である施設法で狭めることがあってはならないとする考えと思われる。

(2)　2015（平成27）年7月9日東京高裁判決

　一審判決に対して、弁護人及び国の双方が控訴したが、東京高裁は、一審判決を取り消して、弁護人の請求を全部棄却する判断をした。

　その理由は、一審判決と同様に、写真撮影が接見には含まれず、接見交通権により保障されるものでないとの前提をとった上、拘置所長は、庁舎管理権に基づき、面会室内での写真撮影やカメラの持ち込みを禁止しているのであるから、これに違反して写真撮影をする行為は、「規律及び秩序を害する行為」に該当するのであり、接見交通権や弁護活動を侵害するものではない、また、手続的にも違法はなかったとするものである。控訴審判決は、一審判決とは異なって、刑訴法39条2項の規定する要件とは無関係に、弁護人の接見及び弁護活動を制約することができるとした。庁舎管理権に基づく規制は、その規制に反する行為があれば、弁護人の接見をも制約できるとする論理を取ったのである。

　弁護人は、上告及び上告受理申立てをしたが、最高裁は、何ら理由を示すことなく、いずれも棄却して、竹内国賠訴訟は終結した。

　そこで、争点ごとに弁護人の主張を紹介し、判決を批判することとする。

4．写真撮影は接見交通権の保障の範囲であるか否か

(1)　被疑者・被告人の援助者であることから導かれる接見交通権の内容

　接見交通権は、憲法に規定する被疑者・被告人の弁護人依頼権すなわち弁護人の援助を受ける権利を実質的に保障するために認められた権利である。「刑訴法39条1項が接見交通権を規定しているのは、憲法34条の趣旨にのっ

とり、身体の拘束を受けている未決拘禁者が弁護人等と相談し、その助言を受けるなど弁護人等から援助を受ける機会を確保する目的で設けられたものである」とする最高裁平成11年3月24日大法廷判決（民集53巻3号514頁、LEX/DB28040615）も、その趣旨を明らかにしている。

　被疑者・被告人が訴訟の当事者として十分な防御活動を行うためには、事件の防御方針を、証拠を踏まえながら検討・確定することが何よりも重要である。しかし、法律専門家の助言と援助なくして防御を尽くすことは困難であるから、弁護人との相互の「情報の発信と取得」が不可欠である。また、被疑者・被告人が刑事訴訟の重要な証拠方法としての側面も併せ持っていることからすると、弁護人が被疑者・被告人に対して適切な援助を提供するためには、被疑者・被告人から必要な情報を漏れなく取得する証拠収集活動とその保全が必要である。このような意味で、弁護人との接見においては、単なる「意思疎通」だけでなく、相互の「情報の発信と取得」が重要となる。

　したがって、弁護人の援助を受ける権利を実質的に保障するためには、弁護人と被疑者・被告人との間の「意思疎通及び情報発信・取得」としてのコミュニケーションの保障が不可欠であり、これが接見の内容となる必要がある。

(2) 竹内国賠判決での接見概念の誤り

　竹内国賠判決は、一審及び控訴審とも「接見交通権は、未決拘禁者が弁護人等と相談し、その助言を受けるなど弁護人等から援助を受ける機会を確保するという未決拘禁者との意思疎通を確保するために認められたものである」と解釈し、本件撮影は証拠保全を目的として行っており、証拠保全目的の写真撮影行為は、接見交通権として保障されていないと判断した。

　しかし、このような接見概念は誤りである。接見室で被疑者・被告人と弁護人が対話を図り、弁護人が適切な助言を提供するという「意思疎通」が接見の中核的要素であることは間違いないが、弁護人の任務は助言にとどまるものではない。被疑者・被告人から取得する情報を記録化し、その記録をさまざまな不服申立ての資料にしたり、公判での証拠としたりすることは、弁護人の重要な任務である。弁護人の提供する「援助」とは、単なる助言にとどまらないさまざまな活動を包含する。弁護人が、接見室での被疑者・被告人に対する助言や情報の記録化などの活動を保障されなければ、被疑者・被告人の弁護人の援助を受ける権利が実質的に保障されたとはいえない。

大阪地裁平成12年5月25日判決（判時1754号102頁、LEX/DB28061430）は、秘密接見交通権が認められている趣旨を「弁護人から有効かつ適切な援助を受ける機会をもつためには、被拘禁者とその弁護人との間において、相互に十分な意思の疎通と情報提供や法的助言等が何らの干渉なくされることが必要不可欠」であることに求めており、接見には「意思の疎通」だけでなく「情報提供のやりとり」も含むとした。また、最近に出された、大阪高裁平成29年12月1日判決（LEX/DB25548250）は、再審請求弁護人との接見の際のパソコンの使用について「刑訴法39条1項が秘密交通権を保障する趣旨に鑑みれば、秘密交通権には、口頭での打合せのみならず、弁護人が、上記書類等を閲覧しながら未決拘禁者との打合せをし、メモを取ることも含まれる」「証拠資料等の情報がパソコンに電子データとして保存されている場合、弁護人が十分な弁護活動を行うためには、弁護人が、未決拘禁者との接見時にパソコンに保存された電子データを文字等としてパソコン画面に表示しこれを閲覧しながら打合せすることが必要不可欠である」から、この打合せも秘密交通権として保障される行為に含まれ、大阪拘置所長によるパソコン使用の制限を許容する要件として「パソコン使用を認めることにより大阪拘置所の規律及び秩序を害する結果を生ずる具体的なおそれがあると認められることが必要である」が、本件ではそのような結果を生ずる具体的おそれがあったと認められないと判示している。

　竹内国賠判決は、弁護人の「援助を受ける機会の確保」＝「意思疎通の確保」であると限定的に解釈しており、そこに根本的な誤りがある。弁護人の提供する「援助」が単なる助言では済まないことは、弁護活動の実態から自明のことであるが、判決は、弁護活動の実態を理解しない、不当な解釈をしているのである。

⑶　情報の正確な記録化は接見に含まれること

　拘置所が禁止の対象とする弁護人の接見室での撮影行為は、弁護人が被疑者・被告人自身から取得した情報を正確に記録化する行為であり、弁護人が適切な援助を提供するために必要不可欠な活動である。

　弁護人が接見の場では直ちに被疑者・被告人に適切な対応ができない事柄も多々存在し、後日調査の上、これに応えなければならないこともある。そして、人間の知覚・記憶・表現には限界があるから、接見での情報を正確に記録できないとなれば、弁護人が被疑者・被告人に適切な助言、対応をする

ことができなくなる。また、竹内国賠事件のように通訳を要する場合、被告人の言葉そのものを正確に把握するためには、録音・録画による記録化が不可欠になる。加えて、被疑者・被告人が身振り・手振りを交えて説明する場合には、それを言葉でメモするだけでは不十分であり、写真撮影や録画による記録化が必要になる。そして、接見で得られた情報を裁判所等に提出する証拠として利用するためには、その保全が必要である。

　このように、弁護活動をする上で、接見で得られた情報を記録化することが、さまざまな場面で必要となる。したがって、情報を記録化する行為も接見に含まれるとしなければならない。

　被疑者・被告人の発言を、「備忘」のためにメモする行為が接見に含まれることはおそらく異論がない。拘置所においても、これまで当然のこととして許容されてきた。備忘のためのメモは、耳で聞いた情報を記録化する行為であり、写真撮影は、目で見た情報を記録化する行為である。情報の性質と記録化の手段が異なるだけで、その内実に違いはない。「備忘」のためのメモであっても正確に記録することが必要であることは当然であるが、耳で聞いた情報を記録化するメモが許されて、目で見た情報を記録化する写真撮影が許されないとされる道理はない。

　竹内国賠一審判決は、写真撮影行為による記録化が、弁護活動を行うに当たって「便宜ではあるものの、必要不可欠とまではいい難い」としているが、正確な記録化が、弁護活動のさまざまな場面において必要不可欠な行為であることを理解していない。このような理が通るならば、備忘のためのメモすら必要不可欠とまではいい難いので、許されなくて良いということになりかねない。時々の状況に対応し得る記録化の方法をとることができなければ、有効な弁護活動はなしえないのであって、判決の解釈は弁護活動を不当に制約するものである。メモも写真撮影も、同じ「情報の正確な記録化」である。メモが接見に含まれるのと同様に、写真撮影も接見に含まれるとしなければならない。

(4)　**証拠保全として行われた写真撮影行為も接見に含まれること**

　竹内国賠判決は一審も控訴審も、専ら証拠保全として行われた撮影行為は、接見に含まれないとする。

　確かに、接見と「証拠保全」とは別の概念ではあるが、判決は、援助者である弁護人が接見に際して行う援助には、単なる助言にとどまらないさまざ

まな活動が包含され、弁護人の援助には、被疑者・被告人から発せられる情報を証拠として保全する活動も含まれることを看過するものである。このことは、被疑者・被告人が訴訟当事者であると同時に重要な証拠方法としての側面も併せ持っていることからすれば当然のことである。

そして、証拠保全とは、将来証拠とするために情報を記録化して残す行為であり、情報を記録として残す行為としてメモと変わりはない。また、「備忘」のためか「証拠保全」のためであるかは、多くの場合併存しており、「備忘」のための記録化が将来の「証拠の保全」をも念頭に置いているということは多々ある。弁護活動を行う上で、「備忘」目的の行為と「証拠保全」目的の行為を截然と区別することはそもそも不可能である。弁護人が、予め証拠を保全する目的で機器を持込み接見する場合もあるが、証拠保全の目的を持たずに接見したところ、被疑者・被告人の様子がおかしいので、その場で直ちに、その様子を写真や動画として記録化し、これを証拠として裁判所に提出することもある。同じ「情報の記録化」という行為が、「備忘」であるうちは許されるが、「証拠保全」であると許されないとする理屈になり得るはずがない。このような理屈が成り立つとすれば、専ら証拠保全目的で作成するメモも許されないことになる。写真撮影は、情報の記録化のためである以上、それが証拠保全の目的で行われたとしても、接見に含まれるというべきである。

(5) 証拠保全手続の存在が写真撮影を否定する理由にならないこと

竹内国賠判決は、証拠保全を目的とする写真撮影を禁じたとしても、「刑訴法179条に定める証拠保全を行えば足りるのであり、弁護活動を不当に制約することにはならない」としている。

しかし、裁判所を介在させる証拠保全は、弁護人の証拠保全の手段の一つにすぎないのであり、弁護人の証拠保全の手段をそれに限るとする法令上の根拠は存在しない。例えば、被疑者・被告人のアリバイを示す証拠を家族が所持していた場合、弁護人がそれを預かって証拠化するのは当然であり、裁判所の証拠保全手続をとらなければ預かることができないという道理はない。

また、弁護人が証拠保全請求をしても、裁判所が必ず証拠保全を実施する保証はない。さらに、被疑者に暴行を受けた傷跡が残っている場合などは翌日には治癒して証拠保全の意味をなさない事態も往々にして存在するが、その場合には裁判所を介在させる証拠保全手続では対応できない。弁護人の証拠収集活動を、裁判所における証拠保全に限るとすれば、種々の不都合が生

じ、弁護活動が著しく制約される。証拠保全を行えば足りるから接見での写真撮影を許容する必要はないとする竹内国賠判決は、弁護活動を全く理解しない判断である。

5．正当な弁護活動に対する規制ができるか

(1) 弁護活動に対する制約と一般私人とに対する制約との相違

写真撮影が接見に当たらないとしても、本件の場合を含め接見での写真撮影は、弁護人の弁護活動として行われている。そこで、写真撮影は接見ではないので、弁護人も一般人と同じ規律に服さなければならないとすることはできない。弁護人には、被疑者・被告人の援助者として、弁護活動の自由が保障されているからである。したがって、写真撮影が弁護活動である場合に、拘置所による規律及び秩序を維持する目的から弁護活動に規制を及ぼし得るのか否か、及ぼし得るとしても、その規制する原理は何かが検討される必要がある。しかし、竹内国賠判決においては、このような視点での立ち入った検討は見られない。

物の授受という接見とは異なる場面であるが、福岡高裁平成22年2月25日判決（判例タイムズ1330号93頁、LEX/DB25463985）は、弁護人が持参した便箋及び封筒の差入れを拒否された事案につき、弁護人が接見交通権の行使として代替物の差入れを申し出た場面は、一般私人と同様の制約に服するのではないことを前提とし、弁護人と一般私人とを区別していない刑事収容施設法51条の規定があっても、弁護人の場合には、刑訴法39条2項による調整原理に基づく制約以外の物の授受を一般的に制限することはできないとした。また、被留置者から弁護人への宅下げの場面につき、平成22年1月27日東京地裁判決（判例タイムズ1358号101頁、LEX/DB25473638）は、留置施設に勾留されていた被告人の弁護人が被告人の所持品の交付を求めたのに対して、担当検察官が留置担当官に指示して、宅下げを拒否した事案につき、宅下げを受けることも弁護人の固有権であることを指摘して、刑事収容施設法197条は、被疑者・被告人の宅下げ申請という手続を経て物の交付がなされる旨規定しているが、被留置者による宅下げ申請が取られない場合であっても、弁護人の宅下げを受ける権利が侵害されると判示している。このように、物の授受に関する場面で、刑事収容施設法上の規定が弁護活動であることを理由に制限的に解釈された事例が存するのは、弁護人には弁護の自由が保障されてい

ることの反映である。

(2) 弁護活動の自由の保障

　被疑者・被告人に対して効果的な弁護を提供する主体は弁護人である。そして、専門家としての弁護人がその能力を遺憾なく発揮し、「最善の弁護活動に努める」（弁護士職務基本規程46条）ことによって初めて効果的な弁護の提供は現実となる。

　したがって、何が最善の弁護活動であるか、何が効果的な弁護であるかの判断は、まずは、弁護人の専門家としての裁量に委ねられるべきであり、国家としては、その判断を最大限尊重することが求められる。言い換えると、効果的な弁護の提供を受けるためには、弁護人の弁護活動の自由を保障されていることが不可欠の前提となる。弁護人依頼権の保障は、弁護活動の自由の保障がなければ、その実質を伴うことにならない。

(3) 接見室における写真撮影の意義

　弁護人の最も重要な活動は、弁護人と被疑者・被告人との間のコミュニケーションである。弁護人と被疑者・被告人との間の自由なコミュニケーションは、憲法が被疑者・被告人に保障している弁護人依頼権ないしは弁護活動の自由の基礎ないしは中核というべきである。

　竹内国賠事件における弁護人の接見室での写真撮影は、被告人の心身の状態を理由とする勾留執行停止の申請、責任能力の主張立証、情状事実の主張立証等のための弁護活動そのものであり、弁護活動の自由が及ぶものである。

　平成11年最高裁大法廷判決が指摘するとおり、弁護活動の自由といえども、対峙する利益との合理的調整は避けられないとする立場であっても、被疑者・被告人とのコミュニケーションが行われる接見室での弁護活動が極めて重要であることは自明であるから、その重要性に鑑みて、制約するには実質的で合理的な理由が必要である。

　ところが、竹内国賠一審判決は、撮影行為が接見に当たらないことを指摘するのみで、そこから特段の理由を示すことなく、拘置所が撮影行為自体を禁止できるとした。また、竹内国賠控訴審判決は、国の主張をそのまま入れて庁舎管理権による撮影禁止を肯定する。しかし、接見室内での証拠保全目的の写真撮影であれ、意思疎通であれ、弁護活動としての重要性に有意な差異はなく、これらの判決は、その理解を欠いているのである。

⑷ **弁護活動としての写真撮影が禁止される要件**

　竹内国賠一審判決は、前記のとおり、刑事収容施設法に基づく接見の制約が許容される場合について、「面会者が弁護人等の場合、規律等侵害行為を理由に面会を一時停止し又は面会を終了させることができるのは、遵守事項に違反する行為等をすることにより、具体的事情の下、未決拘禁者の逃亡のおそれ、罪証隠滅のおそれ、その他の刑事施設の設置目的に反するおそれが生ずる相当の蓋然性があると認められる場合に限られると解すべきである」と判示している。

　意思疎通としての接見も接見室での写真撮影も、いずれも弁護人と被疑者・被告人との間の「意思疎通及び情報発信・取得」という点で同じである。また、両者の間には、弁護活動としての重要性や対峙する利益の内容という点において実質的な差異はない。そこで、写真撮影の禁止の許否を判断する基準についても、接見の制約の許否を判断する基準と同一の基準とせざるを得ない。すなわち、写真撮影の禁止が許容されるのは、それらの行為により、未決拘禁者の逃亡のおそれ、罪証隠滅のおそれ、その他の拘禁の目的に反するおそれが生ずる相当の蓋然性があると認められる場合に限られると解すべきであるということになる。接見室内での写真撮影が禁止されるのは、このような極めて限定的な場合に限られる。

6．今後の展望

　竹内国賠訴訟は、接見の際に写真撮影をしたことを理由に接見が終了させられた事案であり、接見交通権保障の意義及び弁護人の援助を受ける権利から導かれる弁護活動の自由の保障の観点から、当然に、国家賠償請求が認められるべき事案であった。にもかかわらず、東京高裁は一審判決を取り消して、その請求を棄却し、最高裁もこれを追認した。弁護活動への理解を欠いたまことに由々しき判断というべきである。ただ、前記大阪高裁判決に見られるように、新たな判断も示されており、今後の推移に期待したい。

（まえだ・ゆうじ／宮崎県弁護士会）

■ケース4

稲村・半田国賠訴訟
[接見時における電子機器等の利用の可否、それに伴う接見の一時停止・終了措置]
・第一審：佐賀地判平28・5・13LEX/DB25542966
・控訴審：福岡高判平29・7・20LEX/DB25448837
・上告審：係属中

半田　望
弁護士

1．事案の概要

(1)　本件は、接見室内での携帯電話による写真撮影、及び撮影機器を持参しての接見が妨害されたことに対する国賠である。

原告のひとりである稲村蓉子弁護士が国選弁護人として選任された被疑者との佐賀少年刑務所における初回接見において、被疑者から逮捕時にロープ（捕縄）で拘束され、その際に肘の内側部分に擦過傷を負ったとの訴えがなされたため、稲村弁護士が被疑者の負傷箇所を所携の携帯電話のカメラ機能を使用して撮影しようとしたところ、これを察知した佐賀少年刑務所の職員が面会室内に入り本件写真撮影行為を制止した。

その翌々日、稲村弁護士と半田が被疑者の負傷箇所を確認しより鮮明な写真に記録すべくデジタルカメラを持参して被疑者との接見を申し入れたところ（なお、半田については「弁護人となろうとする者」としての接見申入を行った）、佐賀少年刑務所職員からデジタルカメラを持参しての敷地内の立ち入り及び接見を拒絶された、というのが本件である。

2．争点及び訴訟における当事者の主張

(1)　本件の争点は、①稲村弁護士による写真撮影を佐賀少年刑務所職員が察知したことが適法か、②面会室内での写真撮影が接見交通権として刑訴法

39条の保障を受けるか否か、③写真撮影行為がなされた、あるいはなされることを根拠に刑事収容施設及び被収容者の処遇に関する法律（以下「収容法」とする）117条が準用する同法113条1項1号ロの「刑事施設の規律及び秩序を害する行為」があったといえるか否か、である。

(2) 原告らは上記争点について、稲村弁護士が面会室内で携帯電話を使用して写真撮影を行おうとしたことを佐賀少年刑務所職員が察知したのは、職員が稲村弁護士と被疑者との接見内容を監視していた疑いがある、面会室内での写真撮影行為は接見交通権の一態様として刑訴法39条による保障を受けるものであり、写真撮影を行ったとしても「刑事施設の規律及び秩序を害する行為」ではなく接見を一時停止または中断させることは違法である、弁護人が接見の際にデジタルカメラを携行していても格別刑事施設内の規律秩序を害するものではなく、デジタルカメラを所持していることを理由に施設敷地内への立ち入り及び接見を拒絶することは接見交通権の侵害であり違法である旨主張している。

なお、後述する第一審の審理において佐賀少年刑務所の面会室に対する検証が実施され、本件当時の職員の待機場所では面会室内の会話が明瞭に聞き取れることが判明している[*1]。

(3) これに対し、被告国側は、「接見」とは当事者が互いに顔を合わせ、その場で相互に意思疎通を行うことを指すのであって、写真撮影が含まれるとは解されない。また、刑訴法39条1項の「接見」と収容法115条の「面会」とは統一的に解釈すべきであるところ、同条の制定経緯等に照らすと、「面会」に写真撮影が含まれないことは明らかであるから、「接見」についても写真撮影は含まれないと解すべきである旨主張した。

また、稲村弁護士の写真撮影行為が佐賀少年刑務所の遵守事項に反して持ち込まれた携帯電話を利用して行われたものである上、写真撮影行為自体が未決拘禁者の逃走もしくは罪証隠滅のほか、刑事施設の保安・警備上も重大な支障をもたらすおそれがあることに照らせば、稲村弁護士の写真撮影行為が規律等侵害行為に該当することは明らかであるから、収容法117条が準用する同法113条1項1号ロに基づきなされた面会の一時停止は適法な行為で

---

*1　現在は待機場所を変更したと佐賀少年刑務所より通知があり、違法状態は解消している。

あること、刑事施設の規律秩序を害する行為等が遂行されてしまった場合、事後的にその違法状態を回復することは極めて困難な自体となることが想定されるから、刑事施設の職員が制止等の措置を執ることができる要件である規律等侵害行為をするときには、当該行為が既に行われたときのみに限らず、まさに当該行為が行われようとしているときも含まれ、面会開始前にこのまま面会が行われれば規律等侵害行為が行われると認められた場合に、そのような行為が行われるおそれが除去されるまで面会開始を留保することをも含むと解すべきである旨を主張した。

3．判決の概要

(1) 第一審判決（佐賀地判平28・5・13）[*2]は稲村弁護士と被疑者との秘密交通権侵害があったことは認めたが、写真撮影行為は刑訴法39条の保障の範囲外であるとし、写真撮影行為を理由とする接見の制限は適法であると判断した（一部認容）。

1）接見交通権の保障の範囲については、「刑訴法39条1項の接見交通権が、被疑者に対し、弁護人を選任した上で、弁護人に相談し、その助言を受けるなど弁護人から援助を受ける機会を持つことを実質的に保障している憲法34条前段の趣旨にのっとり、身体の拘束を受けている被疑者が弁護人等と相談し、その助言を受けるなど弁護人等から援助を受ける機会を確保する目的で設けられたものであること（最高裁平成11年3月24日大法廷判決・民集53巻3号514頁参照）、『接見』とは、その文言上、人が面会することを意味するに止まり、刑訴法39条1項においても、『接見』と『書類若しくは物の授受』とが明確に区別されて規定されていることに照らせば、刑訴法39条1項の『接見』とは、被疑者が自己の防御活動に必要な助言を弁護人等から受けるために被疑者と弁護人等とが面会をする行為を指すものと解するのが相当である」と判示し、写真撮影は含まれないとした。

2）しかし、「被疑者の防御活動を十分に保障するためには、接見（面会）それ自体を保障するだけでは足りず、面会を補助する行為についてもこれを保障する必要があるといえる」として、刑訴法39条によって「面会補助行為」も保障されると判示し、面会補助行為といえるかどうかについては、「当該

[*2] LEX/DB文献番号25542966。

行為の必要性の有無及び程度や面会行為との関連性、それによって生じる弊害等諸般の事情を考慮した上で、刑訴法39条1項の保障が及ぶか否かを判断するのが相当である」として利益考量によるとした。

　写真撮影については「被疑者が自己の防御活動に必要な助言を弁護人等から受けるという接見の本来的な目的を越えて、新たな証拠を作出することを目的とするものであり、かかる手段としては、証拠保全（刑訴法179条）を用いることができる。他方、面会室内における写真撮影は、同室内の状況を機械的かつ正確に記録するものであることに加え、デジタルカメラ等で撮影された写真は電磁的記録として保存されるのが通常であるところ、かかる電磁的記録の一部を拡大するなどして保存された情報を事後的に詳細に分析することが可能であること、電磁的記録はその質を低下させることなく第三者に拡散することが容易であることに照らすと、写真撮影によって刑事施設内の状況が把握され、その保安・警備上重大な支障をもたらす危険性があるといえる。また、写真に撮影される際の未決拘禁者の姿勢や仕草等によって（また、カメラの種類によっては、音声の同時録音も可能であることにより）、未決拘禁者が外部の特定の人物へ証拠隠滅を示唆することが可能になるおそれがあるなど、写真撮影を許可することによって、逃走又は罪証隠滅の防止という勾留の目的を達成できなくなる危険性は高い。これらの点に鑑みれば、写真撮影行為は面会を補助する行為としても刑訴法39条1項の保障は及ばない」とした。

　3）　写真撮影を理由とした接見の制限については、「未決拘禁者と弁護人等の接見は、被疑者の逃亡ないし罪証隠滅の防止という目的並びに刑事施設内の規律及び秩序を維持し、刑事施設内の正常な状態を保持するという目的から、一定の制約を受けるものであるところ、同目的を達成するためには、規律等侵害行為が行われた場合に、面会の一時停止措置を執ることも必要最小限度の制約であるといえるから、刑事施設の職員が規律等侵害行為を理由に面会の一時停止措置を執ること（収容法117条、113条1項柱書、同項1号ロ）は、刑訴法39条1項ないし2項に違反するものではないし、このように解したとしても憲法34条前段、37条に違反するものでもない」。「原告稲村が面会室1内に携帯電話を持ち込んだこと自体が本件遵守事項に違反する行為であることに加え、面会室内での写真撮影行為には（中略）逃亡、罪証隠滅に用いられる危険性や施設内の正常な状態が保持できなくなる危険性があることに照らせば、原告稲村の写真撮影行為は、規律等侵害行為に該当すると

認められる」。

「収容法は規律等侵害行為が行われた場合に未決拘禁者と弁護人等との面会を一時停止又は終了させること等を定めるのみで（収容法117条、113条1項柱書、同項1号ロ、同条2項）、規律等侵害行為が行われる危険性がある場合に面会自体を行わせない旨の明示の規定を設けてはいないが、そのような危険性があることが事前に判明している場合にまであえて面会を行わせれば、逃亡又は罪証隠滅並びに刑事施設の適正な規律及び秩序の維持といった目的を達成することができなくなってしまうことは明らかである。また、面会を行わせたとしても、規律等侵害行為が行われれば、結局、面会の一時停止や面会終了の措置が執られるのであるから、事前に面会を行わせないとしても、接見交通権に過度の制約を課すものともいえない。したがって、面会前の未決拘禁者及び弁護人等の言動や、過去の面会において問題が生じた事実等から、面会を行わせることによって規律等侵害行為が発生することが客観的に明らかである場合には、規律等侵害行為がこれから行われることをもって、面会自体を制限することも許容されていると解するのが相当である」と判示して、事前・事後の制限も適法であると結論づけた。

4) 秘密交通権侵害については、検証の結果「発言者が拘禁者室にいるのか面会室にいるのか、その声の大きさや特徴（例えば、くぐもった発声）等によって左右されるものではあるが、本件待機場所において面会室1内の発言の存在のみならず発言内容についても概ね聴取可能な状態であったことが認められる」と認定し、「本件待機場所においては、弁護人等と未決拘禁者の面会における発言内容が概ね聴取可能な状態であったところ、そのような場所において刑事施設の職員が待機することは、立会人なき接見を保障した刑訴法39条1項の趣旨に違反するといわざるを得」ないと判示し、「規律等侵害行為の発生を把握する前提として必要最小限度の行為であるとは認められず、原告稲村の接見交通権を侵害する行為として違法である」として、違法性を認めた。

(2) 控訴審判決（福岡高判平29・7・20)[*3]も第一審の判断をそのまま是認し、面会時における記録行為について「接見とは、自己の防御活動に必要な助言を弁護人等から受けるために被疑者と弁護人等が面会する行為をいうとして

---

*3　LEX/DB文献番号25448837。

も、被疑者が面会に際し訴えた内容をその場で記録化することが直ちにこれを補助する行為に当たらないとはいえない。しかしながら、その手段としては種々のものが考えられるところであるから、その手段を問わず面会内容を記録化することが全て当然に面会を補助する行為に当たるとまではいえない」と判示して原告側の控訴を棄却（秘密交通権侵害については国側からの控訴はなく原審の判断が維持されている）した。

4．上告審における原告の主張と今後の課題

(1) 原告より上告を行い、上告理由として「接見を『面会』に限定することは憲法34条に違反すること」、上告受理申立理由として「接見交通権の保障の範囲や内容について明確に判示すべきこと」、「刑訴法39条1項と収容法との関係を判示すべきこと」、「接見交通権に関するこれまでの最高裁判例との整合性を図るべきこと」をそれぞれ主張している。

以下では上告理由・上告受理申立理由の要点を紹介する。

1) 面会室内への電子機器の持ち込み、使用については、法務省が平成19年5月に発令した「被収容者の外部交通に関する訓令の運用について（依命通達）」（以下「平成19年依命通達」という）に基づいた運用がなされており、その是非を巡って学説上も見解が分かれている。

学説上は(a)接見時の録音・撮影行為は接見交通権に含まれないとする見解（非接見交通権説）、(b)書類・物の授受に準じる行為であるとする見解（準授権説）、(c)接見時の録音・撮影行為は接見の一態様ないし秘密接見の保障が及ぶとする見解に分かれている。佐賀地裁判決及び福岡高裁判決は(a)の見解をとるものと考えられ、同種事件の判決も同様である。

これに対し、(a)の見解に対しては、後述するとおり文言上そのように解釈すべき必然性はないことや、証拠保全の要件が満たされるとは限らないこと、即時に記録化しておく必要がある場合に間に合わない点で被拘禁者側に正確な記録化の機会を失うかもしれない不利益を甘受させる立場であると言わざ

---

*4 河上和雄ほか編『注釈刑事訴訟法（1）〔第3版〕』（立花書房、2011年）460頁〔植村立郎〕

*5 以上の分類につき田淵浩二「接見交通権の調整原理について」季刊刑事弁護85号（2016年）110頁。

るを得ない、との批判がある。また、証拠保全手続を利用する場合には、裁判所に対し弁護方針（保全の必要性）を明らかにする必要があり、これをふまえて検察官側にも裁判所より求意見がなされるほか、場合によっては検察官の立ち会いもなされるものであり、弁護活動の手の内を事前に検察官に開示するに等しい結果となる。これは、法が実質的な当事者の対等を確保しようとした趣旨に照らし疑問が残る。

(b)の見解によると、弁護人が行う記録行為等の保障、特に内容の秘匿性の保障が「書類又は物の授受」の水準に引き下げられるという問題がある。

そのため、弁護人は(c)の見解を取ることが一般的であると思われる。

学説上も理論構成に若干の違いはあるが、これと同旨の結論をとるものも少なくない。一例として、①刑訴規則は裁判所構内での接見時の録音、写真撮影を禁止しない趣旨であると解するのが自然であり、拘置所・代用監獄での接見も同様に考えられるとする見解や、②写真撮影に伴う弊害は一般的には考えられないことから、刑訴法39条2項の「必要な措置」に撮影の禁止は含まれないとする見解、③弁護人の写真撮影、録音について制限根拠となるべき法令は存在せず、刑訴法39条2項による制限はなしえないとする見解などがある。

多くの弁護人の理解としては「接見」は「訴訟準備」のための手段であり、「口頭でのコミュニケーションに限られるものではなく、口頭でのコミュニケーションに付随する行為やこれを補助する行為を当然に含むもの」であるという認識を持っているものと考えられる。

2）　いわゆる「後藤国賠」第一審判決では、刑訴法39条1項の規定は「被告人等と弁護人とが口頭での打合せ及びこれに付随する証拠書類等の提示等

---

*6　田淵・前掲注5論文110頁。
*7　渡辺修『捜査と防御』（三省堂、1995年）273頁以下。
*8　福島至「接見交通権の秘密と防御活動の自由」浅田和茂ほか『人権の刑事法学〔村井敏邦先生古稀記念論文集〕』（日本評論社、2011年）346頁。
*9　葛野尋之『未決拘禁法と人権』（現代人文社、2012年）361頁。
*10　大コンメンタール刑訴法〔2版〕(1)445頁では、接見時の録音や写真撮影について「具体的事件についての防御のために必要である」としたうえで、「被疑者や被告人の戒護に支障を来す場合には、その面からの制約はありえようが、もともと、立会人なしの接見の際の行為であるから、事実上行われればそれだけのことである」旨指摘する。
*11　大阪地判平16・3・9判時1858号79頁。控訴審（大阪高判平成17・1・25訴月52巻10号3069頁）も同旨であり、上告審（最決平成19・4・13）は上告不受理となり確定している。

を内容とする接見を秘密裡に行う権利たる秘密接見交通権を保障するものであり、かかる保障は、身体の拘束を受けている被告人等が弁護人と相談し、その助言を受けるなど弁護人から援助を受ける機会を確保するためのものである」との判示を行っている。[*12]

同判決は、接見は口頭の打ち合わせに限られずこれに付随する証拠書類等の提示等までを含む概念ととらえ、その根拠は接見交通権の機能である「弁護人から援助を受ける権利」にあるとしている。これは弁護人からの援助、ないしは被疑者の防御権保障のために弁護人がなすべきことが口頭での助言に限られないことを正確に理解した判示であるといえる。

同判決、及び同判決を支持した大阪高裁判決は上告によっても変更されておらず、事実上上告審でも承認されたものであるところ、かかる判決と本件の接見の理解には看過しがたい乖離がある。

3) 被疑者の戒護や刑事施設の施設管理上の理由によりなされた接見制限について、最高裁平成17年4月19日判決（民集59巻3号563頁）は被疑者が取り調べのため検察庁舎内で待機中に弁護人が同検察庁舎を訪れて接見を申し出たところ、検察官が庁舎内に接見室がないことを理由に弁護人の申し出を拒否し、接見させなかったという事案において、「検察官が上記の設備のある部屋等が存在しないことを理由として接見の申出を拒否したにもかかわらず、弁護人等がなお検察庁の庁舎内における即時の接見を求め、即時に接見をする必要性が認められる場合には（中略）いわゆる秘密交通権が十分に保障されないような態様の短時間の『接見』（以下、便宜「面会接見」という。）であってもよいかどうかという点につき、弁護人の意向を確かめ、弁護人等がそのような面会接見であっても差し支えないとの意向を示したときは、面会接見ができるように特別の配慮をすべき義務がある」と判示している。

本件ではこのような配慮（ないし調整）を試みることなく、施設管理上の理由により撮影機器の持ち込み・使用に対する一律の制限を認めており、前記最判の判断に逆行するものである。前記最判の考えを敷衍すれば、施設側には「施設管理上の支障の無い形での写真撮影を検討すべき義務」を観念すべきであり、ひいては写真撮影等によっても戒護上及び施設管理上の支障の

[*12] 大阪高判平29・12・1（LEX/DB25548250）も、秘密交通権には口頭での打合せのみならず、弁護人が証拠資料等を閲覧しながら未決拘禁者との打合せをすることを含む旨判示しており、後藤国賠と同旨に立つものである。

ない設備等を設けることまでを検討すべきであるといえる。

　面会接見の理論に基づけば、「施設側の立ち会いの下での写真撮影」を弁護側が承諾すればこれが行えるよう特別な配慮をすべきであるが、このような配慮を一切考慮しない点で、本件各判決、及び同種事件の判決は最高裁平成17年4月19日判決に反すると言わざるを得ない

　4)　刑訴法と収容法の関係については、刑訴法に基づく未決拘禁の執行のための具体的方法を定めたものが収容法である。すなわち、刑事手続上の権利の保障・制約について、両者は目的と手段の関係にある[*13]。そうである以上、収容法が、接見交通権との関連において、刑事訴訟法39条2項に規定されたものを超えて、独自の目的から、独自の根拠により、接見交通に実質的制限を課すことは許されないと解すべきである[*14]。

　刑訴法39条2項は、刑訴法39条1項の規定する接見交通権が憲法34条で保障される弁護人の援助を受ける権利の中核たる重要な権利であることから、法令の規定の在り方を規制する形で制限根拠を具体的に示したものである[*15]。そして、収容法は刑訴法の目的を達成するためにその手段として存在する。そうである以上、接見交通権を制約する効果を有する収容法117条の準用する113条1項が、刑訴法39条2項の目的の枠内において解釈・適用されるのは当然である。また、そのように理解しなければ、刑訴法39条2項が制限根拠を限定し、かつ法令による規制を求めることで、接見交通権の保障を確保しようとした趣旨は没却される。

　収容法にいう「規律秩序を害する行為」を防止するための接見の制止・一時停止・終了（及びその前提となる「視察」）は、刑訴法39条2項の「逃亡、罪障の隠滅又は戒護に支障のある物の授受を防ぐために必要な措置」である場合にのみこれをなしうると制限的に解釈される必要がある。

　佐賀地裁判決は、収容法による接見の制限が接見交通権の「不当な制約とならない限り」との留保を付すものの、「不当な制約とならない限り」という文言は、きわめて不明確である。「不当な制約」の広狭が判断者によって異なる可能性があり、制約される範囲・程度が明確とならない。極めて広汎な制約を正当化することとなる可能性がある。このような判断基準は、憲法

＊13　後藤昭『捜査法の論理』（岩波書店、2001年）118頁。
＊14　葛野・前掲注9書343頁。
＊15　葛野・前掲注9書344頁。

に基礎をおく接見交通権・弁護活動の自由の重要性に対応した基準とはいえない。既に述べたように、接見交通権・弁護活動の自由の重要性に照らせば、その制約は必要最小限であるべきことはいうまでもない。

5) 面会室内でデジタル機器を使用した記録行為は必要な弁護活動として検討されるべきであり、これを制限するべき理由はない。

接見時に得られた情報を記録することも当然に訴訟準備行為に含まれるものであり、ICレコーダーやカメラ、ビデオカメラ等を用いた記録化を活用した事例[*16]など、実際の弁護実践において録音・録画機器は活用されている。これを否定することは弁護活動にとって支障を生じさせるおそれがある。

かかる弁護活動を制限する（証拠保全に限る等、その態様を制限することも含む）のであれば、これにより得られる利益である「被告人の防御権保障」を上回る必要性がなければならない。

弁護人によるデジタル機器の使用を制限することは、技術の進化に伴い刑訴法に規定のない捜査手法（臭気選別やDNA型分析、強制採尿手続など枚挙にいとまがない）を解釈により是認し、あるいはGPS捜査のように無秩序に拡大する捜査手法を憲法・刑訴法の解釈により制限してきた最高裁の判断とは相容れない。このように判示するのであれば、GPS捜査に関する判例のように立法的解決を促す必要がある。

同じ条文の文言でも、社会情勢の変化や新たな技術や道具が生まれることによってその適用対象が変化することは法律の世界の常であり、立法当時存在しなかったものは条文の適用対象にならないという見解が正しいならDNA型分析も「鑑定」として認められないという不合理な結論になる。[*17]

捜査機関による新しい捜査手法の拡大に対抗し、真に被疑者の防御権を保障するためには、弁護人にも技術の変化に応じた「新しい弁護活動」を保障する必要がある。そして、新しい捜査手法に関する判例のように、その限界を示せるのは最高裁において他にはないのである。

(2) 本項執筆時点では、本件は上告審に係属中であり、同じく上告審係属中の田邊国賠とともに最高裁がどのような判断をするかが注目される。

＊16 大阪弁護側立証研究会編『実践！弁護側立証』（成文堂、2017年）47頁。
＊17 後藤昭「弁護人接見の際の容貌撮影行為の法的性格」青山法務研究論集第11号（2016年）25頁。

もっとも、本件に先行した竹内国賠訴訟（⇒本書第2部〔ケース3〕）においては、写真撮影行為を接見交通権の保障の対象外とした東京高裁平成27・7・9判決が最高裁において上告棄却・上告不受理で確定しているため、本件では同判決との関係でいかなる判断がなされるかについてはなお予断を許さない状況である。特に佐賀地裁判決が示した面会補助行為について、解釈上も面会補助行為を承認するか否か、承認するとしてその範囲をどう画するかは極めて重要な問題と考えられることから、今後の議論が待たれる。[18]

(3)　なお、仮に面会室内での写真撮影が刑訴法39条の保障の範囲外であるとしても、弁護人において接見時の被疑者の容ほうや状態を記録保存することの必要性が否定されるものではない。このような場面に直面した時、弁護人がいかなる行動をすべきかについては今後もなお議論がなされる必要がある。

　また、前述した後藤国賠、及び死刑確定者と再審弁護人との面会において「パソコン画面を閲覧しながらの打合せは、秘密交通権として保障される範囲に含まれる」とした大阪高裁平成29・12・1判決[19]からは、接見交通権の範囲から電子機器の使用一般を否定することは相当ではない。

　今後は、面会室内での写真撮影の問題のみならず、技術の進化に伴う弁護活動における電子機器使用について、広く議論がなされることを期待したい。

（はんだ・のぞむ／佐賀県弁護士会）

---

*18　竹内国賠控訴審判決が接見交通権としての保障を受けるか否かの判断において利益考量ないし総合評価の方法をとったことに対し疑問があるとする見解も主張されており（白取祐司『刑事訴訟法〔第9版〕』〔日本評論社　2017年〕213頁）、仮に「面会補助行為」概念が認められるとしてもその基準は明確に示されるべきであろう。

*19　LEX/DB25548250。

■ ケース5

倉吉松本国賠訴訟
[刑務所による裁判所構内の秘密接見（刑訴規則30条）の拒否]
・第一審：鳥取地裁（係争中）

松本　邦剛
弁護士

1. 事案の概要

(1) 本件の概要
　本件は、国選弁護人たる原告が、接見時間を10分とするアクリル板のない勾留質問室（鳥取地方裁判所倉吉支部内）での秘密接見を裁判所から接見指定されていたにもかかわらず、鳥取刑務所職員が、アクリル板がないことを理由に接見時の刑務所職員の立会いを求め、その求めを原告が拒否したところ、原告と被告人Aとの接見を許さずに拘置所に連れて帰ったという事案である。

(2) 裁判等の経過
・2016年11月4日　本件発生
・2017年7月14日　国家賠償請求訴訟提起
　　　　　　　　　弁護団としては、鳥取県弁護士会会員のうち、半数以上の38人が加入し、全国では総勢74名を超える。
　　　　　　　　　マスコミで大きく取り上げられる。
・2017年9月22日　被告国が答弁書提出
　　　　　　　　　請求棄却を求める内容
・2017年9月29日　第1回期日（口頭弁論）
　　　　　　　　　弁護団の全国代表、赤松範夫弁護士及び原告本人の松本邦剛弁護士が意見陳述。

- 2017年11月10日　被告が第1準備書面提出
- 2017年11月24日　原告が原告準備書面（1）を提出。
　　　　　　　　　　被告の主張の前提の確認及び求釈明に関する内容のもの。
- 2017年11月27日　第2回期日（弁論準備）
- 2017年12月20日　被告が求釈明に対する回答書を提出
- 2018年2月19日　原告が準備書面提出
- 2018年2月26日　第3回期日
- 2018年5月7日　第4回期日（予定）

2．争点（現段階で予想されるもの）

① 裁判所は接見指定をしたか（接見指定ではなく便宜供与ではないか）。
② 裁判所の接見指定権と刑務所の刑事収容施設法に基づく戒護権は競合するか。
③ 刑務所は、裁判所の接見指定を無視できるか、できるとすればその法的根拠。
④ 刑務所は、裁判所の接見指定の内容に反する行為ができるか、また、反する行為ができるとすればその法的根拠。
⑤ 刑務所が接見をさせずに連れて帰った行為の法的根拠・正当性。
⑥ 刑務所が接見をさせずに連れて帰った行為について、国賠法上の違法性があるか、故意・過失が認められるか。

3．被告国側の主張

① 接見交通権ないし秘密交通権は、無制限・無限定に認められるものではなく、未決拘禁者の戒護上の規律維持の要請から制限を受ける。
② 裁判所構内における面会も、刑事施設内で行われる面会と同様、刑事収容施設法上の面会にあたる。
③ 鳥取地方裁判所倉吉支部内の勾留質問室は、仕切り板がないなど、その設備上逃亡のおそれ、物の授受等のおそれ、弁護人に暴行がなされるおそれなどがあり、戒護上問題がある。
④ 鳥取刑務所は、裁判所の指示や命令を受ける立場にはない。

⑤　本件当時、鳥取刑務所職員は、裁判所による接見指定がなされたという認識はなかった。
⑥　鳥取刑務所職員が、鳥取地方裁判所倉吉支部の勾留質問室での面会について、職員の立会いを求め、それが拒否される場合に刑務所に連れて帰った行為は、戒護上の支障を考慮すれば、職務上尽くすべき注意義務を尽くすことなく漫然とされたものではないため、国家賠償法1条1項の適用上、違法性はない。

4．弁護活動のポイント

⑴　ポイント
①　本件で鳥取刑務所が行った行為は、法の秩序を無視し、裁判所の接見指定権を侵害し、ひいては、弁護人の秘密交通権を侵害したことにほかならないこと。
②　弁護士は国家より負託を受けて刑事弁護人の活動を行っており、その弁護人にとってもっとも重要な権利は、接見交通権、秘密交通権にほかならないこと。

⑵　弁護側の意見陳述
第1回期日（2017年9月29日）で、弁護団の全国代表・赤松範夫弁護士と原告の松本が意見陳述したので、以下で引用する。

【弁護士赤松範夫の意見陳述】
本訴の審理に先立ち、原告代理人弁護団を代表して次のとおり意見を申し述べます。

1．私たち弁護人は、弁護人制度によって国家より負託を受けて刑事弁護活動を行っています。
　国は、弁護士のみに弁護活動を行うことを認めており、それだけに弁護士に課せられた任務は重要です。
　弁護人となった弁護士は、弁護人として被疑者・被告人に対して守秘義務や、誠実に、かつ最善の弁護を提供する義務を負っています（弁護士職務基本規程）。

このため、弁護人は接見の際に被疑者から事情などを聴き取る際には、被疑者との接見内容を事後的にも誰にも聞かれることなく秘密裡に聞き出せることが制度上も必要不可欠なために、接見における秘密性が制度的にも保障されているのです。
　この保障がなければ、被疑者・被告人は弁護人に安心して本当のことを話せないし、弁護人も事案の真実に迫ることができないのです。
　事後的にも接見内容が捜査機関などに聴取することが許されることになると、弁護人に安心して何ごとも話をしたり、相談することもためらうようになり萎縮してしまうことになるのです。
　接見に際して弁護人として、被疑者らに対して、守秘義務があるので嘘をつかないで正直に話してくれと約束して聴取を始めるのです。
　接見内容の取調べ時の聴取の違法性が問われた鹿児島接見国賠訴訟判決や富永第2次国賠訴訟判決でも、この萎縮的効果ゆえに接見内容について聴取したり、供述調書化することは違法であると宣言したのです。
　私たち弁護人が接見の秘密性を極めて重要なものと考えているのは、このような理由からです。
　私たち弁護人が秘密接見にこだわるのは、このためです。
　また、私達は、接見を行うこと、重ねることの重要性を説いているのはこのような理由からです。
　もちろん、弁護人に対して罪証隠滅などの違法な相談をしてくる被疑者らも絶無とはいえません。しかし、そのような場合に、弁護人としては国家より負託を受けた倫理感を持った専門家としての対応をすることが不可欠であることはいうまでもありません。
　秘密接見交通権というのは、このように弁護人は違法行為には加担しないということに立脚した制度であるからです。

　2．また、弁護人としては、時には（多くの場面で）捜査官である検察官や、場合によっては裁判所とも意見を異にしたり、対立するケースに出会うこともあります。
　その場合には、弁護人の被疑者・被告人に対する誠実義務、最善弁護義務という観点から検察官や場合によっては裁判官とも対決を余儀なくされることもあります。その場合には、刑事訴訟法で許される手続や不服申立ての制度を駆使して被疑者らの利益や権利を守るための活動をすることも多くあり

ます。
　しかし乍ら、これらを駆使した結果、裁判所が判断した結果が弁護人の考え方と異なったことになったとしても、この裁判所の判断を尊重して、次善の権利擁護策を考えることになります。
　不服申立てのできない裁判所の判断は弁護人に対しても最終的判断として受け容れざるを得ないのです。
　このように、弁護人のみならず検察官も裁判所の最終的判断に従ってゆくことで、刑事手続が成り立ち、刑事司法制度が制度設計されているのです。

　3．本件においては、弁護人としては、裁判所構内での接見（当然のことですが接見というからには当然に秘密の保障された接見ですが）を法規に従って裁判所に求め、これに対し、裁判所は被告人の置かれた状況等を勘案して、刑事訴訟規則に則り接見の時間や場所の指定をされたのです。
　本件においては、この裁判所の接見の指定に対し、訴訟当事者からの不服申立てがなされていないのに、身体拘束機関である刑務所当局が、この裁判所の判断に従わずに、法的手続きも取らず、裁判所の意見を無視して弁護人と被告人間の秘密接見交通権を侵害しようとするという暴挙に出たのです。
　弁護人としては、被告人の権利でもあると共に弁護人固有の接見交通権が法的手続きを履践せずに、暴力的ともいえる方法で侵奪されることを看過することは、しかも対立当事者である捜査機関でなく、身体拘束機関によりなされたことを放置することは、国家より負託を受けた弁護人として任務懈怠のそしりを免れないことになるのです。
　そのうえ、被告人からの信頼すら失うこととなるのです。現に失ってしまったのです。
　また、全国の弁護人に対しても、このような事態を放置することの波及的効果は甚大であるので、本訴を提起することとなったものです。

　4．本件においても、裁判所はこのような刑事司法制度の根幹にかかわり、被告人、弁護人の権利の根幹にかかわる問題であることを十分に理解され、審理されたく意見を申し述べる。

【弁護士松本邦剛の意見陳述】
　第1　はじめに

本件は、私が弁護人として申し込んだ被告人との構内接見について、裁判所が、アクリル板のない勾留質問室を接見場所として指定し、秘密接見を認めたにもかかわらず、鳥取刑務所側が、アクリル板がないことを理由に現場の刑務官1名の立会を求め、それを弁護人が拒否をすると、接見を認めることなく被告人を刑務所へ連れて帰ったという事件である。
　本件で鳥取刑務所が行ったことは、法の秩序を無視し、裁判所の接見指定権を侵害し、ひいては、弁護人の秘密交通権を侵害したことにほかならない。

第2　構内接見の重要性

　構内接見は、公判の直前・直後に行うこと、裁判所内で行うことが他の接見との違いであり、この点に最も重要な意義がある。被告人は、公判の直前は緊張し、不安になるのが通常である。この緊張や不安を取り除くには、公判直前に、しかも、裁判所内で接見を行うしか方法はない。前日の夜にいくら警察署や拘置所で面会をしていても、公判当日、実際に裁判所に行った後に生じる緊張や不安の発生を防ぐことはできず、もちろん取り除くこともできない。また、被告人は、公判直後は、公判で疲弊し、興奮していたり、絶望していたりする。公判直後の接見は、被告人のむき出しの素直な気持ちを聴くことができる絶好の機会であり、直前に行われた公判の内容を説明し、振り返り、すぐに気持ちを落ち着かせることのできる唯一の機会でもある。
　このような重要な意義を持つ構内接見を、弁護人以外の者、特に被告人を戒護している刑務所職員の立会いのもとで行うことを、法は想定していない。当然、弁護人も被告人も許容していない。なぜなら、刑務所職員の立会いを認めれば、上記の構内接見の意義を没却することが明らかだからである。被告人にとって、刑務所職員が同席する方が話やすいということはありえない。刑務所職員が接見室の中にいれば、被告人は、落ち着かない状況が続くばかりか、萎縮して、話したいことも話せないことになる。このことは、弁護人が期待していた構内接見の効果が得られないことにつながり、弁護活動に重大な支障を生じさせる。
　本件で問題となっている構内接見は、判決直後の接見であり、控訴の意思を確認するため、被告人の気持ちを落ち着かせるために必要な

ものであった。判決を聞いた直後の素直な感情、怒りや絶望の気持ちを聴きとり、判決の内容を解説したうえで、控訴するかどうかの確認をする必要があった。仮に弁護人が被告人を落ち着かせることができず、被告人が判決直後の混乱した心情のまま刑務所（拘置所）に戻り、直後に被告人自身が控訴に踏み切ったとすれば、控訴審の負担、未決勾留日数の算入、移送による影響などの観点から、被告人は自分の判断に対して大きな後悔をする可能性もある。なお、弁護人は、判決直後の被告人の話だけで控訴すべきかどうかを確定的に判断するものではないが、判決直後の生の感情を聴くことは構内接見でしかできず、その生の声は、最終的に控訴するかどうかの判断に際して重要な考慮要素になることは明らかである。

第3　鳥取刑務所による法的秩序の侵害

　　鳥取刑務所職員は、事件の際、「私たちは刑事収容施設法、規則にのっとって行動している。」、「刑務所は、裁判所の指示に従う立場にない。」旨の発言を行った。しかし、裁判所の勾留質問室は、刑事収容施設ではない。裁判所の秩序は裁判所が守るものなので、裁判所内では裁判所の決定等に従うのが当然である。

　　刑事訴訟規則30条は、裁判所における接見について規定した条文であり、裁判所が、「逃亡、罪証の隠滅又は戒護に支障のある物の授受」などの点を考慮して、「接見の日時、場所及び時間を指定」することができる旨を規定している。これは、裁判所構内での接見の際は、逃亡、罪証隠滅、物の授受などを考慮する一次的な責任主体は、裁判所であることを意味していることに他ならない。つまり、本件では、裁判所はまさに、上記の諸事情を考慮してもなおアクリル板のない勾留質問室を接見場所として指定したのであるから、鳥取刑務所が、アクリル板がないことや、逃亡、罪証隠滅、物の授受を考慮して立会いを求めるような行為は、裁判所の専権事項を犯し、接見指定権限をも侵害したことにほかならない。

　　我々弁護士は、裁判所の判断や意見に異論がある状況において、弁護人として法的に争える場合は、法律や規則に則り争い、仮に争えない場合は、裁判所の判断や意見に従う。裁判所と意見が対立する状況のときに、弁護士は裁判所に従う立場にないなどと言って、裁判所を無視し、自分の意見どおりに強引な行動をとることは絶対にない。な

ぜなら、法治国家のもとでは、上記の論理と倫理に基づくことこそが法の秩序を守ることに他ならないからである。

　しかし、本件では、鳥取刑務所は、法的に適正な手続を経ることなく、裁判所の接見指定権を無視し、弁護人の同意もなく被告人を連れて帰り、結果として弁護人の秘密交通権を侵害したのである。これは、鳥取刑務所が、私たちが守るべき法的な秩序を侵害したことに他ならない。

第4　弁護活動に対する影響

　鳥取地方裁判所本庁及び鳥取地方裁判所米子支部には、アクリル板のついた接見室があるが、鳥取地方裁判所倉吉支部には、アクリル板のついた接見室はない。仮に、倉吉支部で構内接見が認められないとすると、片道1時間程度をかけて、鳥取刑務所へ接見に出向く必要がある。移動、待合室で待つ時間、接見時間を合わせると、約3時間以上は時間を要することになる。弁護士は、通常、数十分単位や1時間単位でスケジュールを組む。突然3時間以上の予定を確保することは、およそ不可能である。仮にこれが、車の運転をしない弁護士であれば、鳥取刑務所での接見は、丸一日をかけての仕事になる。接見室がない支部管内の弁護士だけが、秘密接見のために数時間かけて往復しなければならないというのはあまりに不公平である。構内接見を認めないことは、接見交通権の実質的な制約と評価されうるものだからこそ、裁判所は、本件においても、アクリル板のついた接見室がなくても構内接見を認めたものと考えられる。

　全国の全ての裁判所にアクリル板のついた面会室があることが望ましいのかもしれないが、全ての裁判所にアクリル板のついた面会室がないことは、予算及び立地等の関係上やむをえない面もある。しかし、裁判所が秘密接見を認めたのに、刑務所職員が立会いを求めることは、やむをえないことではない。しかも、この刑務所側の強硬な態度により、接見室のない裁判所管内で活動する弁護士のみが数時間の移動を強いられるのは、あまりに不合理である。

第5　さいごに

　主に以上の理由から、私は本件の訴訟提起に至った。本件は、刑事訴訟法規の解釈・適用、裁判所と刑務所の権限の競合、裁判所の設備整備等、様々な法的・社会的問題を包含するが、当然、私個人の問題

を超えて、日本の全ての弁護士の問題にかかわるものである。また、本件は、刑事弁護で最も重要な、接見交通権の価値を再確認するための闘いでもある。そして、接見交通権が構内で実質的に保障されることは、何より、被告人の権利擁護に資する。

　裁判所に対しては、本件の意味、価値、影響を十分に考慮した慎重かつ公正な審理・判断を強く求める。

（まつもと・くにたか／鳥取県弁護士会）

■ケース6

村岡国賠訴訟
［第三者へのメッセージを含む弁護人宛信書授受の制限］
・第一審：京都地判平24・4・10LEX/DB25481008
・控訴審：大阪高判平24・10・12LEX/DB25483106
・上告審：最決平25・11・28

村岡　美奈
弁護士

1．事案の概要

(1) 宅下げ拒否の事実
1) もとになった刑事事件
　私は、2009年9月に京都弁護士会に弁護士登録をし、本件当時、京都の若松芳也先生の法律事務所で勤務していた。

　2010年2月に、覚せい剤の売人を地元の青年たちが懲らしめるという形で行われた集団傷害事件が発生し、逮捕された複数の被疑者に、私が選任された。宅下げを巡る国家賠償請求訴訟事件で問題となった被疑者は、このとき、滋賀県警・近江八幡署に勾留されていたTさんと、同県警草津署で勾留されていたSさんであった。

2) 宅下げ拒否となった文書の目的
　Tさんも、Sさんも、勾留されて以降、刑訴法81条の接見等禁止決定が付された。私は、彼らにおいて、接見等禁止決定が不当であること、勾留決定の必要性がないこと、釈放の必要性があること、逃亡の可能性がないことなどを主張するための資料として、それぞれの家族への心情を手紙形式でつづって、弁護人に宅下げしてほしいと被疑者に頼んだことが、本件の発端となった。

3) 宅下げ拒否の事実
　2010年2月15日に、近江八幡署で接見申入れをしたところ、私あての信書の宅下げがあるとの留置管理官からの申し出があり、受領のための書類を書

いていたところ、私宛の宅下げ文書の中に、内容からして、私宛ではない文書が混じっていたので、それは宅下げできないと告げられた。私は、裁判所に提出するための資料なので、それも含めて宅下げするように申入れしたが、留置管理官は、宅下げできない文書は、家族あての手紙にあたり、被疑者には接見等禁止決定があるとの理由で、あくまで、宅下げ手続を拒否した。しかし後日、家族への心情をつづったという形式に書き直したうえで、同様の内容のまま、私への宅下げができた。

　一方、同じく２月15日、近江八幡署の接見の後で、草津署に接見し、接見申し込みをしたところ、宅下げ文書がなかった。Ｓさんに事情を尋ねると、「先生宛の手紙でも、家族への気持ちを伝言してくれとかダメだって言われました」とのことで、弁護人へ宛てた部分と家族への気持ちを書いた部分が不可分であるとして、私への信書部分も含めた手紙について、全面的に宅下げ手続ができなかったことがわかった。後日、手紙の体裁を変える書き方（例えば、妻へ→妻への気持ち）での宅下げを被疑者に指示したが、草津署では、接見等禁止決定の意味がなくなるから、という理由を被疑者が留置管理官から告げられ、宅下げが認められないままとなった。

　私は、このような草津署での対応について問題視し、大津地検の検察官に対して、状況報告し、接見等禁止決定についての誤った理解・運用をしている草津署の対応について、是正を求める要請をした。ところが、検察官は、私からの是正要請を拒否し、刑事施設処遇法「222条あたり」（検事の言い方のまま）を根拠とするという口頭の説明で、弁護人宛の親書の宅下げを拒否する留置管理官の対応を追認した。

(2)　国賠提起

　こういった事実経過について、当時のボス弁の若松芳也弁護士に報告すると、「君はなめられているんだぞ、僕が代理人するから、起案しなさい、国賠だ！」との一声で、本件国家賠償請求訴訟の提起となった。のちに、京都弁護士会の多くの弁護士に代理人となっていただき、さらには日弁連の接見交通権確立実行委員会の先生方の大きな助力も得て、大弁護団が結成されたが、初めは、本訴訟の代理人は、若松芳也先生だけであった。

2．争点

(1) 2つの争点

本件の争点は、①弁護人宛に宅下げされた被疑者からの信書について、信書の内容を検査することが秘密接見交通権の保障との関係で、許されるのか、②留置管理官が弁護人宛親書の内容を検査したうえで、これを第三者宛と判断した場合に、宅下げを拒否することが弁護権との関係で許されるのか、という点であった。

この二つの争点は、刑事施設処遇法222条1項、3項の解釈・運用と刑訴法39条1項および憲法34条の保障とのせめぎあいであり、①が適法とされて初めて②が適法となるという不即不離の関係にある争点であった。

(2) 争点をめぐる問題

そして、具体的には、

・弁護人の秘密接見交通権には、被疑者・被告人との信書授受の秘密保障も含まれているというべきか、

・弁護人は刑訴法81条の接見等禁止決定の制約を受けない以上、接見等禁止決定がなされている場合も接見等禁止決定の「潜脱」との批判を受ける謂われはなく、弁護人は、独自に、証拠隠滅・逃亡援助等の違法行為加担のないように自己規制・スクリーニングを、法および弁護士職務基本規程に従って行うべきという制限のみが課されるといえるのか、

・留置管理官は、当該信書が弁護人発・あるいは弁護人宛のものであるかの点を確認する必要はあるが、それが確認された以上は、内容の閲読・検閲ましてや除外（宅下拒否）は許されないといえるか、

といった点が争いになった。

3．弁護活動のポイント

(1) 刑事施設処遇法222条の解釈・運用

刑事施設処遇法は、刑事施設の規律、秩序維持の目的に基づき、被疑者と弁護人との信書の授受への介入を認めており、法222条3項1号イは、未決拘禁者が弁護人等から受信した信書については、確かに、弁護人からの信書

であるかどうかという点について確認する限度で行うべきとされている一方で、同条1項では、未決拘禁者から弁護人等に宛てて発信した信書の場合には、内容検査ができるとされている。

本件の滋賀県警の警察署留置管理官は、まさにこの法222条1項に基づいた内容検査をしているのだが、このような内容検査が刑訴法39条1項の秘密接見交通権の保障及び憲法34条の弁護権保障を侵害するような解釈・運用になっているかどうかが問題となった。

(2) 原告の主張・立証
1) 主張
原告としては、
- 秘密接見交通権は直接の接見室での「接見」のみならず、接見室での法的助言の延長および補完としての信書授受にも及ぶこと、
- 接見等禁止決定により達成しようとしている罪証隠滅や口裏合わせといった危険性の除去は、被疑者と弁護人との信書の授受によって「潜脱」するようなことはありえず、弁護人は適切に、危険を回避するために、信書の内容についてスクリーニングする能力と役割があること、
- 捜査と留置の分離原則からすれば、被疑者の関わっている事件について知りえない留置管理官が信書の内容検査をしても、立場上、適切な判断ができるわけがない、

といった主張をした。

2) 立証
そのうえで、刑事事件の弁護活動が、どのように行なわれるのか、接見室での口頭の意思疎通や情報伝達だけではなく、信書や文書の授受によって、それが接見室での口頭のコミュニケーションを補完し、強化するために必要な活動であることを立証した。

4．判決の概要と問題点

(1) 京都地裁（平成24年4月10日）
1) 判決概要
京都地裁判決は、「接見交通権は、憲法の保障に由来する、身体を拘束された被疑者にとって極めて重要な権利であるから、その制約には慎重でなけ

ればならない。したがって、接見交通権の調整に係る規定は、上記の目的のために必要かつ合理的な制約であって、弁護人から援助を受ける機会を保障するという憲法34条前段の趣旨を実質的に損なわない限りにおいてのみ、これを定めることができるというべきである」としたうえで、刑訴法39条1項が秘密交通権を認めている趣旨からすれば、信書内容の探知により「萎縮的効果」が生じ、信書による意思疎通・情報伝達の場合が差し控えられてしまうことになりかねないから、刑訴法39条2項の「必要な措置」といえるかどうかは、信書による意思疎通・情報伝達の場合においても、「接見交通権との調整を定める法令の規定が、真に合理的な制限であり弁護人から援助を受ける機会を保障する趣旨を実質的に損なわないといえるかどうかにかかっている」と述べている。

ここでは、信書による意思疎通・情報伝達の重要性と信書の秘密保持の必要性を十分に認めながら、結論としては、刑事施設処遇法222条1項に基づき、勾留中の被疑者から弁護人宛に発信した信書の内容検査が許されるとしている。これが、「必要かつ合理的な制限」と言えるのかについては疑問が残る。

2) 問題点（必要性）

まず、「必要」かどうか、という点であるが、勾留中の被疑者から弁護人宛の信書の内容検査の必要性があるとすれば、それは、それをしなければ逃亡や罪証隠滅などの拘禁目的を阻害する危険が発生すると言えなければならない。

この点について、京都地裁判決は、口頭による接見室での接見と比較して、信書の場合には、危険物、禁制品の混入による施設内の秩序維持の必要性があるため、外観観察や感触などのみによって、秩序維持は保たれないとする。確かに、禁制品の混入などは、施設維持に関わる問題であるが、それは、信書のみが封函されていることを確認すれば足り、信書の内容検査までの必要性は、この理由からは認められない。

さらに判決は、被疑者が弁護人に対して発しようとする封筒や信書には、「被疑者において不適切な記載を混入させるおそれが否定できないところ、信書の授受には、物理的な占有移転が伴うので、接見と異なり、弁護人が、信書中の不適切な記載を見逃し（たとえば、口頭でのやり取りと比較して、弁護人に気付かれずに第三者に対してのみ理解されるような暗号を割り込ませることは、類型的に容易であると考えられる。）、誤って第三者に逃亡・罪状隠滅につながる信書をそのまま交付してしまうなどして、意図せずして、結果的に、逃亡・罪証隠滅へ加担してしまうことも、想定されるというべき

である」として、信書の内容確認の必要性を肯定する。

しかし、このような不適切記載による第三者の逃亡への加担、罪証隠滅の慫慂などが、現実的な「高い」「可能性」として、「類型的に容易」といえるかどうかという事実を、裁判所は十分に検討していない。

本件で問題となったのは、被疑者が妻や幼いわが子に対する気持ちを手紙の形式でつづった文書である。子どもに対して接するときの優しい気持ちのまま、ひらがなだけの文書で、いつも家族でするような対話をつづり、わが子を思う被疑者の心情が、素朴に記載された文書である。それに対して、突如として信書に混入された「暗号」の可能性などを持ち出す裁判所の論理の飛躍は、もはやスパイ映画を観すぎたのではないかと思わざるをえない。

そして、弁護人の意図しない意思・情報が社会に流通するとすれば、それは信書による場合に限定されず、接見室において、「伝言」として頼まれた場合でも同じである。逮捕される前に、当事者が「暗号」を決めたうえで、それと気づかない弁護人に「伝言」を頼めば、弁護人には、そのような暗号の存在には、気付くことさえできず、いかんともしがたい。しかし、このような手の込んだ「暗号」の潜伏した伝言を操る場合が発生することは、実際にはほとんど考えられない程度に、可能性は低いといえる。その可能性の低さに比べて、接見等禁止決定を付されて、社会と隔絶した被疑者と家族や仕事関係者等、外界との間のコミュニケーションの重要性は、はるかに高い。

3）問題点（合理性）

次に、京都地裁判決における問題点は、被疑者が弁護人に宛てた信書の内容検査による弁護権制約を過小に評価している点である。内容を検査されることによって生じる萎縮的効果、そこから生じる弁護人と被疑者の間のコミュニケーション不全や防御権保障制約について、その危険性を看過している。

判決は、この制約が「被疑者と弁護人との意思疎通・情報伝達そのものの制約を目的とするものではない」としたうえで、捜査と留置の分離原則の観点から、「留置担当官が信書の内容を閲読したとしてもその内容に係る情報が捜査機関に流出する蓋然性が一般的に認められるわけではない」とも判示している。

しかし、実際には、留置担当者が検査した信書の内容を捜査機関に流出しないと言い切ることはできない。なぜなら、留置管理官は、弁護人宛であっても、宅下げや差し入れについて迷った際には、当該被疑者の担当検察官に、差し入れや宅下げの可否を尋ねることを日常としているからである。そして、

私がこれまで、大阪や京都、滋賀の各警察の留置担当者との間で、何度も経験しているように、差し入れや宅下げ可否の確認のために、捜査機関である被疑者の担当検察官に対して、その対象物の内容（物や文書の種類や内容など）を伝えることも珍しくないのである（神奈川県の大崎国賠〔横浜地小田原支判平24・5・25LEX/DB25484560〕も参照）。

これでは、被疑者と弁護人との間の信頼関係の土台としての対立する捜査機関との関係での「秘密保護」が、十分に保障されない事態と言わざるを得ない。ここに、裁判所が、秘密接見交通権をないがしろにしている事実が明らかとなる。

(2) 大阪高裁（平成24年10月12日）

1) 判決概要

控訴審判決は、接見室における「口頭での意思の伝達、情報提供の場合」と「被収容者からの書類等の発信・交付（宅下げ）による意思の伝達、情報提供の場合」とを区別し、後者においては、刑訴法39条1項が立会人なくして行うものとしていないことについて、「当該書類等の物理的占有移転を伴うもので」「刑事施設側において、授受されようとしている書類等の中に危険物や禁制品等が混入していないか」「接見等禁止決定に違背する第三者宛の書類等が混入されていないかなどについて確認する必要がある」として、「たとえ弁護人等との間であっても、書類等の授受については、定型的に秘密性を保障することが困難であった」ためであると述べている。

そして、留置施設は、被留置者に対する接見等禁止決定を執行する施設として、その決定に従って第三者宛の書類の発受を禁止する「職責がある」ため、弁護人宛信書であっても、法222条1項に基づき、開披して名宛人を検査できる、としたうえで、第三者宛信書を弁護人が受けられなくとも、「受領することにより得られる弁護人の弁護活動上の利益は、上記の検査権限の行使さえ許されないほど高度に保護されるべきものとはいえない」「留置担当者が書類の名宛人を検査する目的の限度で、検査をすることは、必要やむを得ない措置として許容される」と判示した。そのうえで、本件文書は、標題、記載内容など「事情を総合的に考慮すれば」いずれも弁護人宛ではなく家族宛信書なので、発信を拒否したことは適法であるとした。

2) 問題点

京都地裁判決と同様に、控訴審判決もまた、接見室の口頭の弁護権保障と

信書による意思伝達を明確に区別したうえで、後者の重要性を過小評価して、留置管理官の「職責」を強調して、京都地裁と同様に、信書の内容検査を認め、発信拒否の判断権を留置施設に与える結果を認めている。

　この結果は、刑事弁護活動の実際について、どのような局面で、どのような活動が必要で、且つそれが弁護権保障のためにどれだけ重要かということについて、十分に裁判所に伝えきれなかった原告の力不足によるところが大きい。ただ、裁判官にも、ぜひ刑事弁護活動を経験してもらい、被疑者と弁護人との捜査段階の信頼関係が、口頭のみならず、信書なども通じた秘密かつ自由な交通によって醸成され、それが、「暗号」の危険などが到底考えられない状況で行われていることを、少しでも理解してもらえたら、結果は変わっていたかもしれないと、悔し紛れに思う。

5．今後の課題

　私は、現時点で、弁護士登録から9年目に入っている。この事件以降も、国家賠償請求訴訟には多くかかわった。しかし、地方公共団体や国を相手とする裁判の難しさは、当初から変わりない。その壁は高い。

　それでも、私は、被疑者・被告人とのアクリル板越しの接見交通を巡る訴訟には、今後も機会があれば是非とも関わりたい。それは、ひとつには、若松先生の長年にわたる接見国賠闘争の歴史という価値のバトンをつなぐ一人でありたいという意気込みである。そして、もうひとつは、無罪推定される被疑者・被告人が社会から切り離された時に、頼りになるのは弁護人しかいないということがゆるぎない信念だからである。

　社会から切り離されても、取調べで刑事から責められても、その人が社会にいるときと、できるだけ近い状態になり、その人らしさを回復し、その人の底力で、この難局に取り組み、勾留期間を乗り越えられるように、できる限り助力するのが弁護人の役割だと信じている。

　そのためには、土日もなく、雨にも、雪にも、電車の遅延にも負けずに警察署に通い、地味に、真面目に弁護活動をすること、接見交通権行使を継続することが何よりも重要だと、いまは信じている。接見交通権を今後も進化、発展させるのは、個々の弁護活動以外にない。皆さん、へこたれずに、がんばりましょう。

（むらおか・みな／大阪弁護士会）

■ケース7

南川・岩永国賠訴訟
[検察官より、弁護人との接見内容等が記載されたノートや弁護人宛ての信書の草稿等の任意提出]

・第一審：千葉地判平27・9・9LEX/DB25447756
・控訴審：東京高判平28・7・14LEX/DB25506539（確定）

南川　学
弁護士

1．事案の概要

(1)　本件は、当職と岩永愛弁護士が弁護人を務めていた裁判員裁判において、検察官が公判直前に被告人Aの取調べを実施し、弁護人とのやりとりが記されていたノートや手紙等をAに提出させてコピーをとり、それを所持し続けていたという違法行為に対する国家賠償請求事件である。

(2)　Aは、共犯者である夫（B）とともに、子に対する保護責任者遺棄致死傷罪で起訴されていた。捜査段階では、A・Bとも事実を認めて自白していたが、起訴後にBが「自分は子の面倒をみていなかったから子の健康状態を知らなかった」と主張して否認に転じた。Aは自己の罪責を認めつつも、Bの養育状況についてはBの主張に沿う供述をするようになったため、両名の手続は分離された。Bの裁判では、証人となるAの供述が重要な証拠となるため、検察側にとってはAの変遷後供述の信用性を判断する材料を必要とする状況であった。
　こうした状況下で、本件で問題となった検察官による以下の行為が行われた。

・検察官は、Aの公判期日2週間前に拘置所においてAに対して取調べを行った。
・その取調べの直前、検察官は、拘置所の職員を通じ、Aに対して、保有するノート、手紙、写真等（以下「ノート等」という）の一切を取調室へ持っ

てくるように求めた。
- ノート等には、被疑者ノート、接見時における弁護人とのやりとりやその際の自分の考え等が記載されていたキャンパスノート、弁護人からの手紙、Aの弁護人宛て手紙の草稿の便せん等が含まれていた。
- 検察官は、取調べにおいて、Aに対し、ノート等すべての提出を求めた。
- 検察官は、封筒に弁護人の名前が記載されていた手紙や被疑者ノートのみ直ちにその場で返却したが、それ以外（接見内容が記されたキャンパスノートやAの弁護人宛て手紙の草稿の便せんを含む）をすべてAに任意提出させ、コピーを作成したうえで、翌日にAへ仮還付した。

(3) 当職は、上記事実を後日の接見時にAから知らされたことから、直ちに、千葉地方検察庁検事正及び担当の検察官に対して、抗議及び是正申入書を送付した。

後日、千葉地方検察庁からは、本件について、担当検察官に対して口頭注意をしたが、特に措置をしない旨が電話連絡が来たのみであった。

そこで、2013年5月、当職と相弁護人の岩永愛弁護士が原告となり、国に対して国家賠償訴訟を提起した。千葉県内をはじめ全国の弁護士185名に代理人に就任していただいた。

(4) 第一審は、第10回口頭弁論まで行われ、本件違法行為を行った当該検察官の証人尋問が行われた後、2015年5月13日に結審した。なお、Aについては、収監中であることなどの事情があり証人尋問が実施されなかった。第一審判決は2015（平成27）年9月9日に言い渡された。

その判決に対して、後述のとおり一部勝訴であったことから、当職らが控訴した（国側からの控訴はなかった）。控訴審は、東京高等裁判所で口頭弁論期日が2回開かれて結審した。控訴審判決は、2016（平成28）年7月14日に言い渡された。双方から上告がなく、控訴審判決が確定した。

2．本件訴訟の争点

本件訴訟の主な争点は、検察官による任意提出を求める行為及び任意提出を受ける行為の違法性の有無である。付随的に、検察官の故意または過失の有無及び弁護人らの損害額も争点となった。

3．弁護活動のポイント

(1) この検察官の行為の違法性について、原告（当職ら）の主張は、①接見交通権の秘密性は絶対的に保障され、これに対する制約が一切許されず、被疑者・被告人が一方的に放棄することができない、②検察官は接見交通権の秘密性を絶対に侵害することのないよう配慮すべき高度の注意義務を負っている、③検察官が弁護人の了解を得ることなく被告人に対して任意提出を求め、任意提出を受ける行為が違法である、等である。

このうち、弁護団としては、秘密交通権の絶対性について強調して主張し、村井敏邦一橋大学名誉教授に意見書を書いていただき、裁判所へと証拠提出した。

これに対して、被告（国）は、①秘密交通権の保障が捜査権ないし刑罰権によって一定の制約を受ける、②捜査の過程において接見内容が捜査機関に明らかになったとしても、あくまで捜査機関が刑訴法39条1項の趣旨を損なうような態様で捜査しない限り国家賠償法上違法の評価を受けない、③検察官の本件行為は捜査目的の正当性、捜査の必要性、捜査の態様等の事情から国家賠償法上違法でない、等と反論した。

(2) 控訴審において、控訴人（当職ら）は、秘密接見交通権の絶対性をあらためて主張するとともに、本件ノートの任意提出を受けた行為を適法とした部分を不服として主張を展開した。すなわち、①本件ノートは接見内容が記載されており、ノートの任意提出によって秘密交通権が侵害される危険性が高いことなどから、社会通念上相当性を欠く、②検察官は、本件ノートの任意提出を求めた時点で、ノートにAと弁護人とのやりとりに関する記載が含まれている可能性を容易に認識できる状況にあった、等である。

被控訴人（国）からは、接見交通権が内在的制約に服することを繰り返し述べるとともに、本件ノートの任意提出を受けた行為は正当な捜査目的によるもので、担当検察官に注意義務違反がないと主張した。

4．判決の概要

(1) 第一審判決の内容

千葉地方裁判所民事第1部（裁判長金子直史）は、2015年9月9日に判決を言い渡した。判決内容は一部勝訴であり、原告らの損害賠償として一人あたり慰謝料20万円及び弁護士費用2万円が認容される結果となった。

本判決が検察官による本件行為の違法性を認定した主な理由は概要以下のとおりである。

ア　被疑者と弁護人との間の信書の保護

被疑者等と弁護人等との間で発受された信書の内容及び発受予定の信書の草稿等の内容を秘匿する利益も、接見の内容を秘匿する利益に準じて保護されるものであり、被疑者等及び弁護人等の双方の利益と解するのが相当である。これを「秘匿利益」とする。

そして、検察官が本件ノート及び便せんの任意提出を受ける行為は弁護人固有の秘匿利益を制約する捜査活動であったというべきで、本件任意提出が弁護人の固有の秘匿利益を制約するものであったことを前提に、その制約が捜査機関の捜査活動として許容されるものであったかについて検討する。

イ　任意提出が許される要件

まず任意提出が自由な意思に基づく真摯なものであったかどうかについて、秘匿利益が重大であり、被告人が身体拘束を受け公判手続進行中に、公判担当検察官の取調べを受ける過程で、弁護人の関与なくしてなされたものであることを踏まえると特に慎重な吟味が必要となる。

さらに、捜査機関の捜査活動は、社会通念上相当な限りにおいてのみ許容されるものである。社会通念上相当か否かは、捜査の必要性の事情（捜査の目的、必要性、態様及び秘匿利益を制約する意図ないし認識の有無等）と秘匿利益の侵害の程度等に係る事情（当該文書の作成目的、性質、記載内容及び接見内容等の記載を含む蓋然性の程度等）とを総合的に考慮して判断するのが相当である。

ウ　本件任意提出が自由な意思に基づく真摯な同意に基づくものか

被告人が任意提出によってノートや便せんに記載された弁護人との意思疎通等の内容が捜査機関に明らかになることを充分に理解し、任意提出を拒むことができることを認識した上で検察官からの任意提出の要求に対し任意提出したもので、自由かつ真摯な同意に基づくものと認められる。

エ　本件任意提出を受ける行為が社会通念上相当なものか

　本件便せんの任意提出は、捜査目的の正当性、捜査の必要性、秘匿利益を制約する意図・認識がなかったが、被告人が刑務所内で所持する便せんには弁護人宛ての信書の草稿が含まれる可能性は十分に想定され、防御に関わる事項が記載されることが当然に予想されると指摘し、捜査機関が取調べにおいて接見内容を網羅的に聴取する行為にも比肩し得る捜査活動であるといわざるを得ず、秘匿利益の侵害の程度が極めて重大である上に、重大な侵害を正当化する高度の捜査の必要性がなく、秘匿利益の侵害がわずかな注意で容易に回避できたことから、捜査機関の捜査活動として社会通念上の相当性を欠く。

　それに対し、本件ノートの任意提出は、必然的に秘匿利益の侵害が生じる行為でなく、後に防御のために活用することが本来的に予定されている文書でないから、重大な侵害に至る可能性が一般に高いものであったとまではいい難いものであって、社会通念上相当性を欠くものではない。

オ　検察官の故意又は過失の有無

　刑訴法39条1項が秘匿利益を保護していることに照らし、捜査機関等が被疑者等と弁護人等との間で発受される信書をむやみに閲読等してはならないことは、本件任意提出がされた2012年当時、これを肯定する裁判例や学説が一定数存在していた上に、検察官自身、封筒に差出人や受取人として弁護人の名前が記載されている封書についてはその内容を見れば接見交通権を侵害することになるかもしれないと考えて内容を見ることなく返還していたのであるから、検察官は、本件便せんの任意提出を受ける行為が国家賠償法1条1項の適用上違法であることを認識することが可能であったというべきであり、過失が認められる。

(2)　控訴審判決の内容

　東京高等裁判所民事第14部（裁判長富田善範）は、2016年7月14日に判決を言い渡した。判決内容は、本件ノートの任意提出を受けた行為も違法と認定し、原判決を変更した上で、原告らの損害賠償として一人あたり慰謝料30万円及び弁護士費用3万円と増額する形で認容される結果となった。

　控訴審判決が本件ノートの任意提出を受けた行為も違法と認定した理由は以下のとおりである。

ア　本件ノートの任意提出の社会的相当性

身柄拘束中の被疑者等が日記を付けたり、自己の所持するノートに備忘のための記録を取ったりしている場合には、弁護人と接見をしたことやその内容を日記やノートに記載している可能性がかなり高いと一般的にいえる。また、被疑者等と弁護人等の接見の回数が複数回に及んでいる場合、日記には接見の全部ないし大半の内容が記載されている可能性があり、このような日記が捜査機関に任意提出されれば、複数回の接見の内容の全部ないし大半を捜査機関が知るところとなって、秘匿利益の侵害の程度は極めて重大である。さらに、そのような日記が捜査機関に任意提出されれば、以後の被疑者等の防御に支障を来すこともあり得る上、防御に具体的な支障を来すまでには至らなくても、弁護人が以後の接見において、捜査機関に接見内容が事後的に知られることをおそれて助言等を行うことに慎重になるなどの萎縮的効果が発生すると考えられる。
　以上のことからすれば、捜査機関が身柄拘束中の被疑者等から日記の任意提出を受ける行為は、接見の内容についての弁護人等の秘匿利益を侵害するおそれが高い行為であり、かつ、秘匿利益の重大な侵害に至るおそれがある行為というべきである。
　　イ　検察官の故意又は過失の有無
　検察官にとって、身柄の拘束を受けている被疑者等が付けている日記には弁護人との接見の内容が記載されている可能性がかなり高いことを認識することは、特に困難なことではなく、予見することが可能であったことに加えて、検察官が本件ノートに上記記載が含まれているかどうかをAに尋ねるなどのわずかな配慮をすれば接見交通権を侵害する事態を容易に回避できたと認められることに照らすと、検察官にはAから本件ノートの任意提出を受けた行為についても過失があったというべきである。

5．今後の課題

(1)　評価すべきポイント

　本件判決は、検察官が被告人から刑事公判の進行中に弁護人宛の信書の草稿などの便せん及び日記として用いていたノートの任意提出を受けた行為が、社会通念上相当と認められず、弁護人の秘匿の利益を侵害するもので違法であるとして損害賠償を認容したものである。
　大阪高裁においては、刑事公判の進行中に被告人が拘置所の房内で所持し

ていた書類等が令状によって捜索差し押さえられた事案についてその違法性が認められていたが(大阪高判平成28年4月22日、宮下国賠訴訟⇒本書第2部〔ケース8〕)、それが任意提出という形式であったとしても、刑事公判中に相手方である検察官によって、被告人が所持している書類を入手する行為が違法とされたことは評価されてよい。

特に第一審判決文において、「捜査機関が、被疑者等が弁護人等に向けて発信する予定であった信書の草稿等の任意提出を受ける行為は、客観的な秘匿利益の制約の態様としては、捜査機関が取調べにおいて被疑者等と弁護人等との間の接見の内容を網羅的に聴取する行為にも比肩し得る捜査活動であるといわざるを得ず、これによる秘匿利益の侵害の程度は、極めて重大である」ことや「このような捜査活動を安易に許容するとすれば……捜査機関が、弁護側の防御方針を探知することなどを実質的な目的として、被疑者と弁護人等との意思疎通等の内容に対し、探索的、網羅的な捜査活動を許容することにつながりかねないのであって、このような捜査活動は、被疑者等の同意があるからといって、直ちに許容すべきものとは解し難い」ことなどと述べており、裁判所が接見交通権の秘密性の重要性について正しく認識しているもので、今後の接見交通権の運用や国家賠償訴訟において活用できるものである。

また、控訴審においては、第一審が被告人の所持する手紙とノートを別異に捉えた点が是正された。この点について、どちらも被告人が刑事裁判における自己の防御のために弁護人とのやりとり内容が記載されているものであって、それが捜査機関に入手されてしまえば、接見内容等を記録にとどめておくことができなくなり、弁護人とのコミュニケーションに支障を来すこととなる点で同じといえる。被告人が所持する手紙とノートを同様に捉えたことは正当であると評価できる。

(2) 判決の問題点

しかしながら、第一審及び控訴審判決ともに、接見交通権の秘密性の絶対を認めておらず、捜査との関係で相対的な権利にすぎないとしている点は問題である。それは端的に、判決が信書等の内容を秘匿することを「秘匿利益」と呼称した点に表れている。

原告は、本件国賠訴訟において、接見交通権の秘密性が捜査との関係で絶対的な権利であるの主張を展開したが、第一審は当該原告主張に何ら答える

ことなく、接見交通権の秘密性が捜査との関係で相対的な権利にすぎないことを前提としてしまっている。

　また、控訴審判決は、最高裁平成11年大法廷判決（民集53巻3号514頁、LEX/DB28040615）を引用して、接見交通権の一内容である、接見についての秘密交通権も、捜査権の行使との合理的な調整に服する余地が一切ないとまではいえず、秘密交通権に対する制約の具体的な内容、態様、程度、捜査の目的、必要性等のいかんにかかわらず、趣旨を実質的に損なうとは認められないような内容の制約も含めて、捜査権の行使との合理的調整に一切服さない絶対的な権利とまで解することはできないと判断した。

　この点について、最高裁平成11年大法廷判決は接見交通権の「行使」と捜査権の「行使」との調整に関する判例であって、接見交通権の秘密性に関するものではなく、接見の機会の保障と秘密性の保障は全くの別問題であるから、接見の機会の保障に内在的制約があることをもって、秘密交通権を制約し得るものではない。

　今後、弁護人が被疑者・被告人に対する十全な弁護活動を行うためにも、この接見交通権の秘密性の絶対性についての根本的な理解をさらに裁判所・検察庁に求めていくことが必要であり、そのために本件裁判の結果が少しでも役立てばと思う。

（なんかわ・まなぶ／千葉弁護士会）

■ケース8

宮下国賠訴訟
[勾留中の被告人の拘置所居室等が捜索され、弁護人宛の手紙等が差し押さえられた事例]

・第一審：大阪地判平27・3・16判時2315号69頁、LEX/DB25505941
・控訴審：大阪高判平28・4・22判時2315号61頁、LEX/DB25542789
・上告審：最決28・4・27LEX/DB25545269

宮下　泰彦
弁護士

長部　研太郎
弁護士

1．はじめに

(1)　本稿は、「接見交通権確立の闘い最前線」の第11回「拘置所居室での弁護人宛ての手紙・尋問事項書などの差押え」（季刊刑事弁護77号〔2014年〕）の続きである。

当時は、第一審係属中であり、同稿の内容は、主に事案の概要、争点、原被告の主張、本件捜索差押えの問題点の紹介にとどまった。

その後、第一審（大阪地裁）及び控訴審（大阪高裁）において、それぞれ判決があったため、本稿では、主に弁護活動のポイントや判決内容について論じる。

(2)　本事例は、公判担当検察官が、公判の期間中に、それも弁護人請求証人の証人尋問直前に、被告人と弁護人との接見交通の内容を知ることを目的にして、被告人が勾留されている拘置所の居室等を捜索し、弁護人宛の手紙、弁護人の差し入れた尋問事項メモなどを差し押さえたというものであり、秘密接見交通権に対する極めて重大な侵害であった。

しかし、本事例はそれだけにとどまらず、訴訟の一方当事者である検察官が、強制手段を用いて相手方当事者の手の内を見ようとしたものであり、被告人の防御権ないし秘匿権そのものを侵害したのであって、絶対に許されな

いものであった。

2．事案の概要

(1) 事案の概要については、前稿で詳しく紹介したが、本稿でも簡単に紹介する。

本事例の原告は2名で、本事例が発生した刑事事件の被告人であったＩ（以下、「原告Ｉ」という）とその弁護人であった宮下泰彦（以下、「原告宮下」という）である。

(2) 原告Ｉは、2008（平成20）年9月8日に起きた2人組による大阪府内のパチンコ店における強盗事件について、2009（平成21）年9月30日、大阪地方裁判所に起訴された（窃盗、覚せい剤取締法違反、大麻取締法違反でも起訴）。当初、原告Ｉは、強盗被告事件について自白していたが、公判途中で否認に転じた。そのため、2010（平成22）年2月25日、原告Ｉについて接見等禁止決定がなされ、また同月26日、強盗被告事件は期日間整理手続に付された。

原告宮下は、無罪立証のため、共犯者とされるＭ、アリバイ証人となるＦ及び原告Ｉから貸金の返済を受けたというＫの証人尋問を請求し、採用された。そして、原告宮下は、証人尋問の準備のため、証人らと面会した。

これに対し、公判担当検察官は、原告Ｉと証人らとの口裏合わせを疑った。

(3) 公判担当検察官は、同年6月29日及び同年7月1日の2度にわたり、大阪地裁令状部に対し、刑事訴訟法218条に基づき、「被告人」を原告Ｉ、「被告事件」を本件強盗被告事件とする捜索差押許可状の発付を請求した。なお、期日間整理手続は同年7月1日に終了している。

1度目の捜索差押許可状の発付請求における「捜索すべき場所」は「大阪拘置所の原告Ｉの居室及び書信室」、「差し押さえるべき物」は「本件に関係あると思料される、はがき、手紙、封筒、ファックス、文書等の往復文書、日記、手帳、メモ、ノート、備忘録、家計簿、写真、ネガフィルム、アルバム等の記録関係文書及び物件、スケジュール帳、アドレス帳、電話番号帳、電話帳、カレンダー、ダイアリー、日報、航空券、乗車券、交通切符、旅券、地図等の行動関係書類、書籍、並びに本件関連文書及び物件」であり、2度目の発付請求における「捜索すべき場所」は「大阪拘置所の領置倉庫」、「差

し押さえるべき物」は１度目と同じであった。

　大阪地裁の令状裁判官（１度目と２度目は別の裁判官）は、いずれの請求についても、何の制限、制約を加えることなく、そのまま捜索差押許可状を発付した。

　その結果、令状執行にあたった検察事務官３名が、大阪拘置所の各所を捜索し、原告Ｉが原告宮下に宛てて出そうとした手紙、原告宮下が原告Ｉのために差し入れた尋問事項メモ、原告Ｉが防御構想や防御方法等を記載したメモ、事件内容等を記載した事件記録等を差し押さえた上、公判担当検察官は、これを精査した。

3．争点

本事例の争点は以下の８点である。
① 本件捜索差押許可状請求の違法性
② 本件捜索差押えの違法性
③ 本件押収物の精査及び不還付の違法性
④ 検察官の故意又は過失
⑤ 検察事務官らの故意又は過失
⑥ 本件捜索差押許可状発付の違法性
⑦ 裁判官らの故意又は過失
⑧ 損害

4．第一審における弁護活動のポイント

(1) 弁護団の獲得目標
1) 防御権ないし秘匿権の侵害
　1.で述べたとおり、本事例は単に秘密接見交通権の侵害に当たるだけでなく、防御権ないし秘匿権を侵害するものであり、弁護団としては、秘密接見交通権の侵害が認められて勝訴することは当然のことであり、防御権ないし秘匿権が憲法上保障された権利であり、本事例はその侵害であることも認められなければならないと考えた。
2) 裁判官の令状発付の違法性
　また、弁護団としては、検察官の令状請求が違法であることは当然として、

たとえ検察官が違法な令状請求を行っても、本来であればそれを審査する令状裁判官が却下すべきであるのに、それをせずに漫然と令状を発付したことも重大な問題であり、裁判官の令状発付の違法性も認められなければならないと考えた。

(2) 防御権ないし秘匿権の侵害について
1) 市川教授及び渕野教授の意見書
　防御権ないし秘匿権の侵害は、おそらく本事例が初めて問題とするものであり、また理論的な問題であることから、研究者の協力が不可欠であった。そこで、弁護団は、原告宮下がロースクール時代に指導を受けた立命館大学の市川正人教授（憲法学）及び渕野貴生教授（刑事訴訟法学）のご協力をいただくこととし、両教授と何度もディスカッションを行った。その上で、両教授に意見書（市川教授「防御権の憲法上の位置づけと内容について」、渕野教授「防御権の刑事手続上の意義と防御資料の秘匿権について」）を作成していただき、裁判所に提出した。

2) 防御権ないし秘匿権に関する弁護団の主張の概要
　両教授の意見書に基づき、弁護団は、防御権ないし秘匿権について、以下のとおり主張した。

ア　防御権（当事者対等主義を前提とする主体的防御機会の保障）
(ｱ)　憲法による被疑者・被告人の人権保障
　刑罰権の発動は、自由の剥奪や労働の強制(禁錮刑・懲役刑)、生命の剥奪(死刑)等、憲法13条によって保障されるべき基本的人権を著しく制約する。また、刑罰権発動の前提となる捜査・訴追権限の行使においても、行動の自由の剥奪（勾留）、通信や面会の自由の制約ないし剥奪（接見等禁止処分）等の権利制約がなされる。これらの権利制約によって、無罪を推定される被疑者・被告人（以下、一括して「被告人等」という）の権利が不当に侵害されるのを防ぐため、刑事手続ないし刑罰権発動の場面における憲法13条の特則として、憲法31条以下の各規定が存する。憲法31条の刑罰権発動に対する制約は、被告人等の側からみれば、法律に定める手続によらない限り、生命や自由を奪われず、刑罰を科されないことが保障される包括的な防御権保障の規定である。

(ｲ)　主体的な防御活動機会の保障
　さらに、憲法32条以下の規定は、31条によって保障される包括的防御権に内包される具体的な権利を、個別かつ明示的に保障する。このうち、抑留・

拘禁の理由を直ちに告げるよう求める権利、公開法廷で拘禁の正当理由を示すよう求める権利を保障する憲法34条は、国家機関に抑留・拘禁の理由開示を義務付けるだけの規定ではない。被告人等が、抑留・拘禁の正当理由の存否を争う機会、すなわち、被告人等の主体的防御活動の機会をも保障した規定と解すべきである。

また、証人審問権ないし喚問権を保障する憲法37条2項も、刑罰権の存否に関し、被告人による主体的かつ積極的な防御活動の機会を保障する規定である。つまり、防御権とは、被告人等が、刑罰権発動ないしその前提となる捜査・訴追権限の行使に対し、主体的な防御活動を行う機会の保障を意味するのである。

(ウ) 当事者対等主義を前提とする防御活動の実効性の保障

憲法34条及び37条3項は、被告人等の主体的な防御活動の実効性を確保するため、弁護人の効果的かつ適切な援助を受ける機会を付与する弁護人依頼権を保障する。強制的に証拠を収集する権限もなく、組織も資金もない被告人等が、強制捜査権と強大な組織を有する捜査・訴追機関に対抗して防御活動を全うするためには、専門的知見と権能を有する弁護人の援助が不可欠だからである。

さらに、憲法37条1項は、被告人に対し、公平な裁判所による迅速な公開裁判を受ける権利を保障する。これにより、裁判所は、刑罰権の存否をめぐる検察官と被告人の争いについて、いずれかに偏ることなく、それぞれの主張・立証を公平に取り扱うことが義務付けられる。

つまり、憲法の防御権保障は、被告人等に対し、刑罰権の発動あるいはその前提となる捜査・訴追権限を行使する国家機関への対抗手段として、弁護人の援助を得て、国家機関と対等の立場で争う機会を保障する当事者対等主義を前提としているのである。

イ 自由権規約に基づく防御権の保障

(ア) 自由権規約の防御権保障規定

憲法は、被告人等の主体的かつ積極的な防御活動の機会を保障し、さらに、その実効性を確保するため、弁護人依頼権を保障する。上記の憲法の趣旨は、我が国において直接適用される効力を有する市民的及び政治的権利に関する国際規約（自由権規約。以下「B規約」という）の防御権保障に関する規定によっても導かれる。

B規約14条3項は、「すべての者は、その刑事上の罪の決定について、十

分平等に、少なくとも次の保障を受ける権利を有する」と定める。その上で、同項(b)で「防御の準備のために十分な時間及び便益を与えられ並びに自ら選任する弁護人と連絡すること」を保障する。さらに、同項(d)で「自ら出席して裁判を受け及び、直接に又は自ら選任する弁護人を通じて、防御すること」を保障する。B規約が、被告人の固有の権利として防御権を保障することは、文言上も明らかである。

(イ) 防御準備のための便益付与の保障

B規約14条3項(b)は、被告人に対し、防御の準備に必要な十分な時間及び便益の付与を求める権利と、弁護人との接見交通権を保障する。被告人等が自ら、あるいは自ら選任した弁護人を通じて防御する機会を保障する同項(d)の実効性を確保するため、防御準備にも保障が及ぶことを明示するのである。

しかも、接見交通権とは別に、防御準備のための「便益」付与を求める権利が定められていることから、B規約14条3項(b)は、被告人等の固有の権利として、防御準備に必要な活動の機会を保障しているものと解することができる。

(ウ) 防御活動の実効性の保障

さらに、B規約14条3項(e)は、憲法37条2項と同様、被告人の主体的かつ積極的な防御活動である証人審問権・喚問権を保障する。先に述べた防御準備のための便益の保障と併せて考慮すると、B規約は、被告人等の固有の権利として、証人審問権・喚問権の行使など、主体的な防御活動の機会を保障するため、その実効性を確保する目的で、弾劾証拠の収集や、証人となるべき者との打合せ等、防御活動の前提となる防御準備の機会をも保障していると解すべきである。

ウ　証人審問権・喚問権の行使及び準備に関する秘匿権

(ア) 被告人等に固有の防御準備に関する秘匿権の保障

被告人等の主体的かつ積極的な防御活動である証人審問権・喚問権の行使に関し、被告人等と弁護人の接見に付随してなされるあらゆるコミュニケーションは、秘密が保障されなければならない。しかしながら、憲法37条2項及びB規約14条3項(e)の保障する証人審問権・喚問権の実効性を確保するためには、接見交通の秘密を保障するだけでは足りない。被告人等の主体的な防御活動を保障する前提として、被告人等が自ら行う証拠収集や証人となるべき者との打合せ等、効果的な防御活動に不可欠の立証に関する準備についても、秘密を保持する権利、すなわち、防御準備に関する秘匿権が保障され

なければならないのである。

　(イ)　B規約の保障する「防御準備のための便益」の趣旨

　憲法37条2項及びB規約14条3項(e)は、被告人に対し、刑罰権ないし訴追権限に対抗する手段として、公判廷で敵性証人を弾劾する証人審問権、及び、被告人が自ら望む証人を尋問する証人喚問権を保障する。

　これらの規定は、単に公判廷で証人を尋問し、あるいは公費により強制的に証人を出頭させて喚問する機会を保障するにとどまるのではない。尋問による弾劾や、被告人に有利な事実の立証の実効性を確保するため、被告人等に対し、十分な時間及び便益を付与すべきことを保障したものと解すべきである。B規約14条3項(b)は、このような被告人の防御準備の機会を保障する規定である。

　(ウ)　十分な準備機会の保障を前提とする証人審問権・喚問権の保障

　仮に、証人審問権・喚問権の保障範囲に、公判廷における証拠の弾劾あるいは積極的な立証を目的とする証拠収集等の事前準備が含まれないのであれば、これらの権利の実質的な保障はなされず、絵に描いた餅に過ぎないこととなる。

　対立当事者の検察官は、強制捜査権と組織及び資金を駆使し、綿密な準備を経て、公判における立証を行う。他方、強制的に証拠を収集する権能も、組織も資金もない被告人が、防御準備の機会まで保障されないとなれば、被告人が、検察官に対抗して防御活動を全うすることなど、到底不可能である。当事者対等主義を前提に、被告人等の防御権を保障する憲法が、防御権の実質的趣旨を没却する対立当事者間の権能の著しい不均衡・不平等を是認することなど、あり得ない。

　(エ)　「便益」には防御準備に関する秘密の保障が含まれる

　したがって、被告人等は、憲法37条2項及びB規約14条3項(e)に基づく固有の権利として、敵性証人の弾劾に必要な証拠や情報を収集し、あるいは、自らの求める証人となるべき者との間で尋問に関する綿密な打合せを行うなど、防御のための立証準備の機会が、十分に保障されるものと解すべきである。のみならず、被告人等の防御準備の実効性を確保するためには、接見交通の秘密と同様、防御のための立証準備に関する秘密が保障されなければならない。

　仮に、被告人による防御のための立証準備の内容が、対立当事者の検察官によって事前に察知されれば、もはや、効果的な反対尋問を行うことは不可

能である。また、検察官に知られるおそれが排除できないというだけでも、萎縮的効果の発生は避けられない。被告人等が、検察官による察知や妨害を恐れて、十分な証拠収集や、証人となるべき者との綿密かつ率直な打合せ等を行うことができなければ、不利な事実に関する証拠・証言の弾劾や、自らに有利な事実の立証等を効果的に行うこともできないのである。

　ゆえに、憲法37条2項の保障する証人審問権・喚問権、さらに、B規約14条3項(b)の保障する「便益」には、防御のための立証準備に関する秘密の保障が含まれると解すべきである。

　(オ)　防御のための立証準備に関する秘匿権保障の範囲

　防御のための立証準備の機会及びその秘密の保障は、証人尋問に関する事項に限定されるものではない。当然に証拠書類や証拠物の収集及び証拠化が含まれる。これらの防御準備も、効果的な防御活動を行うための準備であることは、証人尋問の準備と何ら変わりがないからである。したがって、上記各規定に基づく防御のための立証準備の機会及び秘密の保障は、証人尋問だけではなく、被告人等による立証準備の一切に及ぶと解すべきである。

　エ　防御権から直接導き出される秘匿権

　(ア)　防御構想に関する秘密の保障

　被告人等の主体的な防御活動を包括的に保障するためには、弁護人との接見交通の秘密、防御のための立証準備に関する秘密を保障するだけでは不十分である。被告人等が、自ら防御方針を検討する過程において、防御に関する構想をメモ、備忘録や日記等に記載する行為についても、防御準備の機会ないし便益として保障されるべきであり、かつ、その秘密が保障されなければならない。

　被告人等が自ら検討する防御構想は、やがて、弁護人との防御方針に関する協議や、防御のための立証準備を経て、具体的な防御活動に結実する。したがって、防御構想に関する秘密は、接見交通に関する秘密、あるいは防御のための立証準備に関する秘密の範疇として、憲法34条及び37条により保障されるべきである。さらに、究極的には、当事者対等主義を前提に、被告人等の防御権を包括的に保障する憲法31条により、被告人等の固有の権利として、防御構想に関する秘匿権の保障が及ぶものと解すべきである。

　(イ)　防御構想に関する秘密の保障が不可欠であること

　被告人等は、訴追されている事件に関して思い起こした事実や、防御方針について検討している最中に浮かんだ発想、あるいは、公判の経過に関する

事実や感想等について、メモや日記等に記載することがしばしばある。これらのメモや日記等の記載には、被告人等が自ら検討した防御に関する構想の内容を推知させる情報が含まれている。

以上のような情報も、弁護人との接見交通の秘密や、防御のための立証準備に関する秘密と同様、対立当事者である検察官に筒抜けとなれば、先んじて反対立証等の対策を講じられ、防御活動の実効性が損なわれる危険がある。さらに、このような事態を恐れた被告人等が、自らの防御に関する構想や検討の結果を、一切メモに残せないといった萎縮的効果が生じれば、緻密な防御構想の構築は不可能である。したがって、防御準備に著しい悪影響を及ぼすことは必定である。

以上より、防御に関する構想が、未だ被告人等の内部のみに留まり、弁護人との協議や防御のための立証準備等、具体的な防御活動ないし防御準備に結実していない段階であっても、防御構想に関する秘密を保持する権利、すなわち、防御構想に関する秘匿権が保障されなければならない。

(ウ) 防御構想に関する秘匿権の絶対的保障

被告人等が、防御方針や防御準備に関する構想を書きとめ、自らの備忘あるいは記録として保持するに留まっている限り、罪証隠滅や偽証を教唆する具体的な行為に発展する可能性は、全くない。したがって、防御構想に関する秘密に対する制約を正当化するに足りる如何なる理由も存在しない。ゆえに、防御構想に関する秘密に対する制約は一切許されず、絶対的に保障されなければならない。

オ　小　括

以上のとおり、憲法及びB規約は、被告人等に対し、当事者対等主義を前提とする防御権を保障する。さらに、防御権に内在する権利として、

① 弁護人との秘密接見交通権
② 防御のための立証準備に関する秘匿権
③ 被告人等の防御構想に関する秘匿権

が保障される。

(3) **裁判官の令状発付の違法性について**

1) 職務行為基準説（昭和57年最判）

次に、裁判官の令状発付の違法性について最大の障害となったのが、職務行為基準説を採用し、「裁判官がした争訟の裁判に上訴等の訴訟法上の救済

方法によって是正されるべき瑕疵が存在したとしても、これによって当然に国家賠償法1条1項の規定にいう違法な行為があったものとして国の損害賠償責任の問題が生ずるわけのものではなく、右責任が肯定されるためには、当該裁判官が違法又は不当な目的をもって裁判をしたなど、裁判官がその付与された権限の趣旨に明らかに背いてこれを行使したものと認めうるような特別の事情があることを必要とすると解するのが相当である」という最判昭和57年3月12日民集36巻3号329頁・LEX/DB27000099（以下、「昭和57年最判」という）であった。

2) 弁護団の主張

これに対し、弁護団は、昭和57年最判の基準は、裁判官の捜索差押許可状発付行為に適用されないとして、概ね次のように主張した。

ア 捜索差押許可状の発付は争訟の裁判ではない

まず、昭和57年最判は争訟の裁判に関する違法性の判断基準を判示しているところ、争訟の裁判とは、「権利又は法律関係の存否について、関係当事者間に争いがある場合に、当事者の一方の申立てに基づいて、裁判所又は裁判官が双方当事者を手続に関与させたうえで、公権力をもってその争いを裁断する作用ないし手続」をいう（最高裁判所判例解説民事篇〔昭和57年度〕215頁）。

これに対し、捜索差押許可状の発付は行政的性格を有し、一方当事者である捜査機関の請求によって、捜査機関の提供する一方的な疎明資料のみに基づいて裁判がされ、対審もなく、その発付前に被処分者の弁解を聴取する手続はそもそも予定されていない。

このように、捜索差押許可状の発付は「双方当事者を手続に関与させたうえで、公権力をもってその争いを裁断する」ものとはいえない。したがって、捜索差押許可状の発付が、「争訟の裁判」にあたらないことは明らかであり、論理的形式的に見て、昭和57年最判の基準は、捜索差押許可状の発付行為には適用されない。

イ 昭和57年最判が着目した当事者の手続保障と不服申立制度の有無に照らしても、捜索差押許可状の発付と争訟の裁判を同視できない

更に、昭和57年最判の趣旨を考えても、捜索差押許可状の発付を、争訟の裁判と同様に扱うことはできない。

昭和57年最判は裁判所又は裁判官の行う手続に当事者がどのような形で参画できるか、不当な裁判の是正のための不服申立制度としてどのような手続が整備されているかなどの要素を考慮して、争訟の裁判に関する違法性の判

断基準を導いたものである（最高裁判所判例解説民事篇〔昭和57年度〕216頁参照）。

そこで、当事者の手続保障と不服申立制度の有無に着目して争訟の裁判と捜索差押許可状の発付を比較すると、争訟の裁判は、双方当事者に手続への関与が保障されているうえ、当該裁判がたとえ違法・不当なものであっても、上訴によって救済が可能である。

これに対し、捜索差押許可状の発付には対審もなく、その発付前に被処分者の弁解を聴取する手続は予定されておらず、被処分者に手続への関与が保障されていないうえ、不服申立ては押収に対する準抗告のみで（刑事訴訟法430条1項）、いったん捜索差押えが実施された場合、被告人が秘匿すべき情報が捜査機関側に明らかになってしまうなど、被処分者の被る不利益は大きい。

そして、捜索差押えの実施によって、防御の秘密が暴かれるという不利益は直ちに発生し、これに対して不服を申し立てたところで、防御の秘密が回復されることはない。捜索差押許可状の発付に伴う秘匿権や秘密交通権の侵害は、不服申立てによっても救済が全く不可能である。

このように、当事者の手続保障と不服申立制度の有無に照らしても、捜索差押許可状の発付と争訟の裁判を同視することはできないから、昭和57年最判の基準を捜索差押許可状の発付行為に適用することはできない。

(4) 尋問

第一審では、原告2名、本件捜索差押許可状を請求した検察官、本件捜索差押えを行った検察事務官のうち1名の尋問が行われた。なお、原告Ⅰの尋問は収容中の神戸刑務所で行われた。

弁護団は、尋問が実施された4名の他に、令状裁判官2名及び本件捜索差押えを行った残りの検察事務官2名の尋問も請求していたが、請求は却下された。

5．第一審判決の概要

(1) 結論

第一審判決（大阪地判平27・3・16）は、争点①ないし③について違法性を認め、争点④について検察官の過失を認めたが、争点⑤について検察事務官らの故意及び過失、争点⑥について本件捜索差押許可状発付の違法性をそれぞれ否定した。争点⑧損害の額としては、各原告それぞれ50万円（別にそれ

ぞれ弁護士費用5万円）の合わせて110万円とした。
　以下、各争点ごとに判決の概要を述べる。

(2)　本件捜索差押許可状請求の違法性（争点①）
1)　違法性の判断基準
　第一審判決は、捜索差押許可状請求の違法性判断基準について、次のとおり判示した。
　「令状による捜索差押えが認められるためには、①犯罪事実と差し押さえるべき物との間に関連性があり、かつ②捜索差押えの必要性が疎明されなければならず、犯罪の態様、軽重、差押物の証拠としての価値、重要性、差押物が隠滅毀損されるおそれの有無その他諸般の事情からうかがわれる捜索差押えの必要性と、捜索差押えによって受ける被差押者の不利益の程度等を比較考量し、明らかに捜索差押えの必要性がないといえる場合には、捜索差押許可状請求は却下されるべきである。
　ただし、第1回公判期日後には、公判中心主義及び当事者対等の原則（武器対等の原則）の要請が働くことや、予断排除の原則の適用がなくなり、受訴裁判所が職権又は請求により捜索差押えを行うことができることからすれば、原則として、捜査機関が捜索差押えを行うことは許されず、例外的に、受訴裁判所による捜索差押えを待っては、捜索差押えの実効性を図ることができないような場合、例えば被告人又はその意を受けた第三者による証拠隠滅のおそれがあり受訴裁判所の捜索差押えではその実効性が図られない場合にのみ許されると解すべきである。そして、この例外的な場合に該当するかどうかは、前記捜索差押えの必要性を判断する際に考慮することとなるが、勾留中の被告人の居室等を捜索場所とする場合には、弁護人と接見した内容や防御構想等を記載した書面などの防御方法が集積することが予想されることからすれば、捜査機関による捜索差押えの必要性については慎重な判断が求められるというべきである」。

2)　防御権ないし秘匿権について
　次に、第一審判決は、被告人の防御権ないし秘匿権について、次のように判示した。
　「弁護人が接見時に防御方法の打合せの一環として交付した書類、被告人が接見内容及び防御構想を書き留めたメモ類及び弁護人との面会接見の代替方法として行われた信書のやり取りは、憲法34条に基づく被告人の接見交通

権又は防御権及び弁護人の弁護権として保障されており、これらの防御方法の内容は、基本的には捜査機関に対して秘匿されるべきであるといえる。

しかしながら、防御方法の内容の秘密といえども絶対的に保障されるものではなく、捜査権の行使という国家の権能との間で合理的な調整を図る必要があり、前記記載の諸般の事情に照らし、捜査差押えの必要性と被差押者である被告人の被る不利益とを考慮して、必要かつ合理的な範囲の制約に服するものと解する」。

3）　犯罪事実と差し押さえるべき物との間の関連性について

以上を踏まえて、本件捜索差押許可状の請求の適否について検討するとした第一審判決は、まず、犯罪事実と差し押さえるべき物との関連性について、次のように判示した。

「本件捜索差押許可状請求時において、原告Ｉは、本件強盗事件への関与を否認し、自分の自白調書及び共犯者とされるＭの自白調書の信用性等を争い、犯行動機として挙げたＫに対する200万円の借金は虚偽であると主張していたこと、更に本件強盗事件当時、神戸のＦの元に覚せい剤を配達に行っていたとのアリバイを主張していたこと、Ｍ、Ｆ、Ｋの証人尋問及び原告Ｉの被告人質問を実施する予定となっていたことを認めることができるのであり、原告ＩとＭ、Ｆ、Ｋとの間で口裏合わせを行った事情をうかがわせる書面があれば、Ｍ、Ｆ、Ｋ及び原告Ｉの公判供述に対する重要な弾劾証拠となる。したがって、本件捜索差押許可状請求書記載の差し押さえるべき物は、犯罪事実との間に関連性があるものと認めることができる」。

⑶　**捜索差押えの必要性**

次に、第一審判決は、捜索差押えの必要性について、捜索場所ごとに次のとおり判示した。

　　ア　被告人の居室及び付属施設

㋐　接見等禁止決定がなされた日以降の罪証隠滅工作に関する証拠の捜索差押えの必要性

「接見等禁止期間中は弁護人以外の者との接見や信書のやり取りは禁止され、大阪拘置所が原告Ｉ宛ての信書を受信した場合には書信室にて保管する取扱いとなっていたことからすれば、原告Ｉは、本件捜索差押許可状の請求時より前の平成22年2月25日以降、Ｍ、Ｆ及びＫとの間で直接に罪証隠滅に関する連絡を取り合うことは不可能であったといえる。また、第三者を介す

るなど間接的に罪証隠滅工作を行う手段についても、接見等禁止中は弁護人との接見しか認められないところ、……原告宮下が原告Ｉと意を通じて又は過失により罪証隠滅工作に加担したことをうかがわせる事情を認めることはできない。そうすると、原告Ｉには、平成22年２月25日以降の罪証隠滅の客観的可能性がなかったというべきであるから、本件捜索差押許可状の請求のうち、平成22年２月25日以降の罪証隠滅工作に関する証拠の捜索差押えを行う必要性はなかったと認めることができる」。

　(イ)　接見等禁止決定がなされた日より前の罪証隠滅工作に関する証拠の捜索差押えの必要性

　「原告Ｉの居室内には、接見等禁止決定があった平成22年２月25日より前に原告Ｉが行った罪証隠滅工作に関する証拠が存在する可能性があり、また捜索差押を行うことが事前に原告Ｉに知れると、このような証拠が滅失・毀損されるおそれが高く、捜査機関による捜索差押えを行う必要性はあったことは認めることはできる。

　他方、……この頃には、本件強盗事件の争点及び証拠の整理が整い、審理計画も確認されているのであって、原告Ｉの居室内には防御の準備が相当程度集積していることが容易に想定できる。このような原告Ｉの居室内を網羅的に捜索することを認めると、防御の準備が捜査機関に開示されることになり、従前の防御戦略や証人尋問期日に向けた公判準備に影響を及ぼすことは避けがたく、原告Ｉ及び原告宮下は少なからざる不利益を被ることになる。そして、このような不利益は、一度捜索差押えが実施されてしまうと、準抗告や損害賠償などの事後的な救済手段によっては完全に回復することが困難な性質のものである。

　……このような捜索差押許可状の請求は捜査の必要性に比して被差押者の不利益が大きく、捜索差押えの必要性を欠くものといえる」。

　イ　書信室

　「大阪拘置所では、接見禁止中の被告人が収容中に弁護人以外の者との間で発受した信書を書信室にて保管することになっていた。そうであれば……書信室には、原告Ｉの居室のように弁護人とのやり取りにより収集したメモや訴訟資料であったり、原告Ｉの構想をまとめたメモなどの防御準備が集積しているとは想定できず、原告Ｉの防御権及び原告宮下の弁護権を侵害する程度は低いと見込まれる。他方、原告Ｉが外部に発した信書に対し、接見等禁止以降返信があった信書の中に罪証隠滅工作に関する記載がある可能性が

あり、原告Ｉ及び原告宮下の被る可能性がある不利益と比較して、捜索差押えの必要性は高いといえる。……

　以上によれば、……書信室に対する捜索差押えの必要性はあったものと認めることができる」。

　　ウ　領置倉庫及び付属施設

　「領置倉庫には、居室内で使用することが許されない物（金具のついた手帳等も含まれる。）や、移送された際に収容者が居室内にて保管したいと申し出ていない物を保管しており、収容者は領置倉庫内の物をいつでも宅下げしたり、廃棄したりできる。……しかしながら、領置倉庫にも、訴訟資料や防御構想、あるいは弁護人とのやりとりが記載された信書等が存在している可能性が高いことは居室等と同様である。

　そうであれば、……捜査の必要性に比して被差押者の不利益が大きいと認めることができ、捜索差押えの必要性を欠くものと認める」。

　　エ　本件捜索差押えの違法性（争点②）

　第一審判決は、２つの捜査差押許可状は、「捜索差押えの必要性を欠き、違法であるから、このような違法な捜索差押許可状に基づく本件捜索差押えも違法である」判示とした。

　　オ　本件押収物の精査及び不還付の違法性（争点③）

　同様に、第一審判決は、「違法な本件捜索差押許可状に基づく本件捜索差押えは違法であり、検察官は違法に差し押さえた本件押収物の占有する正当な根拠はないから」、検察官が「本件押収物を精査し、かつ本件刑事事件が終結するまで還付しなかった行為は違法である」判示とした。

　　カ　検察官の故意又は過失（争点④）

　次に、第一審判決は、検察官の故意又は過失について、「本件捜索差押許可状の請求を行ったことにつき、過失があると認めることができるし、違法な捜索差押許可状に基づく捜索差押えを執行したこと、違法に差し押さえられた本件押収物を精査した上、還付しなかったことについても、過失があると認めることができる」と判示した。

　　キ　検察事務官らの故意又は過失（争点⑤）

　これに対し、第一審判決は、検察事務官らの故意又は過失について、「検察官の指揮に従うべき検察事務官らが本件捜索差押えの必要性がないとして、その執行を差し控えることは困難である」として、検察事務官らが「本件捜索差押を行ったことにつき故意及び過失があったとは認められない」と判示した。

ク　本件捜索差押許可状発付の違法性（争点⑥）

　第一審判決は、上記昭和57年最判に依拠した上で、「本件のように公判担当の検察官が把握している事実及び証拠と捜索差押許可状の請求を受けた裁判官とではその把握し、あるいは把握可能な情報に違いがあり、本件では、原告Ｉに接見禁止がいつから付されているかどうか等の情報、期日間整理手続が終了したかどうかの情報は裁判官に伝わっていたとは認めることはできないから、上記捜査の必要性の程度についても必ずしも、検察官の認識と裁判官の認識が一致するものではない」、「捜索差押えの必要性の要件を充足するか否かの判断に当たっては、……捜査の必要性と、捜索差押えによって受ける被差押者の不利益の程度等を比較衡量することが必要になるところ、この比較衡量をする上では、第１回公判後の強制捜査を認めることができるかどうか、認めることができるとしてどのような限度、要件で認めるかなどについての各裁判官の法的理解、判断が前提となるのであって、これについての見解は、必ずしも同一の立場ではないものであるから、本件捜索差押許可状請求の際に、罪証隠滅工作を行ったと判断できるという捜査の必要性を重視し、被差押者である被告人の不利益の程度をやむを得ないと考え、令状を発付することが通常の裁判官の判断ではないとまでいうことはできない」と判示し、本件捜索差押許可状の発付の違法性を否定した。

ケ　裁判官の故意又は過失（争点⑦）

　前項で述べたとおり、第一審判決は、本件捜索差押許可状発付の違法性を否定したので、裁判官の故意又は過失については検討していない。

コ　損害（争点⑧）

(a)　原告Ｉの損害

　第一審判決は、原告Ｉの損害について、「本件強盗事件の人証調べの直前期において、防御資料を訴追側に閲読、押収され、本件強盗事件における防御準備に支障を生じたことを認めることができ」るとし、その精神的苦痛の慰謝料として50万円（弁護士費用５万円）と判示した。

(b)　原告宮下の損害

　次に、第一審判決は、原告宮下の損害について、「本件強盗事件の人証調べの直前期において、防御資料を訴追側に閲読、押収され、原告（被告人）との防御準備に支障を生じたこと、本件と同様の事案がある場合に、捜索差押えを懸念し、手紙のやり取りを控えたり、不用意なメモを残さないようにするなど、弁護士としての職務にも影響が生じたことを認めることができる」

とし、その精神的苦痛の慰謝料として50万円（弁護士費用5万円）と判示した。

6．控訴審における弁護活動のポイント

　第一審被告である国は控訴しなかったことから、控訴審における弁護活動のポイントは、①検察事務官の故意又は過失、②本件捜索差押許可状発付の違法性、③損害額に絞られた。
　弁護団としては、その中でも②本件捜索差押許可状発付の違法性が最重要論点であると考え、そのためには令状裁判官2名の証人尋問が不可欠であるとして、繰り返し両名の尋問を求めた。
　しかしながら、控訴審もその請求を却下した。

7．控訴審判決の概要

(1) 結論
　控訴審判決（大阪高判平成28・4・22）は、控訴人（第一審原告）らの控訴を棄却した。

(2) 防御権ないし秘匿権について
　なお、被告人の防御権ないし秘匿権について、控訴審判決は次のように判示した。
　「弁護人が接見時に防御方法の打合せの一環として交付した書類、被告人が接見内容及び防御構想を書き留めたメモ類並びに弁護人との面会接見の代替方法として行われた信書のやり取りは、憲法34条に基づく被告人の接見交通権又は防御権及び弁護人の弁護権として保障されており、これらの防御方法の内容は、基本的には捜査機関に対して秘匿されるべきであるものの、防御方法の内容の秘密といえども絶対的に保障されるものではなく、捜査権の行使という国家の権能との間で合理的な調整を図る必要があり、必要かつ合理的な範囲の制約に服する」。
　「そうすると、被告人と弁護人との間で交わされる文書については、……極限的な場合にしか捜索差押えが許されないと解すべきではなく、捜索差押えの当否は、犯罪の様態、軽重、差し押さえるべき物の証拠としての価値、重要性、差し押さえるべき物が隠滅毀損されるおそれの有無、差押えによっ

て受ける被差押者の不利益の程度その他の事情に照らし、捜査差押えの必要性と被差押者である被告人の被る不利益とを考慮して、判断すべきである」。

(3) 裁判官の令状発付の違法性について

裁判官の令状発付の違法性に関する控訴審判決の基本的な判断の枠組みは、第一審と同様、最判昭和57年に基づくものであった。

8．今後の課題

(1) 上告審

控訴人らは、控訴審判決を不服として上告提起及び上告受理申立てを行ったが、最高裁は、平成28年10月27日、上告棄却、上告不受理の決定を行った。

(2) 判決の評価と課題

1) はじめに述べたように、本事例は、弁護人と被告人との間で交わされた書面の内容を、捜索差押えによって、直接的に確認するもので、被告人と弁護人との秘密接見交通権に対する重大な侵害であった。

したがって、第一審判決、控訴審判決がともに、争点①ないし③について違法性を認め、第一審原告らの請求を一部認容したことは、評価できる。

しかし、この程度の結論は、弁護人の立場からすればいわば当然のことである。

2) これまで述べたところから既に明らかなとおり、第一審判決及び控訴審判決が防御権ないし秘匿権を正面から被告人の権利として認めたか否かについては措くとしても、捜査の必要性と被差押者の不利益を等価的に比較衡量する判断枠組みに問題があるのである。本事例を契機に公判段階での安易な捜索差押許可状の請求は控えられるであろう。しかしながら、等価的な比較衡量の枠組みが維持される限り、いつ何時同じことが繰り返されるかわからない。原告本人及び弁護団としては、この枠組みを乗り越えるために全力で頑張ったつもりであるが、結果的に乗り越えることはできなかった。

また、本事例では、我々弁護士が最後の砦として信頼するしかない裁判官の責任を問うたのであるが、この壁も厚かったと言わざるを得ない。残念でならない。

(みやした・やすひこ／大阪弁護士会＋おさべ・けんたろう／大阪弁護士会)

■ケース9

黒原・畝原国賠訴訟
[依頼人との接見内容に言及した第三者(依頼者妻)宛のメールの押収]
・第一審：宮崎地判平29・1・20LEX/DB25545304（確定）

黒原　智宏
弁護士

1．事案の概要

　国税徴収法違反及び電磁的公正証書原本不実記録等被告事件の弁護人が、被告人との接見内容を被告人の妻に対し電子メールにより送信していた（以下「本件メール」という）ところ、同事件の担当検察官は、被告人の妻が所持する本件メールの保存された携帯電話を差し押さえ、メールの内容に、被告人と弁護人との接見内容が含まれていたことを確認した。検察官は、それが電磁的公正証書原本不実記録等被告事件における第三者との共謀を立証する証拠にすることができるとの判断の下、接見内容の含まれた本件メールにつき写真撮影報告書を作成した。そして、検察官は、被告人の妻に本件メールの写真を示しつつ取調べを行い、本件メールが弁護人と被告人の妻との間で送受信されたものであることを供述させ、この供述調書を、写真撮影報告書の関連性を立証するための証拠として証拠調べ請求をしたというものである。
　弁護人は、検察官の写真撮影報告書及び被告人の妻の供述調書の証拠調べ請求はもとより、本件メールの内容を調べて写真撮影報告書を作成した行為自体が刑訴法39条1項に定める秘密交通権を侵害する違法な行為にあたるとして、国家賠償請求訴訟を提起した。

2．争点

　本件国賠訴訟での争点は、以下の3点である。

1点目は、捜査機関による接見内容の事後的探知が許されるかである。
　本件の場合、前記のとおり、検察官は被告人の妻が所有する携帯電話を差し押さえたところ、その電子メールに被告人と弁護人との間の接見内容が記録されていたのを発見した。その後検察官は、それを証拠化する写真撮影報告書を作成した上、その関連性を立証するために被告人の妻を取調べてその供述調書を作成し、写真撮影報告書と被告人の妻の供述調書とを、被告人の電磁的公正証書原本不実記録等被告事件での共謀を立証する証拠として証拠調べ請求した。
　そこで、このような検察官による接見内容の事後的探知（写真撮影報告書の作成及び妻を呼び出しての取調べと供述調書の作成並びにそれらの証拠調べ請求）が、刑訴法39条1項の接見交通権の保障の観点から許されるのかが、争点となるのである。
　2点目は、捜査機関による第三者を通じての接見内容の探知が許されるかである。
　本件の特徴は、検察官による被告人の妻の携帯電話の差押えに伴う電子メール内容の探知と妻に対する取調べである点で、弁護人・被告人以外の者を通じての接見内容の探知であった。そこで、捜査機関において、弁護人・被告人以外の者を通じて接見内容を探知することが許されるかが争点となった。
　そして、3点目は、これらの争点の前提として、刑訴法39条1項の秘密交通権の保障は、捜査権の行使によっても制約されない絶対的な保障を有するものであるか否かである。

3．各争点に対する弁護人の主張

(1) 捜査機関による接見内容の事後的探知は許されるか

　刑訴法39条1項に規定された接見内容の秘密性は、接見の際に捜査官、収容施設職員などが立会って内容を聴取するなどの、同時的な探知から保護されることに限定されず、接見終了後に事後的に探知することからも保護されるべきである。被疑者・被告人が弁護人から効果的援助を受けるためには、両者間の自由なコミュニケーションが保障されることが不可欠であり、両者間の接見機会が保障されていても、その内容が第三者、特に捜査機関、訴追機関及び収容機関等に知られることがあっては、コミュニケーションが捜査

機関等に知られることを慮ってそれを差し控えるという萎縮効果が生じ、弁護人等による有効かつ適切な援助を受けることができなくなる。弁護人からみれば、有効な弁護を提供することが決定的に阻害されることになる。その理は、接見中の同時的な探知であれ、事後的な探知であれ同じである。捜査機関等による同時的探知のみならず、事後的な探知からも接見の秘密性が保護されるべきであるとの理由はここに存する。

　これに対しては、刑訴法39条1項にいう「立会人なくして」からは、文言上、接見終了後の取調べにおいて接見内容を事後的に聴取することの禁止・制限を導くことはできず、また、供述者には供述を拒否し、供述内容を選択する自由がある以上、捜査機関に与える情報コントロールの可能性の点において、接見時の立会聴取と事後的聴取との間には大きな違いがあるとして、刑訴法39条1項による秘密交通権を、事後的聴取を禁止・制限する根拠とすることはできないとの見解がある。本件国賠訴訟における国のスタンスもこれと同様である。この見解に立てば、取調べにおける接見内容の聴取以外の方法による事後的探知は、一般的に禁止・制限されないことになる。

　しかし、前記のとおり、弁護人と被疑者・被告人との自由なコミュニケーションに対して萎縮的効果が生じるという点では、両者には差異はないのであって、この見解は、効果が同じであることを看過する点で不当である。

　被告人に対する捜査機関の接見内容に関する取調べの違法が争われた佐賀地裁平成22年12月17日判決（富永国賠訴訟⇒本書第2部〔ケース1〕）は、「刑訴法39条1項の『立会人なくして』とは、接見に際して捜査機関が立ち会ってはならないということを意味するにとどまらず、弁護人等の固有権として、接見終了後においても、接見内容を知られない権利、すなわち秘密交通権を保障したものであると解するのが相当」としており、同事件の控訴審判決も、同様の見解を示している。

　接見交通における接見内容の秘密性は事後的聴取からも保護されるという見解は、佐賀地裁判決のみならず幾つもの下級審判決がとってきた。千葉地裁平成27年9月9日判決（南川・岩永国賠訴訟⇒本書第2部〔ケース7〕）は、検察官が被疑者から弁護人との接見内容を記録したノートの任意提出を受けたことの適法性が争われた事案について、接見内容の秘密性が事後的探知からも保護されるべきことを判示し、東京高裁でもこれが維持されている。

　想定し得る事後的探知の方法としては、接見終了後の取調べにおいて捜査官が接見内容について被疑者に供述させ、聴取することのほか、接見内容が

記録された文書その他の媒体を押収し、押収物を精査することによって、接見内容を探知するという方法がある。本件は後者の方法であった。

(2) 接見内容を取得した第三者を通じての捜査機関の探知は許容されるか

　接見内容の秘密性は、当事者たる身体を拘束された被疑者・被告人及び弁護人から直接探知する行為だけでなく、接見内容を知ることとなった第三者を取調べ、それについての供述を採取したり、接見内容が記録された第三者の所持する文書その他の媒体を押収して、押収物を精査するなどしたりして、接見の当事者以外の第三者より接見内容を探知する行為からも保護されるべきである。

　刑訴法39条1項により接見内容の探知が保障されるのは、接見内容が探知される可能性があるとすれば、そのことを慮って被疑者・被告人と弁護人との自由なコミュニケーションに萎縮的効果が生じるからである。接見内容を第三者より探知した場合であれ、当事者から探知した場合であれ、自由なコミュニケーションに対する萎縮的効果が生じることは同じである。たとえば、弁護人が、防御上の必要から、被疑者・被告人との接見内容を、事件関係者、証人予定者など第三者に開示したとする。このとき、捜査機関が、接見内容を知ることとなった第三者を取調べ、接見内容について質問するなどして、それを供述させ、あるいは接見内容が記録された第三者の所持する媒体を押収し、それを精査したとするならば、当該事件の被疑者・被告人及び弁護人に限らず、その後において接見を行うすべての被疑者・被告人及び弁護人は、そのようにして接見内容が第三者から探知されることを知れば、自らの行う接見の内容についても同じように探知される可能性があることを慮って、自由なコミュニケーションを差し控えることになってしまう。

　ただし、接見の当事者たる被疑者・被告人又は弁護人が接見内容を第三者に伝達した行為が、両者の合意の下、接見内容の秘密性を解除する趣旨でなされる場合であれば、接見内容の秘密性が自らの意思によって解除されたのであって、その後の弁護人と被疑者・被告人との自由なコミュニケーションに影響をもたらすことはないであろうから、そのような場合まで第三者を通じての事後的探知を禁止する必要はない。しかし、第三者に対する伝達があっても、その相手方との関係により秘密性が保持されている場合には、事後的探知は許されないのであり、ただ単に、第三者への伝達があるからといって、それにより秘密性が解除されたと判断するのは誤りである。

以上のように、刑訴法39条1項は、身体を拘束された被疑者・被告人と弁護人との間の自由なコミュニケーションに対する萎縮的効果を排除するために、接見内容の秘密性を、同時的探知からだけでなく事後的探知からも保護しており、また、接見の当事者よりの探知だけでなく、接見内容を知ることとなった第三者よりの強制的探知からも保護していると解釈せざるを得ない。

(3) 秘密保障の絶対性

　刑訴法39条1項による接見内容の秘密性の保障は、絶対的なものであって、捜査・取調べの必要によって相対化されてはならない。

　このことは、まず、刑訴法39条の規定の構造から明らかである。刑訴法39条は、1項において、「身体の拘束を受けている被告人又は被疑者は、弁護人又は弁護人を選任することができる者の依頼により弁護人となろうとする者と立会人なくして接見し、又は書類若しくは物の授受をすることができる」として、接見内容の秘密性を含む接見交通権を保障した上で、2項において、「前項の接見又は授受については、法令で、被告人又は被疑者の逃亡、罪証の隠滅又は戒護に支障のある物の授受を防ぐため必要な措置を規定することができる」と定め、さらに3項において、「検察官、検察事務官又は司法警察職員は、捜査のため必要があるときは、公訴の提起前に限り、第一項の接見又は授受に関し、その日時、場所及び時間を指定することができる。但し、その指定は、被疑者が防禦の準備をする権利を不当に制限するようなものであつてはならない」と規定している。1項において、接見内容の秘密性の保障を含む接見交通権を規定した上で、2項及び3項において、目的、要件・方法・限界を明示しつつ、1項の権利の制約について規定しているのである。

　このような構造からすれば、刑訴法39条1項の保障する接見交通権は、同条2項又は同条3項の規定に基づいて、これらの規定に明記された目的・要件・方法・限界においてのみ、制約されうるものと理解すべきである。同条2項又は同条3項の規定によらなくとも接見交通権を制約することができるとするならば、目的・要件・方法・限界を明示しつつ、接見交通権の制約について定めたこれらの規定が無意味になるからである。

　刑訴法39条2項は、そもそも、捜査・取調べの必要のための制約を許容していない。同条3項は、「捜査のため必要があるとき」に、捜査機関が「接見又は授受に関し、その日時、場所及び時間を指定することができる」と定

めて、捜査の必要による制約を許容するが、その方法としては、日時・場所・時間に関する接見の指定を認めるのみである。したがって、同条2項及び同条3項は、同条1項が保障する接見交通権の制約として、捜査・取調べの必要による接見内容の秘密性の制約を認めていないというべきである。

なお、被疑者取調べにおける接見内容の聴取の適法性が争われた事件において、下級審判例は、接見内容の秘密性が事後的探知からも保護されていることを認める一方で、接見内容の秘密性の保障は、捜査・取調べの必要との間での「合理的な調整」に服し、捜査・取調べの必要により制約されうるとしてきた。

たとえば、富永第二事件の控訴審判決（平成23年7月1日福岡高裁判決）は、秘密交通権が憲法34条の保障に由来するものであることを認めながら、「他方で、憲法が刑罰権の発動ないし刑罰権発動のための捜査権の行使が国家の権能であることを当然の前提としていることに照らし、被疑者等と弁護人等との接見交通権は、刑罰権ないし捜査権に絶対的に優先するような性質のものではない」とした上で、捜査・取調べ権限の適正な行使が「秘密交通権の保障と抵触することは、事実としては承認せざるを得ないところである」とし、「被疑者等が有効かつ適切な弁護人等の援助を受ける機会を確保するという刑訴法39条1項の趣旨を損なうことにならない限りにおいて、捜査機関が被疑者等から接見内容に係る供述を聴取したことが、直ちに国賠法上違法となると断ずることは相当でない」としている。

しかし、接見内容の秘密性の保障が、捜査・取調べの必要との間での「合理的な調整」に服すること、すなわち、捜査・取調べの必要によって相対化されることはないというべきである。

まず「合理的な調整」を許容する下級審判例は、平成11年最高裁大法廷判決における「合理的な調整」の意味を誤解した上で、この判決に依拠しつつ、接見内容の秘密性が捜査の必要によって相対化されることを認めている。たしかに、判決は、「憲法は、刑罰権の発動ないし刑罰権発動のための捜査権の行使が国家の権能であることを当然の前提とするものであるから、被疑者と弁護人等との接見交通権が憲法の保障に由来するからといって、これが刑罰権ないし捜査権に絶対的に優先するような性質のものということはできない。そして、捜査権を行使するためには、身体を拘束して被疑者を取り調べる必要が生ずることもあるが、憲法はこのような取調べを否定するものではないから、接見交通権の行使と捜査権の行使との間に合理的な調整を図らな

ければならない。憲法34条は、身体の拘束を受けている被疑者に対して弁護人から援助を受ける機会を持つことを保障するという趣旨が実質的に損なわれない限りにおいて、法律に右の調整の規定を設けることを否定するものではない」と判示しており、「接見交通権の行使と捜査権の行使との間」の「合理的な調整」を認めていた。

　しかし、判決は、あくまでも刑訴法39条3項による接見指定の合憲性を判断したものであり、ここにいう「合理的な調整」も、接見交通権の行使と捜査・取調べ権限の発動との間で一つしかない被疑者の身体利用が競合していることを前提として、接見交通の「日時、場所及び時間」の調整を許したものでしかない。判決の趣旨が、接見交通権と刑事施設における規律・秩序の維持など対抗利益との間の「合理的な調整」を一般に認めるものであって、さらにこの「合理的な調整」として、接見の一時停止・終了、接見内容の探知など「日時、場所及び時間」の調整を超える「調整」を許す趣旨であると理解することはできない。

　次に、刑訴法39条1項の保障する接見交通権が、同条2項・3項の定める目的・要件・方法・限界を超えて、捜査・取調べの必要との間での「合理的な調整」に服しうるとの前提に立ったとしても、接見内容を探知することは、憲法による弁護権の保障の趣旨を実質的に損なうこととなるから、いかに捜査・取調べの必要があろうとも、許されないというべきである。

　平成11年最高裁大法廷判決は、「接見交通権の行使と捜査権の行使との間に合理的な調整を図らなければならない」としつつも、その「合理的な調整」は、憲法34条における「身体の拘束を受けている被疑者に対して弁護人から援助を受ける機会を持つことを保障するという趣旨が実質的に損なわれない限りにおいて」のみ、しかも「法律に右の調整の規定を設けること」によってなされるべきであるとしていた。「合理的な調整」の限界及び方法を明示していたのである。

　捜査機関などが、同時的にせよ、事後的にせよ、接見内容を探知し、その秘密性を奪ったならば、いわゆる萎縮的効果が生じ、身体を拘束された被疑者・被告人と弁護人との間の自由なコミュニケーションを決定的に阻害することになる。このことは不可避的である。接見交通権の意義からすれば、接見内容が探知される可能性があることを慮って、自由なコミュニケーションに対して萎縮的効果が生じ、それが不可避的に妨げられることは、「身体の拘束を受けている被疑者に対して弁護人から援助を受ける機会を持つことを

保障するという趣旨」が実質的に損なわれることを意味するのであって、平成11年最高裁大法廷判決が自ら明示していた接見交通権の制約の限界を超えるものといわなければならない。

4．争点に対する国の主張

　これらの争点に対して、国は、第1の争点については、刑訴法39条1項の接見交通権は接見中に立会うなどして接見内容を探知してはならないというにとどまり、同時的探知は禁じているものの事後的に接見内容を探知することまで禁じているわけではないと主張した。また、第2の争点については、第三者にまで秘密交通権の保障が及ぶものではない。第三者が接見内容を被告人又は弁護人から取得しているのであれば、接見内容は既に秘密性が失われている。捜査機関が当該第三者にその知識の有無を聴取したとしても、被告人・弁護人への萎縮効果を生じさせるおそれは低いと主張した。さらに、第3の争点については、秘密交通権の保障は絶対的なものではなく、平成11年最高裁大法廷判決が指摘するとおり、捜査権との合理的調整の下に行使されうるに過ぎないと主張した。

5．判決の内容

　これらの本件訴訟の争点につき、宮崎地裁平成29年1月20日判決は以下のような判断を示した。

(1) 秘密交通権の保障に関する一般論としての見解

　憲法34条及び37条の弁護人依頼権は、弁護人に相談し、その助言を受けるなど弁護人から援助を受ける機会を持つことを実質的に保障していると解すべきである。刑訴法39条1項における接見交通権は、上記憲法の保障に由来するものであり、被告人等の刑事手続上最も重要な権利であるとともに、弁護人の固有の権利でもある。

　したがって、接見交通における情報伝達が第三者とりわけ捜査機関に知られるようなことがあれば、自由な情報伝達が差し控えられ、被告人等が有効かつ適切な援助を受けられなくなるから、「立会人なくして」は接見中の立会を禁じるのみならず、接見終了後にも知られない権利を保障したものであ

る。

　捜査・訴追機関である検察官は、刑訴法39条1項の趣旨を尊重し、被告人等が有効かつ適切な弁護人の援助を受ける機会を確保するという同項の趣旨を損なうような捜査権の行使及び公判活動を控えるべき注意義務を負っている。

　そこで、これに違反した職務行為をした場合には、国賠法上違法となる。

(2) 本件に関する判断

　本件電子メールの内容は、被告人と弁護人との接見内容に関するものである。相手方は被告人の妻であり、接見内容が外部に漏れることなどは想定していないもので秘密性が保持されたものである。被告人又は弁護人が第三者に開示したからといってただちに、秘密性の保障がなくなるものではない。接見内容が有罪の証拠に用いられることになれば、その後の被告人と弁護人との意思疎通に相当程度の心理的萎縮効果が避けられない。

　本件での検察官調書と写真撮影報告書の証拠調べ請求は、弁護人と被告人との接見内容が被告人の有罪の証拠として用いられる可能性が生じるという点が最大の問題であり、その後の接見に対して被告人と弁護人との自由な意思疎通に対して相当程度の心理的圧迫が生じることは避けられない。

　写真撮影報告書の作成自体は、被告人の刑事裁判の証拠として用いるために行われたものであり、証拠調べ請求の違法性と独立して違法性を認める余地はないが、証拠調べ請求は、写真撮影報告書の作成とは別個に違法性が検討されるべきであり、違法性があると言わなければならないとして、国に対して二人の弁護人に対して各20万円の支払いを命じた。

6．判決に対する評価と今後の課題

　本判決は、秘密交通権を保障する近時の下級審判例の流れに沿って、捜査機関が事後的であれ、接見内容を知ることになれば、被告人と弁護人との自由であるべき接見交通を萎縮させて、弁護人の援助を受ける権利が侵害されるとの見解に基づき、検察官による接見内容を証拠化した証拠調べ請求は違法であると断じた。本件の場合には、写真報告書作成自体は、証拠調べ請求に向けた一体の行為であって独立して違法を論ずる余地はないとしたものの、第三者への接見内容の伝達の場合であっても、秘密性が保持されている状況

の下で、これを第三者から探索し、証拠化して請求するようなことをして弁護人と被告人等との自由な接見交通を侵害するようなことがあってはならないとした。秘密交通権の意義を理解する判決で評価すべき判断である。

　刑事弁護人による秘密交通権侵害を理由とする国賠訴訟と並んで、接見室内での弁護人のビデオ・写真撮影に対する禁止措置を違法とする国賠訴訟が各地で争われているが、これを理由とする国賠訴訟では、いずれも弁護活動に対する無理解を示す判決が全国的に続いている（但し、「証拠資料等の情報がパソコンに電子データとして保存されている場合、弁護人が十分な弁護活動を行うためには、弁護人が、未決拘禁者との接見時にパソコンに保存された電子データを文字等としてパソコン画面に表示しこれを閲覧しながら打合せすることが必要不可欠である」から、この打合せも秘密交通権として保障される行為に含まれるとの趣旨の大阪高等裁判所平成29年12月1日判決〔LEX/DB25548250〕が出されており、接見室内での写真撮影を巡る判例にも変化が生じることになるかもしれない）。

　しかし、本件事件のような秘密交通権の保障を巡る訴訟に関する限り、本判決を含め、それを保障する方向での判決が確立していると言える。

　なお、弁護人が主張した秘密交通権の絶対的保障については、本判決も従来の下級審判決と同様に平成11年最高裁大法廷判決を引用して捜査権との間の合理的調整に服するとの立場をとっている。結論に影響ないとの判断からか、単に前記最高裁大法廷判決を引用するだけの簡単な判断しか示していないが、この点は今後の課題といえよう。

（くろはら・ともひろ／福岡県弁護士会）

■ケース10

石口・武井国賠訴訟
[再審請求弁護人が依頼者(死刑確定者)との面会をする際に拘置所職員の立ち会い]

・第一審:広島地判平23・3・23民集67巻9号1831頁、LEX/DB25471960
・控訴審:広島高判平24・1・27民集67巻9号179頁、LEX/DB25480467
・上告審:最決平25・12・10民集67巻9号76頁、判時2211号3頁、判タ1398号58頁

石口　俊一
弁護士

1. 事案の概要

(1) 本件は、死刑確定者のAが、最高裁で死刑判決の確定後、再審請求をするべく従前の弁護人らを再審請求の弁護人として選任していて、弁護人(石口と武井) 2人が、Aと再審請求の打ち合わせのため広島拘置所で接見をしようとしたところ、拘置所が「刑務官の立ち会いなしでは接見を認めない」と主張した。

弁護人らと拘置所との何度か厳しいやり取りの後、2008年5月から8月まで3回にわたり、拘置所は「再審開始決定が出されるまでは秘密接見は認められない。まして、死刑確定者については心情の安定を図る必要があるのでなおさら認められない」といって、刑務官の立ち会いのない接見を拒否し続けた。

(2) そこで、Aと弁護人2名の3人が原告となり、2008年11月、広島地方裁判所に、拘置所の違法な対応によって再審請求弁護人と死刑確定者との間の秘密接見交通権の保障を侵害されたことを理由として、国家賠償法に基づいて損害賠償(慰謝料)請求訴訟を提訴した。

後述の通り、広島地裁も広島高裁も、刑務官の立ち会いのない接見を認め

なかった拘置所長の措置が、再審請求を行おうとするAとの関係だけでなく弁護人らとの関係でも国家賠償法1条1項の適用上違法になると判決した。そして、最高裁も、広島高裁の判決を認め、国の上告を棄却した。

2．再審請求の元になるAの被告事件について

(1) 最高裁の破棄差戻し

Aが被告人の強盗殺人事件は、広島地裁及び広島高裁で無期懲役の判決が出た後、検察官上告により、1999年に最高裁が破棄して広島高裁に差し戻された。1997年から翌年にかけ、検察官が二審の無期懲役の判断を不服として上告した5件の中で、唯一最高裁で破棄差戻しとなった事件であり、永山事件以後では初めて最高裁が検察官上告により量刑不当を理由に控訴審判決を破棄した事件であった。

(2) 差戻審

広島高裁では、2000年3月に私と武井康年弁護士ら6人（正式には3人、他の3人はバックアップ）が国選弁護人となり、死刑の違憲性の主張のほか、山奥の事件現場の確認、刑が確定した共犯者との県外の刑務所での面会、尾道支部での証人の出張尋問、新たな複数の証人尋問、数回の期日の被告人質問などを行った。審理の終盤では、情状鑑定のための鑑定留置がなされ、生い立ちや心身の状況等を踏まえた鑑定、その鑑定人の証人尋問等も行われた。

約4年にわたる差戻審の中で、多数回の面会や手紙のやりとりを通じて、弁護団とAとの間で少しずつ信頼関係が築かれて、率直な打合せもできるようになった。

(3) 差戻審の判決とその後の判決確定まで

差戻審は、2004年4月に死刑判決を言い渡したので、直ちに上告するとともに、記録が膨大なことや東京の国選弁護人ではAとの接見が困難なこと、極刑を受けたAの防御のためには信頼関係がある従前の弁護人らが最善であることなどを考慮し、従前の6人の弁護人が無償で上告審の私選弁護人となった。

最高裁では、差戻審の情状鑑定の検討が不十分であることや量刑不当などを訴える弁論をしたが、2007年4月に上告棄却が言い渡され、同年5月に死

刑判決が確定した。

3．再審請求に向けての活動

(1)　Aとは、もし最高裁で上告棄却ならば再審請求することを、差戻審判決の時から相談して決めており、最高裁の上告棄却判決の前の時点で、Aには再審請求の弁護人選任届を作成してもらっていた。また、死刑判決の確定後は、私と武井弁護士が、Aとの一般の面会及び信書の授受もできるようにしていた。

(2)　再審請求については、新たな鑑定等の準備すること、そのための適切な鑑定人捜しをすることであった。具体的な再審事由については、Aの個人的な事情もあって記すことはできないが、差戻審で行った鑑定が誤っていること、新たな鑑定人による鑑定によって、「無罪を認めるべき明らかな証拠をあらたに発見したとき」に該当する可能性は高いと考えていた。

(3)　また、その他にも公訴事実の重要部分についての事実認定にも問題があることを含めた可能な限りの再審事由の主張準備を進めたが、協力的な専門家を捜すことや鑑定費用の段取りなどの難問も控えていた。
　そのため、準備不足や検討が不十分なまま急いで再審請求をした場合には、再審請求が早期に却下されてしまい、かえってAの死刑執行を早める恐れも予想されたので、入念に慎重に準備を進めることにした。

4．弁護人らとAとの再審請求にかかる
　　秘密接見交通権の侵害

(1)　**2008年5月の侵害行為**
　最高裁での死刑判決確定後、Aから何通もの手紙は届いてはいたが、再審請求に関する鑑定についてAの意思や要望、そのための事実関係等の詳細な聴取が必要なことから、Aと面会することになった。
　私と武井弁護士は、2008年5月、再審請求の打合せのために広島拘置所に行った。私たち2人は、再審請求についての接見なので、当然に弁護人専用の接見待合室に入り、秘密接見の申し込みをして待機していたところ、拘置

所職員から「接見についてちょっと話があるのですが」と協議の申し入れがあったので、拘置所内の応接室に移動した。

拘置所職員は、私たちに対して、「再審開始決定が出るまでは拘置所職員が立ち会う一般面会で面会されたい」と言い、Aとの秘密接見を拒否したので、私たちは、「再審請求手続の弁護人に選任済みであり、ここに弁護人選任届がある」と選任届を示して秘密接見を求めた。しかし、職員が。あくまでも「再審開始決定が出るまでは一般面会で」とだけ繰り返すので、「拘置所としては動かせないのか」と尋ねたところ、「他の拘置所では、何回か一般面会を繰り返して、秘密性を要するような話になったときに立会なしで会っているようなケースがあるようだ、今日初めて来てすぐにというのは難しい」という返答であった。

そこで、私たちから、「秘密性を要する話が始まったら秘密接見が認められるというなら、最初の接見であっても秘密性を要する会話なら立会無しになるのではないか」と詰めたところ、「それはもっともな話だが、とにかく今日は遠慮して欲しい」と述べ、「次回、一般面会の開始後に秘密性を要する内容の打ち合わせに入った段階で、Aから立会を遠慮してもらいたいと申出があった場合には配慮する」と約束したけれども、この日の秘密接見は拒否し続けた。

私たちは、「秘密接見を認めない根拠、理由を説明せよ」と問い続けたが、職員から「とにかく一般面会しかできない」と言い張られ平行線のままで埒があかないので、私たちは、「秘密接見の拒否は違法であり了解できない。が、次回にはAの申し出があれば秘密接見を認める、との提案を一つの解決策として受け入れる」として、この日は一般面会でAと会うこととし、Aにはこの間の状況を説明した。

その際、武井弁護士がAに対して、「職員の立会いの下で再審請求の話ができるのか」と尋ねると、Aは「無立会でしたい」と答えたので、次回は拘置所職員の立ち会いなしで打ち合わせを行うことをAと確認した。

(2) 同年7月15日の侵害行為

私たち2人は、先の「Aからの申出があれば、立ち会いについて配慮する」との約束を信じて、再度、日程調整の上、7月15日に広島拘置所に行って、まず一般面会の申込手続を行ってAとの一般面会を始めた。

暫くは前回の面会の時の話や近況等を話した後、武井弁護士から、「そろ

そろ再審の大事な話をしたいが」と切り出し、Aも立会の職員に対して、「先生らとの話があるので、立会を遠慮して欲しい」と述べて、弁護人らだけとの秘密接見を申し出た。

　すると、立会職員は、「ちょっと協議しますから」とAを連れて面会室から退室して暫くしてから、拘置所職員が一般面会室の入り口から入ってきて、「職員の立会なしの面会は認められない」と秘密接見を拒否すると言った。

　私たちは、前回の約束を平気で覆す職員の豹変ぶりに呆気に取られたが、「前回約束したでしょう。本人が申し出れば、その意思を尊重して秘密接見させると言ったじゃないですか」と言うと、「とにかく秘密接見はできない」と言うばかりであった。

　さすがに立腹した私たちは、口々に「約束が違うじゃないか」と厳しく抗議し、「この前の話は僕らを騙したのか！」と強く糺したところ、職員はやがて何も言えなくなり、「とにかく立会なしでは接見は認められない」と言い続けるだけであった。

　私たちは、この膠着した事態を打開するために、「もうあんたと話をしていてもどうしようもないことがわかった。上席から言われているので認められんと言うなら、その上席職員と話をさせてくれ。戻って上席職員に話をしたいと言っていると伝えてくれ」と求めたが、職員は、「秘密接見させないことは決定事項である」と言うのみで、上席職員への取次ぎも拒否した。

　私たちは、重ねて「あんたで決められんのだから、早く戻って上席に話してこい」と怒って詰めたが、職員はぶつぶつ何かを言い返していたが、黙ってじっと立っているだけでの膠着状態が続いた。

　私たちは、このまま職員との物別れ状態のままで帰ると、先に面会室から連れ出されたAには何が起きたのか判らないままになるおそれがあったので、やむを得ず「今日の様子を話すから、Aと会わせて欲しい」と一般面会の続きを求めた。

　わけもわからずに長い時間待たされていたAは、面会室に戻るなり、「どうなっとるんですか」と腹を立てていたが、これまでの職員とのやりとりの経緯などを説明して、「また会いに来ること、今日の問題ははっきりさせるつもりである」ことなどを伝え、併せてAに再審請求する意思があることを改めて確かめた。

⑶ **同年8月12日の侵害行為**

　私たち2人は、8月12日に広島拘置所に赴き、Aとの弁護人接見(秘密接見)の申し込みを行い、弁護人接見待合室で待機した。すると、職員が出てきて「ここでは認められないので、すみませんが一般面会の申出をして下さい」と言うので、「いや、弁護人接見をするつもりだ」と接見を求めたところ、前々回と同様に応接室に移るように言われた。

　私たちは、職員に対して、改めて秘密接見を求めたが、「職員の立会を外せない」と拒み続けるので、「このままでは不当な接見拒否として、国賠訴訟を提起せざるを得ない」、「なぜ弁護人との秘密接見を認めないのか」、「再審開始決定が出たら秘密接見できると言うが、決定が出るまでが一番重要な活動ではないか」、「おかしいとは思わないのか」などと言って翻意を迫った。

　すると、職員から、「東京拘置所では、再審開始決定前に再審弁護人との秘密接見を認めた事例がある」という話を言い出したので、「そのような事例があるならば、それを踏まえて柔軟な対応をとってほしい。訴訟を好んでやりたい訳ではない」、「東京で実例があるなら、広島でもできないことではないだろう」などと話して、Aとの秘密接見について柔軟な対応を検討するように求めた。

　職員が、「すぐには返事はできない」と言うので、武井弁護士が、「すぐに返事ができないのはわかったが、検討できるか否かについて、その回答自体をすることができるか否かについてくらいは連絡してもらえるか」と尋ねると、結局、8月18日までに武井弁護士宛に「検討できるかできないか」の回答について電話連絡すると約束した。

　この日も秘密接見は拒否されたので、私たちは、やむを得ず一般面会室で、職員立会いの下でAと面会して、この日の様子や経緯を説明したうえ、再審請求意思に変わりないことを聞いて帰った。

　なお、8月18日に、職員から武井弁護士宛に電話があり、「8月12日に依頼された件については回答できない」と、検討できるかできないかの回答をすること自体を拒否した。

5．本件訴訟の争点と審理の経過について

⑴ **広島地裁の審理と判決**

　Aと私たち2人が原告となり、2008年11月、広島地方裁判所に、拘置所の

違法な対応によって再審請求弁護人と死刑確定者との間の秘密接見交通権の保障を侵害されたことを理由として、国に対して慰謝料の支払いを請求する国家賠償請求訴訟を提起した。

1) 原告らの主張（その1）

再審請求については、刑訴法440条で「刑確定者である再審請求人は、弁護人を選任することができる」と規定しているものの、刑訴法39条が認める秘密接見交通権は、「被告人又は被疑者」の弁護人との秘密接見交通権を保障する規定であって、再審開始決定があるまで（つまり、「再審請求人」が再審開始決定により「被告人」の地位を得るまで）刑事訴訟39条は直接適用されないほか、再審請求に関して刑訴法39条を準用する規定はないので、再審請求弁護人には秘密接見交通権が保障されないというのが一般的な考え方とされていた。

しかし、憲法34条は、国家権力によって身体拘束（刑事手続における身体拘束に限られないという意味での「抑留又は拘禁」）された全ての者に及ぶものと解釈できるから、「抑留又は拘禁」された者とその弁護人との間の秘密接見交通権は憲法34条で直接保障されている、つまり、再審請求弁護人にも秘密接見交通権が保障されると主張した。

2) 原告らの主張（その2）

また、死刑確定者についての「刑事収容施設及び被収容者等の処遇に関する法律」（「処遇法」という）121条本文によれば、Aの面会に関して、「刑事施設の長は、その指名する職員に、Aの面会に立ち会わせ、又はその面会の状況を録音させ、若しくは録画させるものとする。ただし、Aの訴訟の準備その他の正当な利益の保護のためその立会い又は録音若しくは録画をさせないことを適当とする事情がある場合において、相当と認めるときは、この限りでない」ということになる。

そこで、この条文に基づき、刑事施設の長たる広島拘置所長において、再審請求弁護人とAとの接見に職員を立ち会わせることを差し控えるべき義務があると主張した。

3) 国の反論

国は、再審開始決定までは再審請求弁護人との秘密接見は認められないと反論をするとともに、処遇法に関する主張に対しては、「接見に立会を付さないことを『適当とする事情』があるためには、再審開始決定に向けて具体的な訴訟準備を行っている必要がある」、「Aの心情を把握する必要性があれ

ば、接見に立会を付さないことを『相当と認める』ことはできない」、「Ａの個別事情を把握する拘置所長に広範な裁量がある」、「Ａの心情把握のために接見に立会人をつけてもＡの権利制約にはあたらない」などと反論した。

　4)　広島地裁は、2011年3月23日、原告らの主張を一部認めて、国の賠償責任を認めた。

　判決は、原告らが主張した刑事訴訟39条の類推適用ないし憲法34条に基づく秘密接見交通権の保障は認めなかったが、処遇法121条の解釈にあたっての拘置所長の裁量逸脱の有無については、「刑事施設長の判断は、その基礎とされた重要な事実に誤認がある等により判断の基礎を欠く場合、又は判断の内容が社会通念に照らして著しく妥当性を欠くものと認められる場合に限り、裁量権の範囲を逸脱し又は濫用したものとなる」との判断基準を示した上で、

　ア　2008年5月2日の接見妨害については、「原告らから秘密接見の申出があるとは予想出来なかったから、再審請求の準備状況やＡ氏が本当に再審請求を望んでいるのかが拘置所長は分からないので、立会人無しでもＡ氏の心情の安定が確保出来るかどうか判断出来ない」等の理由で、秘密接見を拒否した拘置所長の判断に違法はないとした

　イ　同年7月15日及び8月12日の接見拒否については、「再審請求の準備状況やＡ氏が本当に再審請求を望んでいるのか等を調査する期間があり、また、Ａ氏の心情の不安定をうかがわせる事情がない」との理由で、秘密接見を拒否した拘置所長の判断に裁量逸脱がある

と認定した。

　この判決は、再審請求弁護人からの秘密接見の申出の拒否が違法と評価した前例のない画期的なものあるが、この論理・基準によれば、拘置所は、接見申出をした再審請求弁護人に対し、「再審請求の具体的な準備をしているとは認められない」との理由や、死刑確定者は死刑執行に対し多かれ少なかれ恐怖心を抱いているので、それが「心情不安定が伺われる」などとされると、秘密接見の機会が奪われるおそれが残るものであった。

(2) 広島高裁の審理と判決

　敗訴した国だけでなく、原告らも広島高裁に控訴したが、高裁は、双方からの証人申請も全て却下して、わずか2回の口頭弁論期日を経て結審し、2012年1月27日に判決が言い渡された。

1）　高裁判決は、処遇法121条について「Aにおいても、（中略）重大な利害に係る用務の処理のために外部交通による意思連絡が必要になる場合において、面会の際の発言の内容を職員に知られないことに正当な利益がある場合には、面会の立会いなどを行わせない旨を規定した趣旨」と判断した。これは、再審請求弁護人が接見する場合には秘密接見が原則であると解したもので、拘置所長の裁量の範囲を限定したものである。

そして、「（接見妨害前の一般面会である平成19年6月に、既にAに弁護人Iが再審請求の準備をする旨を伝えていることから）最初の面会の目的が再審請求手続に関する打合せであることに疑問を抱くのが相当であったとは認められない」、「刑事事件において弁護人との秘密交通権を保護する意味・価値を考慮すれば、Aの再審請求手続において、弁護人と秘密交通する利益は（中略）これを正当な利益であると認められる」、「他に特段の事情がない限り、立会のない面会（すなわち秘密交通）が相当であったと判断される」、「Aの心情自体は、個人の主観に関わる内心の問題であるから、心情の安定を図ること（すなわち、内心の問題）を理由にAの権利・法的利益を制限することは出来ない」などと認定して、国の不合理な主張を一蹴して、本件の全ての接見妨害について拘置所長の裁量逸脱があったと認めた。

2）　高裁判決においても、正面から憲法34条あるいは刑訴法39条（準用）に基づく秘密接見交通権の保障が認められなかったが、処遇法121条において「再審請求弁護人の接見は無立会を原則とする旨の規定」と解した上で、拘置所長の裁量を極めて限定的に解釈したものであった。

これは、事実上の刑訴法39条の類推適用を認めたのに等しいと評価でき得ると考えるが、この高裁の判断の背景には、高裁で証拠として提出した一橋大学法科大学院の葛野尋之教授作成の意見書や多数の貴重なアドバイスがあったものである。

3）　国は、高裁判決を不服として上告したので、原告らも上告をして憲法判断を求めることにした。

(3) 最高裁判決

最高裁判所は、2013年11月29日、原告らの上告を棄却、上告受理申立も受理しないとの決定を出した。

しかし、他方で、国の上告に対して、同年12月10日、上告棄却の判決をして、原告らの勝訴が確定した。

1) この上告棄却判決では、①死刑確定者が再審請求するためには、再審請求弁護士人からの援助を受ける機会を実質的に保障する必要があり、②再審請求前の打合せの段階であっても、処遇法121条但書にいう「正当な利益」として秘密面会する利益を有し、③この秘密面会の利益の保護は、再審請求弁護人の十分な活動の保障に不可欠であって、死刑確定者の弁護権の行使において重要であり、④刑訴法39条の保障する秘密交通権が弁護人にとっても重要な固有権の一つであることからすれば、刑訴法440条1項の趣旨に照らして、秘密面会の利益も再審請求弁護人の固有の利益と解するのが相当であり、⑤刑事施設の長は、死刑確定者の面会に関する許否の権限を行使するに当たり、秘密面会の利益をも十分に尊重しなければならないとした。

2) そして、再審請求に向けた打合せのための秘密接見の申し出については、「これを許さない刑事施設の長の措置は、秘密面会により刑事施設の規律と秩序を害する結果を生ずるおそれがあると認められ、又は死刑確定者の面会についての意向を踏まえその心情の安定を把握する必要性が高いと認められるなど特段の事情がない限り、裁量権の範囲を逸脱し又はこれを濫用して死刑確定者の秘密面会をする利益を侵害するだけでなく、再審請求弁護人の固有の秘密面会する利益も侵害するものとして、国家賠償法1条1項の適用上違法となると解するのが相当である」との判断をした。

3) そして、本件では、Aは弁護人の石口から再審請求の準備をする旨伝えられたが心情面での不安要素はないことや他には特段の事情も伺えないので、広島拘置所長が裁量権の範囲を逸脱し又は濫用したと認めて、広島高裁の判決を是認した。

6. 本件の到達点と今後の課題

本件最高裁判決を受けて、法務省の矯正局長は、2013年12月25日付で、全国の拘置所や刑務所に対して、「再審請求のために選任された弁護士と死刑囚との接見では特段の事情がない限り、収容施設の職員が立ち会うことは相当でない」という趣旨の通達を出した。その結果、全国で死刑確定者だけではなくその他の確定者についても、それまで弁護士が再審請求の打ち合わせで面会（接見）する際に職員が立会いをしていた取扱いが変わり、秘密接見が認められるようになったようである。

しかし、死刑確定者については、まだ「心情の安定を把握する必要性が高

い」などという極めて曖昧な要素による秘密接見の制約の可能性が残ってはいるが、原則的に再審請求に向けての打合せについて、再審請求人と再審請求弁護人の双方に秘密面会する利益を認めたことは重要である。

　＊なお、本件と同じ原告らにより、再審請求弁護人らととともに同道した鑑定を目的とした精神科医師との面談において、本件と同様に秘密面会が保障されるべきであること、その場合には相当程度の面会時間の保障と併せて面談内容の録音が認められるべきであることを主張した国家賠償請求訴訟が、2015年3月5日に広島地裁に提訴され、現在、審理中である。

（いしぐち・しゅうんいち／広島弁護士会）

■ケース11

高野国賠訴訟
[再審請求弁護人が依頼者(死刑確定者)との面会する際に拘置所職員の立ち会い。面会時間30分の制限]

〔第1次〕
・第一審：さいたま地判平25・11・27LEX/DB25504659
・控訴審：東京高判平26・9・10判タ1409号176頁
・上告審：最決平27・8・26（不受理）
〔第2次〕
・第一審：さいたま地判平29・5・24裁判所ウェブサイト、LEX/DB25545810
・控訴審：東京高裁（係属中）
〔第3次〕
・第一審：さいたま地裁（係属中）

川目　武彦
弁護士

1. 事案の概要（裁判の経過を含む）

　いわゆる、本庄保険金殺人事件は、八木茂氏がトリカブトや風邪薬により保険金殺人を計画、実行したとの容疑で逮捕・起訴された事案である。八木氏は、逮捕直後から無罪を主張していたものの、2002（平成14）年10月1日、さいたま地方裁判所により死刑判決が言い渡された。上訴するも、控訴審、上告審ともに死刑判決が維持され、2008（平成20）年8月7日、死刑判決が確定した。なお、八木氏には、一審段階から複数の弁護人による弁護団が組織され、筆者は上告審から八木氏の弁護団に加わった。

　八木氏は、死刑判決確定直後から、直ちに再審請求の希望をしていたので、弁護団は、判決確定直後、再審請求の準備のために、八木氏に接見を申し込んだ。ところが、東京拘置所は、死刑判決確定直後から、弁護団の弁護士と八木氏との接見に対して、一律に立ち会い職員を付するとともに、その面会時間を30分に制限するようになった。これに対して、弁護団は、内容証明を送付するなどして当該措置に抗議したが、措置が改まることはなかったので、これら東京拘置所の面会制限（職員の立ち会いと時間制限）が接見交通権の違法

な侵害に該当すること等を理由にさいたま地方裁判所に国家賠償請求訴訟を提起した（さいたま地方裁判所・平成21年（ワ）第291号損害賠償請求事件。以下「第１次国家賠償請求訴訟」という）。

東京拘置所は、同訴訟が提起された後も、立ち会い制限及び30分の時間制限を改めることはしなかった。

第１次国家賠償請求訴訟について、さいたま地方裁判所は、死刑確定者の秘密接見の利益及び時間制限を受けない面会の利益のいずれも否定し、さらに、原告である八木氏の発言から施設側が八木氏の心情を把握する必要性があったと認定し、請求を全部棄却した。

2013（平成25）年12月10日、最高裁判所は、第１次国家賠償請求訴訟と同じように死刑確定者と再審請求弁護人等との秘密面会の利益が問題となった事案について「死刑確定者又は再審請求弁護人が再審請求に向けた打合せをするために秘密面会の申出をした場合に、これを許さない刑事施設の長の措置は、秘密面会により刑事施設の規律及び秩序を害する結果を生ずるおそれがあると認められ、又は死刑確定者の面会についての意向を踏まえその心情の安定を把握する必要性が高いと認められるなど特段の事情がない限り、裁量権の範囲を逸脱し又はこれを濫用して死刑確定者の秘密面会をする利益を侵害するだけではなく、再審請求弁護人の固有の秘密面会をする利益も侵害する」旨判示し、死刑確定者と弁護人または弁護人になろうとする者との間の面会の立ち会いが原則として許されないことを明らかにした（最判平成25年12月10日民集67巻９号1761頁。以下「最高裁平成25年判決」という。⇒本書第２部〔ケース10〕）。

この判決を受けて、再審請求等の弁護人の接見に関する通達が改正され、[*1] 東京拘置所も、以後の八木氏と弁護団との接見に職員を立ち合わせる措置をしなくなった（ただし30分の時間制限は継続した）。

最高裁平成25年判決を前提に、第１次国家賠償請求訴訟控訴審（東京高等裁判所判決／平成25年（ネ）第7257号）は、再審請求の打ち合わせを目的とする秘密面会の利益の侵害を認め、一審判決を変更して、控訴人八木及び控訴人弁護士らの請求の一部を認めたが、時間制限を受けない面会の利益の侵害に

---

*1 平成25年12月25日付け法務省矯成第2822号による改正後の平成19年５月30日付け法務省矯成第3350号法務省矯正局長依命通達「被収容者の外部交通に関する訓令の運用について」。

については、原審の判決と同様に、30分の時間制限に裁量の逸脱はないとしてこれを認めなかった（その後、上告及び上告受理申立不受理決定がなされた）。

その後、八木氏及び弁護団は、第1次国家賠償請求訴訟に含めなかった期間の面会制限についても賠償を受けるために、2014〔平成26〕年10月7日、さいたま地方裁判所に対して損害賠償訴訟を提起した（さいたま地方裁判所・平成26年（ワ）第2274号。以下「第2次国家賠償請求訴訟」という）。

さいたま地方裁判所は、最高裁平成25年判決に基づき、再審請求の準備活動を目的としていた面会について死刑確定者及び原告弁護士らの秘密面会の侵害を認め、さらにこの目的の面会の場合には、死刑確定者の時間制限を受けない面会の利益だけではなく再審請求弁護人等の時間制限を受けない面会の利益の侵害も問題になることを認めた。

ただし、同判決は、施設の処遇を巡る国家賠償請求訴訟の打ち合わせを目的とする面会について、死刑確定者が秘密面会の利益を有することは認めたが、時間制限を受けない面会の利益の侵害は認めなかった。また処遇国賠の打ち合わせを目的とする面会の場合に、訴訟代理人弁護士が有する固有の秘密面会の利益や面会時間の利益侵害も認めなかった（現在控訴審継続中）。

第2次国家賠償請求訴訟の一審判決以降、東京拘置所は、死刑判決確定以降続けていた30分の時間制限を30分延長して、概ね60分を認めるようになった。

このような経緯で、当初継続していた立ち会いはなくなり、面会時間も30分から60分に延長されることとなったが、八木氏及び弁護団は、再審請求の打ち合わせのための面会の時間を制限することは許されないことを主張し、第2次国家賠償請求訴訟に含まれていない期間の面会の時間制限に対して、第3次国家賠償請求訴訟を提起している。

2．争点

以上のとおり、八木氏及び弁護団は、死刑確定以降、複数の国家賠償請求訴訟を提起しているが、最高裁平成25年判決が再審請求の準備を目的とする面会の立ち会いに関する基準を示したことで、これ以降に結審した第1次国家賠償請求訴訟控訴審及び、第2次国家賠償請求訴訟一審では、最高裁平成25年判決に基づき再審請求の準備を目的とした面会について、八木氏及び原告弁護士らに対する国の損害賠償責任が認められた。

しかし、最高裁平成25年判決は、死刑確定者と弁護人等との秘密面会の権利、利益に対する判断であり、死刑確定者及びその弁護人等の刑事施設の処遇に関する国家賠償請求訴訟の打ち合わせを目的とする秘密面会の利益や時間制限を受けない面会の利益については判断が示されていない。そのために、第１次国家賠償請求訴訟控訴審や第２次国家賠償請求訴訟一審ではこれらの争点が問題になった。
　このうちの第１次国家賠償請求訴訟控訴審は、最高裁平成25年判決を引用するほかに、死刑確定者が弁護人との秘密面会を求める意向を有している場合には、その心情の安定を把握する必要性が高いと認められるか否かを検討するまでもなく、秘密面会を許さない刑事施設の長の措置は違法となることを指摘したが、死刑確定者の面会時間の制限を受ける利益に関しては、原判決を維持してこれを認めなかった。そこで、本稿では、最高裁平成25年判決では示されなかった複数の論点について判断を示した第２次国家賠償請求訴訟の主たる論点及びこれらに対する裁判所の判断を説明する。

(1)　東京拘置所長における面会目的の認定及び判断時点

　最高裁平成25年判決によれば、死刑確定者又は再審請求の弁護人等の利益を侵害したといえるためには、死刑確定者又は再審請求弁護人から「再審請求に向けた打ち合わせをするために秘密面会の申出」がなされている必要があるが、どのような場合に、死刑確定者又は再審請求の弁護人等から秘密面会の申出があったといえるのかまでは具体的に言及していない。
　この点、弁護人等が死刑確定者との面会を申し出る際に提出する面会申出書の面会目的欄に再審請求の打ち合わせがその目的として記載されている場合であれば、再審請求弁護人から「秘密面会の申出」があったことが明らかである。しかし、本件事案では、予め申入書で秘密面会を求める旨が通知されていたものの一部の面会申出書の目的の欄には「国賠打ち合わせ」とのみ記載してあり、再審請求に向けた打ち合わせの目的を含むことが省略されていた。
　そのため、面会申出に先立って、再審請求の打ち合わせを目的とする秘密面会を希望することが告げられていた場合には面会に際して提出した面会申出書に再審請求の打ち合わせであることが記載されていなかったとしても「再審請求に向けた打ち合わせをするために秘密面会の申出」があったといえるかどうかが問題になった。

(2) 死刑確定者が処遇国賠の訴訟代理人と秘密面会をする利益

　八木氏と原告弁護士らは、両者間の再審請求の準備のためにする秘密面会の利益を侵害されたこと及び30分の面会時間制限を受けたことを理由に国家賠償請求訴訟を提起し（第1次国家賠償請求訴訟）、再審請求の打ち合わせと並行してこの国家賠償請求訴訟の打ち合わせも行なっていたが、上記(1)のとおり、面会申出書の面会目的の欄に、国家賠償請求訴訟（以下「処遇国賠」という）の打ち合わせの目的であることのみを記載し、再審請求の打ち合わせであることを省略してこれを記載しなかった回があった。

　そのため、この回について、刑事施設の処遇に関する国家賠償請求訴訟の打ち合わせのみを目的とした面会申出があったと解される場合に、死刑確定者に当該国家賠償請求訴訟の訴訟代理人と秘密面会をする利益が認められるかが問題になった。

(3) 処遇国賠訴訟の訴訟代理人弁護士が死刑確定者と秘密面会をする固有の利益

　最高裁平成25年判決は、弁護人の固有の接見交通権を認めた昭和53年7月10日最高裁判決（最高裁昭和49年（オ）第1088号同53年7月10日第一小法廷判決・民集32巻5号820頁）及び刑訴法440条1項の趣旨から、死刑確定者の秘密面会の利益に対応する再審請求等の弁護人等の固有の秘密面会の利益を導いている。そこで、（上記(2)）、再審請求等の弁護人等の固有の秘密面会の利益が認められるように、処遇国賠訴訟の打ち合わせをするために秘密面会の申出をした訴訟代理人弁護士にも、固有の秘密面会の利益があるといえるのではないかが問題となった。

(4) 死刑確定者が再審請求等に向けた打ち合わせをする場合の面会時間の制限を受けない利益

　最高裁平成25年判決では、死刑確定者と弁護人等との再審請求の打ち合わせに対する立ち会いの可否及びその基準に関する判断が示されているに過ぎず、面会時間の制限の可否及びその基準に関する判断は示されていない。そこで、死刑確定者がその弁護人等と再審請求に向けた打ち合わせをする場合に、面会時間の制限を受けない利益を有するかどうかが問題になった。

(5) 死刑確定者が処遇国賠に向けた打ち合わせをする場合の面会時間の制限を受けない利益

　最高裁平成25年判決では、死刑確定者と弁護人等との再審請求の打ち合わせに対する立ち会いの可否が問題とされており、面会時間に関する判断は示されていない。そこで、死刑確定者が再審請求等に向けた打ち合わせをする場合の面会時間の制限を受けない利益（上記(4)）の他に、死刑確定者がその弁護人と処遇国賠に向けた打ち合わせをする場合にも、面会時間の制限を受けない利益を有するかどうかが問題になった。

3．弁護活動のポイント（弁護側の主張）

(1) 死刑確定者又は再審請求弁護人が再審請求に向けた打ち合わせをするためにする秘密面会の申出について

　最高裁平成25年判決によれば「死刑確定者又は再審請求弁護人が再審請求に向けた打合せをするためにする秘密面会の申出」があれば、立ち会いを付した場合、施設の側は「特段の事情」の立証に成功しない限り免責されない。そこで、面会申出書に再審請求の打ち合わせであることが明記されていなかった面会申出の回についても、当該判決の射程内にあると主張するため、「再審請求弁護人が再審請求に向けた打合せをするために秘密面会の申出をした場合」とは、面会申出書の目的の欄に再審請求の準備目的と明記している場合に限られず、面会に先立って施設側に予め面会の目的を通知している場合や面会中に再審請求の打ち合わせが開始された場合も含まれると主張した。

　また、最高裁平成25年判決の「死刑確定者の面会についての意向を踏まえて」という表現が、死刑確定者の面会手続において、死刑確定者の意向の確認手続の実施を前提としていると読むことも可能であることから、刑事施設は、死刑確定者の意向を尊重するために、面会に先立って、刑事施設は死刑確定者の意向を聴取する義務があると主張した。

　その上で、東京拘置所が、面会の実施に際して、死刑確定者の側から、立会いに関する意向を聴取する機会を設けていなかったことから、少なくとも、死刑確定者の意向を確認していない場合には東京拘置所が、死刑確定者の側から面会の目的や秘密目会の意向が示されなかったことを理由に面会に立ち

会いを付することは許されないことを指摘した。[*2]

(2) 死刑確定者が処遇国賠の訴訟代理人と秘密面会をする利益の有無

処遇国賠、特に刑事施設職員による秘密面会の利益の侵害を理由とする国家賠償請求訴訟の打ち合わせをする場合には、この打ち合わせの際、当該立ち会いにより侵害を受けた秘密面会の内容に言及せざるを得ない。そのため、刑事施設職員がこの処遇国賠の打ち合わせに立ち会うときには、必然的に過去の再審請求の打ち合わせの内容を聴取することになる。

そこで、再審請求の秘密面会の利益が侵害されたことを理由とする国家賠償請求訴訟の打ち合わせに立ち会うことは、当該秘密面会の打ち合わせに立ち会うに等しいことを理由に、最高裁平成25年判決の基準により、その違法性が判断されるべきであることを主張した。

また、処遇国賠の打ち合わせに立ち会われてしまうと、直接の対立当事者の面前で訴訟戦略を聴取されることになること、場合によっては処遇国賠で問題になっている立ち会い時と同じ職員が立ち会うことさえありうることを指摘し、立ち会いが原則として許されるべきではなく、最高裁平成25年判決と同じ基準で判断されるべきであることを主張した。

(3) 処遇国賠の訴訟代理人の秘密面会の利益の有無

裁判を受ける権利を実質的に保障するためには弁護士と依頼者とのコミュニケーションが実質的に保障されていなければならず、これを実現するためには、刑法134条1項、刑訴法149条、民訴訟197条1項の定める弁護士の秘匿特権のように、弁護士がその固有の権利として秘密面会の利益を有することが認められるべきであることを主張した。また、本件事案では、弁護士個人も原告として参加していたことから、原告弁護士個人が有する裁判を受ける権利(武器対等の原則)という観点からも、秘密面会の利益が認められるべきであることを主張した。

---

*2 再審請求の打ち合わせのための死刑確定者の秘密面会の利益と弁護人の秘密接見の利益の関係について、死刑確定者の利益と再審請求弁護人との利益は主従関係にあると解する見解に立てば、面会に先だって、死刑確定者の意向を確認した結果、死刑確定者が秘密面会の利益を放棄するのであれば、弁護人の利益は問題にならないことになろう(中島基至「判解」法曹時報66巻〔2014年〕8号249頁)。ただし、この場合であっても、面会の最中に、死刑確定者が秘密面会の意思を有する旨を表示するか、その意思を黙示に表示した場合には、その時点で、立ち会いを中断するべきである。

⑷ **面会時間の制限について**

　死刑確定者は、外部との接触が原則として制限された孤立した立場にあり、いつ死刑執行を受けるとも限らない極限的な状況に置かれている。死刑確定者は常態的に強度の緊張と不安の中で暮らしているのであり、このような状況下にある死刑確定者にとって、外部の人間との接触の機会は、強度の精神的プレッシャーを和らげる貴重な機会であり、その心情の安定にとって重要である。[*3]

　ゆえに、再審請求等を受任している弁護士は、死刑確定者が抱える不安や恐怖をよく理解し、これを幾分でも緩和するために十分に時間をとってコミュニケーションをとらなければならない。

　しかし、わずか30分という時間では死刑確定者の心のケアや信頼関係の構築に必要な会話で時間を費やしてしまい、依頼を受けている再審請求や国家賠償請求訴訟に関する打ち合わせを実質的に行うことは不可能である。事件についての打ち合わせをするために、事件以外の話題について会話を拒否するようなことがあれば、たちまち死刑確定者との信頼関係は崩れ、弁護活動に支障が生じる。そこで死刑事件の弁護活動のためには30分の面会時間では到底足りないことを主張した。

　また、一般に死刑事件の記録は他の事件に比べて複雑で膨大であり、その打ち合わせに多くの時間を費やさなければならないところ、このような打ち合わせを30分で終えることは現実的に不可能であることも主張した。

4．判決の概要

⑴ **東京拘置所長における面会目的の認定及び判断時点**

　さいたま地裁判決（平成29年5月24日）は「刑事施設の長は、面会目的欄に記載された面会目的を前提にして同欄に記載された民事訴訟等の具体的内容を把握するのに必要な限りで、事前に送付された申入書や訴状の写し等を斟酌した上で、面会目的を認定すれば足り、それ以上に、面会申出書に記載された面会申出者の「関係」及び「職業」欄のほか、従前の交渉経緯や面会内容、信書の内容等を踏まえて、面会目的欄に記載されていない面会目的まで

＊3　刑事収容施設法120条1項3号では「面会により死刑確定者の心情の安定に資すると認められる者」から面会の申出があったときには、これを許すべきことが定められている。

を推察するべき職務上の法的義務を負わない」とし、面会申出書の面会目的の欄に再審請求の準備目的であることが記載されていなかった面会回について「再審請求に向けた打ち合わせをするために秘密面会の申出」があったとは言えないと認定した。

したがって、既に再審請求弁護人の地位にある者から、死刑確定者との面会について事前に申入書で再審請求の目的で面会をすることを通知している場合であっても、面会に際して提出する面会申出書に再審請求の打合せの目的であることを改めて記載しなければ、秘密面会の利益が認められないことになる。

(2) 死刑確定者の有する処遇国賠の訴訟代理人と秘密面会をする利益の有無

判決は「死刑確定者が、自己に対する刑事施設の長の措置その他自己が受けた処遇に関して損害賠償を求める国賠訴訟に向けた打合せをするために、その代理人弁護士と面会する場合には、当該刑事施設はその処遇に関する紛争の実質的な相手方であるから、その職員が面会に立ち会い、発言の内容を知ることができるとすれば、死刑確定者は、率直な発言を控え、打合せを十分に行えないおそれがある」とした上で、面会をするのは、「社会正義を実現することを使命とする弁護士（弁護士法1条1項参照）であるから、面会の際に不適切な言動に及ぶおそれは一般に低い」として、死刑確定者は、刑事収容施設法121条ただし書にいう「正当な利益」として、訴訟代理人弁護士と秘密面会をする利益を有すると判断した。

そして、「死刑確定者の秘密面会の利益の重要性を考慮すれば、死刑確定者又はその訴訟代理人弁護士が処遇国賠訴訟に向けた打合せをするために秘密面会の申出をした場合に、これを許さない刑事施設の長の措置は、秘密面会により刑事施設の規律及び秩序を害する結果を生ずるおそれがあると認められ、又は死刑確定者の面会についての意向を踏まえその心情の安定を把握する必要性が高いと認められるなど特段の事情がない限り、裁量権の範囲を逸脱し又はこれを濫用して死刑確定者の秘密面会をする利益を侵害するものとして、国賠法1条1項の適用上違法となる」と判示した。

死刑確定者とその訴訟代理人弁護士が処遇国賠訴訟に向けた打ち合わせをする場合は、再審請求の準備活動と同じように「特段の事情」を要求し、原則として立ち会いが認められないことを示したといえる。

(3) 処遇国賠訴訟の訴訟代理人弁護士が死刑確定者と秘密面会をする固有の利益

判決は、国家賠償請求訴訟が秘密面会の利益の侵害や打ち合わせの時間制限の違法性を主張する内容であったとしても、「この訴訟を再審請求の準備活動と評価することはできず、再審請求の打合せと同視することはできない」とした上で、処遇国賠訴訟の訴訟代理人弁護士は、死刑確定者の民事上の利益のために活動する利益を有するにとどまり、死刑確定者と秘密面会をする固有の利益を有するとは言えないとした。[*4]

また、判決は、処遇国賠の原告に名を連ねている弁護士らは個人としても訴訟を起こしていることから、この当事者としての地位に対する考慮が別に必要であることは認めながらも「刑事収容施設法121条ただし書は、死刑確定者の面会の利益と施設内の規律及び秩序の確保等の要請との調整を図るもので、死刑確定者との面会を求める者の固有の利益と施設内の規律及び秩序の確保等の要請との調整を図る趣旨を含むものと解することはできず（平成17年法律第50号による改正前の監獄法45条2項に関する最高裁平成20年4月15日第三小法廷判決・民集62巻5号1005頁参照）、また、別件国賠訴訟の原告本人としての地位に基づく原告弁護士ら6名の固有の利益が、刑事収容施設法121条ただし書にいう『正当な利益』に準ずるほどに重要なものともいえない」として、原告弁護士の秘密面会の利益の侵害を認めなかった。

(4) 死刑確定者及びその再審請求弁護人等が再審請求等に向けた打ち合わせをする場合の面会時間の制限を受けない利益

判決は、「死刑確定者又は再審請求弁護人等が再審請求等に向けた打合せをするために面会の申出をした場合に、面会時間を制限する刑事施設の長の措置が許されるのは、刑事施設の規律及び秩序を害するなどその管理運営に支障を生ずる具体的なおそれがあると認められる場合に限られ、そうでない場合には、同措置は、裁量権の範囲を逸脱し又はこれを濫用して死刑確定者の面会の利益を侵害するだけではなく、再審請求弁護人等の固有の面会の利

[*4] 同じく死刑確定者と訴訟代理人弁護士の処遇国賠の秘密面会が争点であった東京地方裁判所平成28年2月23日（判例タイムズ1429号160頁）においても、死刑確定者又は代理人弁護士が処遇国賠に向けた打ち合わせ（その準備の打ち合わせ）をするために秘密面会の申出をした場合であっても代理人弁護士との関係では国賠法1条1項の適用上違法となる余地はないとされている。

益も侵害するものとして、国賠法1条1項の適用上違法となる」として、秘密面会の利益と同様に、死刑確定者は面会時間の制限を受けない利益を有することを確認し、この利益を制限するためには面会の時間制限について刑事施設の規律及び秩序を害するなど施設の管理運営に支障が生じる具体的おそれがなければならないとした。さらに、再審請求弁護人等にも面会時間の制限を受けない固有の利益があることも認めた。

その上で、本件では、刑事施設の規律及び秩序を害するなどその管理運営に支障が生ずる具体的なおそれがあるとはいえなかったとし、東京拘置所の一律の30分の時間制限は裁量を逸脱したものと認定し、八木氏及び弁護人らの利益を侵害したとして賠償を認めた。

なお、死刑確定者との面会について120分の面会時間を認めるように申し入れたにもかかわらず、面会時間を60分に制限を受けたことを理由に死刑確定者及び再審請求弁護人が損害賠償請求訴訟を提起した平成28年（ネ）第477号大阪高等裁判所平成29年12月1日判決（判例集未登載）でも、面会時間を制限するためには、刑事施設の規律及び秩序を害するなどその管理運営に支障が生ずる具体的なおそれが認められる必要があることが指摘されている。[*5]

(5) 死刑確定者が処遇国賠に向けた打ち合わせをする場合の面会時間の制限を受けない利益

判決は「処遇国賠訴訟に向けた打合せをするために、その代理人弁護士と面会する場合は、当該刑事施設がその処遇に関する紛争の実質的な相手方であることなどから、面会の際の発言の内容を職員に知られないことについて正当な利益（秘密面会の利益）を有するとしても、刑事事件との上記相違を踏まえれば、代理人弁護士と面会する利益自体が、再審請求弁護人等と面会する利益ほど重要であるとはいえない」として、処遇国賠における面会の利益が再審請求弁護人等と面会する利益に比べて劣位にあるとして「処遇国賠訴訟に向けた打合せを目的とする面会について、他の通常の一般面会と同様に取り扱うことが直ちに合理性を欠くということはできない」とし、東京拘置所が処遇国賠の打ち合わせを30分に制限した措置が裁量を逸脱したという

[*5] この判決では、大阪拘置支所は、管理運営に支障が生じる具体的なおそれを検討することなく漫然と面会時間を60分に制限したとして裁量逸脱が認定されている。

ことはできないとした。

5．今後の課題

　死刑確定者との面会は、弁護人又は弁護人になろうとする者から死刑確定者に対する面会申出を経て行われる。弁護人等からの申出が面会の契機となっているために、申出に際して提出される面会申出書に記載された「面会の目的」が、当該面会の目的として拘置所の側に認識される。
　しかし、弁護人等の秘密面会の利益は、それが固有の利益として施設に対する関係で保護されるとしても、死刑確定者のそれとは主従関係にある。[*6]
　そのため、死刑確定者がいかなる目的をもって、面会申出者との面会に臨むのかについて、死刑確定者の意向がまずもって確認されるべきである。この死刑確定者の意向を確認するために、面会の実施に際しては、死刑確定者の意向を聴取することが義務付けられているというべきである。このことは、最高裁平成25年判決が「死刑確定者の意向を踏まえ」というようにあえて具体的な手続に言及していることとも符合するし、死刑確定者の心情に対する留意を定めた刑事収容施設法第32条の趣旨にも合致する。[*7]
　現在のところ、東京拘置所は、死刑確定者の側に面会の目的を設定する機会を設けていないが、死刑確定者に対して、秘密面会を希望するかを聴取するべきであるし、面会の「量」ともいうべき面会の時間に関しても、死刑確定者がどの程度の面会時間を希望するのか聴取するべきである。
　そして、再審請求弁護人から申し出のあった面会に際して、刑事施設が、死刑確定者の意向を聴取する機会を設けていなかった場合には、死刑確定者が面会を拒否したなどの事情がない限り、当該面会は再審請求の打ち合わせの目的であり、秘密面会及び時間無制限の申出が黙示に示されていたと解す

[*6]　中島・前掲注2判解。
[*7]　死刑確定者の処遇の原則を定めた刑事収容施設法32条について、『逐条解説刑事収容施設法』は、死刑確定者が「来るべき死を待つという特殊な状況にあり、極めて大きな精神的苦悩と動揺のうちにあるであろうことから、このことを踏まえた処遇の原則として、死刑確定者の処遇に当たっては、その者が心情の安定を得られるようにすることを留意する旨が規定されている」とする（林眞琴ほか『逐条解説刑事収容施設法』〔有斐閣、2010年〕96頁）。

るべきである。[8][9]

　さらに、弁護人等との面会に立ち会いを実施した場合において、死刑確定者から職員の立ち会いに関する不満や苦情が申し述べられた場合には、当該発言が直接立ち会い職員に向けられた場合ではなかったとしても、死刑確定者からその場で秘密面会の希望の申出があったものとして直ちに立ち会いを中止して秘密面会を実施するべき場合があるであろうし、電報等で弁護人等に対して再審請求に関する打ち合わせの希望が伝えられ、これに応じた弁護人等からの面会申出により実施された面会などでは、死刑確定者の側から面会の目的等が黙示に通知されていたと解してよいと思われる。

（かわめ・たけひこ／埼玉弁護士会）

---

　*8　例えば、死刑確定者の弁護団からの内容証明郵便等で、死刑確定者の代理人として、以後の接見に関しては全て秘密接見を希望する旨の通知があれば、これにより、死刑確定者から、以後の全ての接見に関して秘密接見の申し出があったとの扱いがなされるべきである。

　*9　第2次国家賠償請求訴訟の一審判決以降、東京拘置所は、原告弁護士らに対して概ね60分の面会時間を認めるようになり、第3次国家賠償請求の第一回期日後は、再審請求の準備を目的とする面会について時間無制限の面会を認めるようになった。

■ケース12

上田国賠訴訟

[再審請求弁護人が依頼者(死刑確定者)に、再審請求のための資料として死刑執行場の写真が掲載された印刷物を差し入れようとしたところ、拘置所長が当該写真を含む印刷物全体の閲覧を不許とした]

・第一審：福岡地判平28・3・11LEX/DB25542494
・控訴審：福岡高判平28・11・11LEX/DB25544237
・上告審：最決平29・6・30LEX/DB25547051

花田　浩昭
弁護士

1. はじめに

　我々弁護人は、日々の弁護活動において、接見室内におけるカメラ・パソコン等の持ち込み制限、差し入れ資料の外形検査を超えた内容検査、録音録画記録媒体の謄写に際し検察庁から要請される誓約書等への署名等、適切な弁護権の行使が侵害されている場面に多く出くわしている。しかし、多くの弁護人が、こういった弁護権の制約に対して何の疑問も持つことなく、何となくそれを受け入れて行動しているため、それが「通常の」取り扱いとして定着してしまっていることはないだろうか。

　我々が直面する刑事弁護活動に関する問題の改善は決して容易なものではなく、改善するにしてもわずかずつしか前進しない。それどころか、誰かが、問題に気づき、声を上げ、適切な行動を取っていかなければ、むしろ後退していく危険性も否定できない。

　私自身、報告事案での活動に関与できていなければ、それまでどおり、さまざまな場面において、弁護権の制約となっていることにも気づかず、それを受け入れるような行動を続けていたものと思われる。そういった意味で、私にとって報告事案にわずかでも関与できたことは、今後、私が刑事弁護活動を行っていくうえで非常に意義のあるものとなった。

2．事案の概要

　本件は、2010（平成22）年10月、福岡拘置所に収容されている死刑確定者で、当時、第6次再審請求を行っていたA氏に対して、再審請求弁護人であった福岡県弁護士会の弁護士Bが、東京拘置所の死刑場の写真等が掲載された冊子（以下、「本件冊子」という）を差し入れたところ、福岡拘置所長が、本件冊子の内容を検査したうえで「刑事施設の規律及び秩序を害する結果を生ずるおそれがある」（刑事収容施設及び被収容者等の処遇に関する法律〔以下、「処遇法」〕第70条1項1号）として、その一部を抹消して閲覧させることを決定し、その後、A氏が本件冊子の一部を抹消して交付することに同意しなかったため、所長は本件冊子全体について閲覧を不許とする処分を行なった（以下、「本件不許処分」）という事案である。ちなみに、この冊子に掲載されていた死刑場の写真とは、当時の千葉景子法務大臣が「死刑への国民的議論のひとつの材料になる」との理由で公開していた写真のうちの1つであった。
　この取り扱いに強い疑問を持ったA氏は、福岡拘置所に対し、正規のルートを通じて抗議を行ったが、拘置所の判断が覆ることはなかった。A氏は、自ら調査・検討し、本件不許処分に理由がないのではないかと考え、再審請求弁護人Bに対して相談を行なった。
　一連の対応に疑問を感じた再審請求弁護人Bは、当会の刑事弁護に精通している弁護士を中心とする弁護団を結成した。同弁護団の活動が、各人の手弁当で行われることは明らかであったが、多くの弁護士が弁護団に名を連ねることとなった。
　弁護団は、幾度となく弁護団会議を重ね、2012（平成24）年10月、福岡地裁に、A氏およびBを原告として、福岡拘置所長が行った本件不許処分は、再審請求人と再審請求弁護人との接見交通権およびBの弁護権を侵害するものであり違法であるとして、国を被告とする国家賠償請求訴訟を提起した。
　ちなみに、私自身は、訴訟提起後に弁護団に加入することとなった。
　長期にわたる審理の結果、2016（平成28）年3月11日、本件不許処分を違法として原告らの請求が一部認容される判決が言い渡された。
　原告ら・被告とも一審判決を不服として控訴提起したが、双方棄却（福岡高判平28・11・11）とされ、一審原告は、さらに、上告・上告受理申立てを行ったが、ともに棄却となった（最決平29・6・30）。

3．弁護団の活動のポイント

　本件訴訟においては、細かいものも含めると多くの争点があったが、弁護団は主として以下の３点に重点を置いて訴訟活動を行っていくこととなった。

⑴　再審請求人と再審請求弁護人との接見交通権の問題

　再審開始決定がされた後については、再審請求人と再審請求弁護人は、通常の刑事手続と同じく被告人と弁護人の地位を有するとされているが、再審開始決定前の再審請求人と再審請求弁護人との関係については、刑訴法440条１項が弁護人選任権を規定しているだけとなっており、どのような地位を有するか明らかではない。

　そのため、弁護団は、再審請求人と再審請求弁護人との関係でも、刑訴法39条１項と同様の接見交通権が保障されるという点をまず主張すべきであると考えた。というのも、同規定の適用・準用がない場合、再審請求弁護人と再審請求人との接見交通権はあくまで「処遇法」の問題として捉えられ、処遇法の規定上、再審請求人と再審請求弁護人との接見交通権が蔑ろにされてしまうおそれがあると考えたためであった。

　この点については、本件国賠審理中に、あくまで再審請求人と再審請求弁護人との秘密面会が問題となった事案ではあるが、最判平25・12・10（民集67巻９号1761頁、以下「平成25年判決」という）において、「死刑確定者が再審請求をするためには、再審請求弁護人から援助を受ける機会を実質的に保障する必要があるから、死刑確定者は、再審請求弁護人と秘密面会をする利益を有する」と判示されていた。

　同判示内容でも、再審請求人と再審請求弁護人との関係で刑訴法39条１項の適用・準用を認めていない点においては、いまだ不十分であるというのが弁護団の共通認識であったが、主張を構成していく上では非常に参考となった。

⑵　本件における接見交通は「物若しくは書類の授受」にあたるものであったこと

　次に、仮に、刑訴法39条１項の適用・準用が認められた場合であっても、本件が、刑訴法39条１項の定める接見交通権のうち、「面会」ではなく、「物

若しくは書類の授受」(「書類等授受」)に関する事例であったという問題があった。

というのも、刑訴法39条1項の「立会人なくして」という文言は、あくまで「面会」にかかり、「書類等授受」の秘密性までは保障していないように読めるため、書類等授受の場面においても秘密性を主張していくためには、文理解釈を超えた論理を展開する必要があったからである。

加えて、これまでの接見国賠訴訟、特に、最高裁判決が判断しているものは、「面会」に関する事案が多く、接見交通権に関する議論の蓄積も主として「面会」を念頭に置いたものが多かった。そのため、「書類等授受」の場面において、これらの判例・議論をどのように活かしていくべきか、という点についても慎重な検討が必要な状況であった。

(3) 処遇法の欠陥

そして、再審請求人と再審請求弁護人との関係において刑訴法39条の適用・準用が認められないと判断された場合、本件においては、拘置所の被収容者の処遇について規律している処遇法の適用を受けることとなり、処遇法の解釈問題となることが容易に予想された。

処遇法には、刑訴法39条1項の定める「書類」を、「信書」と「書籍等」に区別し、「信書」については弁護人から発信されたものであれば、拘置所職員は弁護人から発信された信書であることを確認する限度でしか検査を行えないとしている(処遇法136条、129条2項等)。他方、「書籍等」についてはそのような配慮をせず、弁護人から差し入れられた書籍等であっても、当該書籍等の内容まで精査できるかのような規定になっている。この点において、弁護人と被疑者・被告人・再審請求人との秘密交通をまったく考慮しておらず、大きな問題があった(処遇法44～47条)。

刑訴法39条1項においては、弁護人の接見交通権は秘密交通権であることが認められているが、それにもかかわらず、刑訴法上の「書類」を、処遇法の側で「信書」と「書籍等」とに区別して、「書籍等」については弁護人からの差し入れであっても一切の秘密性を認めない取扱いとすることは、処遇法によって刑訴法の規律を書き換えるものであって断じて許容できないというのが弁護団の総意であった。

この点については、本件冊子の性質上、本件冊子が「信書」に該当すると主張するのは困難ではないかとも考えたが、弁護人からの差し入れ資料であ

る点に鑑みれば、秘密性についてまったく配慮されていない「書籍等」と評価されることは相当でないと考え、再審請求の資料となる本件差し入れ資料は、単なる「書籍等」ではなく、実質的には再審請求弁護人から再審請求人に宛てた「信書」と評価すべきであるとの主張を行っていくこととなった。

4．双方の主張・立証活動および裁判所の判断

(1) 第一審
1) 国側の対応

　国側は、弁護団が主張する再審請求人と再審請求弁護人との接見交通権には正面から向き合おうとせず、あくまで処遇法70条1項1号の問題であるとの主張に終始した。そして、よど号ハイジャック事件記事抹消事件（最判昭58・6・22民集37巻5号793頁、LEX/DB27000042）の判旨を引用し、本件不許処分の適法性を主張した。

　ちなみに、前掲裁判例においてすら、「当該閲読を許すことにより右の規律及び秩序が害される一般的、抽象的なおそれがあるというだけでは足りず」、「具体的事情のもとにおいて」、「その閲読を許すことにより監獄内の規律及び秩序の維持上放置することができない程度の障害が生ずる相当の蓋然性があると認められることが必要」と厳格な要件となっているにもかかわらず、国は、本件不許処分は、A氏が「死刑確定者」であったことのみを主たる理由とし、A氏の個別具体的な事情等についてはまったく考慮していない、あるいは、処分後に事後的に考慮したという何ともお粗末な主張に終始していた。

　さらに驚いたのは、国は、およそ人権制約の根拠となりえない「死刑確定者の心情の安定」という言葉を多用し、自らの人権制約を正当化しようとしていたことである。

2) 拘置所におけるA氏の本人尋問の実施

　弁護団は、本件不許処分に関与した拘置所職員の証人尋問、原告らの本人尋問を強く求めていた。裁判所の判断により拘置所職員の尋問は認められなかったが、弁護団の粘り強い働きかけの結果、2015（平成27）年7月、死刑確定者であるA氏の本人尋問が福岡拘置所において実施されることとなった。

　しかし、ここでも国側は、施設管理権を持ち出して、尋問に出席できる弁護団の人数の制約、細かな配置の決定、複数の警備員の配置等を要請してき

た（お陰で私は尋問期日に出頭できなかった）。当然、国側が危惧していたような状況とはならず、尋問は滞りなく行われた。

なお、同尋問の最後にA氏が述べた内容は、まさに、本件における問題点を的確に捉えているものであったので紹介する。

「死刑確定者は、物事を主張するのに弱い立場にあるにもかかわらず、こういった処分が、拘置所の施設長の裁量によって、『欲しいまま』、『いとも簡単に』決められてしまうことは誠に残念である」。

3) 裁判所の判断について
ア 本件不許処分により制約を受ける権利ないし利益について

まず、再審請求における刑事訴訟法39条1項の適用・準用については、「再審請求の場合に刑事訴訟法39条1項が適用・準用されるとの明文規定は存在しないこと、死刑確定者と被告人等とでは考慮すべき利益状況が異なることから、死刑確定者の地位にある再審請求人と再審請求弁護人との間に、被告人又は被疑者及び弁護人と同様の刑事訴訟法39条の直接適用又は準用を認めることはできない」と判示した。

もっとも、「死刑確定者が再審請求をするためには、再審請求弁護人から援助を受ける機会を実質的に保障する必要があり、そのためには、再審請求弁護人と再審請求人が接見を行い、再審請求手続に際し必要な資料の授受をすることが不可欠であるといえるのであって、その重要性においては、被告人又は被疑者の地位にある者と死刑確定者の地位にある再審請求人とを対比して、特に異なるところはないというべきである。したがって、死刑確定者の地位にある再審請求人は、刑事訴訟法440条1項の趣旨に照らし、再審請求弁護人との間において、書類又は物を授受する利益（以下、「書類等授受の利益」という。）を有しており、この書類等授受の利益については、法的な保護に値するものと解するのが相当である」とした。

イ 再審請求人と再審請求弁護人との書類等授受の秘密性について

「被告人又は被疑者に保障される接見交通権を定めた刑事訴訟法39条1項は、接見についての秘密交通権は『立会人なくして接見し』との明文をもって保障しているが、被告人又は被疑者と弁護人との書類又は物の授受については、そのような明文はなく、単に『授受することができる』と規定するのみであり、その文理上、『立会人なくして』『書類若しくは物の授受をすることができる』と読むことはできず、書類等授受に接見と同様の秘密交通権が保障されているとは解されず、接見と同様の秘密交通権が保障されているも

のと解する余地はない」、「死刑確定者の地位にある再審請求人と再審請求弁護人に書類等授受の利益が認められるとしても、書類等授受の利益の内容については、被告人又は被疑者とその弁護人との接見交通権の内容を限度とするものと解されるから、被告人又は被疑者とその弁護人との間でも保障されていない書類又は物の秘密授受の利益は、死刑確定者の地位にある再審請求人と再審請求弁護人との間においても保障されないものと解するのが相当である」と判示した。

　ウ　本件文書の性質・内容審査の可否について

　本件文書の「外形や体裁上、特定人に宛てられたものでないことが明らかであることからすれば、本件冊子は、『信書』には該当せず、『書籍等』に該当するものと認められる」と判示し、本件冊子が再審請求弁護人からの差し入れ文書であったことをまったく考慮要素として取り入れず、処遇法70条1項1号該当性判断のための内容検査には問題はないと判示した。

　エ　本件不許可処分の違法性について

　再審請求人と再審請求人との書類等授受の利益およびその重要性に触れた上、「刑事収容施設法70条1項1号の『刑事施設の規律及び秩序を害する結果を生ずるおそれがあるとき』とは、単に当該書籍の閲覧を許すことにより刑事施設の規律及び秩序が害される一般的、抽象的なおそれがあるというだけでは足りず、再審請求人の性向、行状、刑事施設内の管理、保安の状況、当該書籍等の内容その他の具体的事情のもとにおいて、その閲覧を許すことにより刑事施設の規律及び秩序の維持上放置することができない程度の障害が生ずる相当の蓋然性があると認められる場合に限られるものと解すべき」とし、A氏の本件不許処分時における精神状態や心情面が特に安定性を欠く状態にあったことを認めるに足りる証拠はないこと、本件文書の閲覧禁止対象部分が、「一般的に想起される死刑（絞首刑）の執行方法や刑場の状況等を超えるものであるとは言い難く、死刑確定者に対し、死刑に関する新たな情報を与え、さらなる恐怖心等を抱かせるものと認められない」こと等を挙げ、「本件不許処分当時、本件対象部分を原告Aに閲覧させたとしても、刑事施設の規律及び秩序の維持上放置することのできない程度の障害が生ずる相当の蓋然性があるものとは認められず、他にこれを認めるに足りる証拠はない。したがって、『刑事施設の規律及び秩序を害する結果を生ずるおそれがある』と判断した福岡拘置所長の判断に合理的な根拠は認められず、本件不許処分は違法である」とし、本件不許可処分がAのみならず、Bとの関係でも国家賠

償法上違法であることを認めた。
　オ　損害について
　A氏が本件冊子を閲覧できなかったことで再審請求事件の進行等にどのような影響が生じたのか不明であること、本件不許処分によって制限されたのは面会ではなく本件冊子の授受・閲覧にとどまること等から、原告らの被った精神的損害に対する慰謝料は各2万円が相当であるとした。
　カ　裁判所の判断について
　第一審裁判所が、平成25年判決の「面会」に関する判断と同様、「書類等の授受」の場面においてもその重要性を認めたことおよび処遇法70条1項1号の「刑事施設の規律及び秩序を害する結果を生ずるおそれがあるとき」の意義につき、「一般的、抽象的なおそれだけでは足りず、具体的事情のもとにおいて、その閲覧を許すことにより刑事施設の規律及び秩序の維持上放置することのできない程度の障害が生ずる相当の蓋然性があると認められる場合に限定されるものと解するべきである」とし、A氏の置かれた具体的な状況や本件冊子の具体的な記載内容を検討したうえで本件不許処分の違法性を認めたことは、一定程度評価できるものであった。
　他方で、①再審請求人と再審請求弁護人との書類等授受について刑訴法39条1項の適用・準用を認めなかった点、②再審請求弁護人と再審請求人との書類等授受についておよそ秘密性が保障されないかのように判示している点、③本件冊子が処遇法上の「書籍等」に該当するとの形式的な判断を行い、拘置所側の行った内容検査を全面的に認めた点、④弁護活動における書類等授受の重要性を軽んじ、再審請求事件の参考資料として差し入れた再審請求弁護人の判断に異を唱えるかのような理由で損害額を減額している点は、我々が目指したものとは遠くかけ離れた判断となってしまった。
　いずれにしても、第一審裁判所が、上述した処遇法の欠陥と正面から向き合うことを避け、本件をあくまで処遇法の解釈の問題として処理したことについては不満の残るものであった。

⑵　控訴審
　弁護団は前述の①〜④を中心として改めて主張を行ったが、控訴審においても、処遇法の欠陥は触れられることなく、特段の理由も付されずに控訴棄却となった。
　もっとも、驚かされたのは、それまで本件不許処分にあたりA氏の個別具

体的な事情はほとんど考慮していないと述べていた国側の対応の変化である。国側は、控訴審において、A氏と何ら面識もない元拘置所職員による死刑確定者一般およびA氏に関する意見書、他の拘置所における自殺企図事案に関する報告書、死刑確定者およびA氏に関する医師の意見書、50年近く前のA氏の精神鑑定書等、明らかに本件不許処分と関連性の乏しい多数の証拠を新たに請求してきた。この対応は、これまでの国側の主張とは明らかに矛盾するものであり、国側の主張はもはや破綻している状況であった。そのため、これらの新たな証拠に関しては、判決において一切触れられることすらなかった。

5．おわりに

　率直に言うと、私は、初めて本件事案の説明を受けた際、「確定死刑囚に刑場の写真を見せれば、心情を害して自殺を企図することもありうる」と感じ、当初は、弁護団の請求が一部でも認容されることになるとは思ってもいなかった。つまり、恥ずかしながらも、本事案における国側の主張と同じ思考回路を持っていたのである。

　しかし、弁護団会議に参加し、議論を重ねるにつれて、本件不許処分に関連してさまざまな法的問題があることを思い知らされることとなった。また、そういった問題に対し、「法律家としていかにして対処していくべきか」という法曹として最も重要な点をわずかずつではあるが意識できるようになった。

　今回、残念ながら、我々が目標とした到達点には遠く及ばなかったものの、死刑確定者の地位にある再審請求人と再審請求弁護人との接見交通権（本件においては「書類等の授受」）の重要性が再確認された点、その上で本件不許処分が「違法」と評価された点については一定の成果があったと考えている。今回の判断に従って、刑事収容施設等における被収容者に対する取り扱いがわずかでも変わればと切に願うばかりである。

　冒頭でも述べたが、刑事弁護活動に関する問題の改善はわずかずつしか前進しない。そして、問題に気づいた誰かが具体的な行動を取らない限り前進することはない。本件においては、B弁護人が、A氏に対する拘置所の対応を「疑問」に思い、行動に移したからこそ、わずかではあるが「前進」があったものと考えている。

私も、B弁護士のように、適切な「疑問」を感じられるようになるため、そして、その「疑問」を適切な行動に移すことができるようになるために研鑽を積んでいきたい。

＊本稿は、「死刑確定者たる再審請求人と再審請求弁護人との間の書類等の授受」季刊刑事弁護94号（2018年）100頁以下を、表題などをあらためて転載したものである。

（はなだ・ひろあき／福岡県弁護士会）

接見交通権の理論と実務

2018 年 6 月 10 日　第 1 版第 1 刷発行

編著者…………葛野尋之・石田倫識
発行人…………成澤壽信
発行所…………株式会社現代人文社
　　　　　　　　〒160-0004 東京都新宿区四谷2-10八ッ橋ビル7階
　　　　　　　　振替 00130-3-52366
　　　　　　　　電話 03-5379-0307（代表）
　　　　　　　　FAX 03-5379-5388
　　　　　　　　E-Mail henshu@genjin.jp(代表)／hanbai@genjin.jp(販売)
　　　　　　　　Web http://www.genjin.jp
発売所…………株式会社大学図書
印刷所…………株式会社ミツワ
カバー・表紙デザイン…………Malpu Desgin（陳湘婷）
目次・部扉デザイン…………Malpu Desgin　（柴﨑精治）

検印省略　PRINTED IN JAPAN　ISBN978-4-87798-705-3　C3032
© 2018　KUZUNO Hiroyuki　ISHIDA Tomonobu

本書の一部あるいは全部を無断で複写・転載・転訳載などをすること、または磁気媒体等に入力することは、法律で認められた場合を除き、著作者および出版者の権利の侵害となりますので、これらの行為をする場合には、あらかじめ小社また編集者宛に承諾を求めてください。